더 괜찮은 개발자가 되기 위한

프로젝트 더보기

내 기술에 깊이를 더하는 프로젝트의 생성과 소멸

더 괜찮은 개발자가 되기 위한 프로젝트 더보기

초판 1쇄 2019년 2월 25일

지은이 이세민 김남준
발행인 최홍석

발행처 (주)프리렉
출판신고 2000년 3월 7일 제 13-634호
주소 경기도 부천시 원미구 길주로 77번길 19 세진프라자 201호
전화 032-326-7282(代) **팩스** 032-326-5866
URL www.freelec.co.kr

편집 고대광
디자인 이대범
본문 바경옥

ISBN 978-89-6540-235-0

내 기술에
깊이를 더하는
프로젝트의
생성과
소멸

더 괜찮은 개발자가 되기 위한 프로젝트 더보기

이세민 · 김남준 지음

프리렉

들어가며

필자는 어린 시절부터 밤잠 설쳐가며 프로그래밍을 했다거나 대학에 진학해 전산학을 체계적으로 교육받은 사람이 아니다. 프로그래밍은 취미로 시작하게 되었고 대부분 개발자처럼 학교를 졸업하고 직장생활을 시작하면서 본격적으로 프로그래머가 되었다. 공대를 졸업했지만, 학교에선 프로그래밍을 어떻게 해야 잘하는 것인지에 대해서는 배우지 못했다.

다행히 졸업 후 입사한 회사에서 신입사원을 위한 기술교육을 받을 수 있어 지원했지만, 전공자가 몇 년 동안 배워야 할 다양하고 방대한 분야를 모두 이해하기엔 역부족이었다. 부서배치를 받고 살아남기 위해 닥치는 대로 공부했고, 선배들에게 많은 것을 배웠다. 자바, 자바스크립트, DB 등, 당시 유행하던 기술을 배우면서 야근하는 것도 마냥 싫지는 않았다. 스스로 강해지고 발전하는 느낌을 받아서일까? 2년 정도의 시간이 흐른 후 프로그래밍에 어느정도 자신감도 생겼고, 대부분 문제도 구글링 몇 번 만에 스스로 해결할 수 있었다.

그러던 어느 날, 시스템 개편 프로젝트에 참여하게 되었고, 난생처음 접하는 용어들과 다양한 기술, 외주 개발자와 어색한 회의 그리고 이상한 문서 등 이 모든 것이 당황스러웠다. 몇 달 전에 생겼던 자신감은 온데간데없고 자괴감이 몰려왔다. 당시 유행하던 PMP Project Management Professional 관련 서적을 사서 공부하기 시작했지만, 책에 나와 있는 것과 실제 프로젝트에서 적용되는 것은 너무나도 달랐고 공부는 해도 해도 끝없이 모르는 것은 계속 튀어나왔다.

시간이 지나 프로젝트는 가까스로 마무리되었고 필자는 다시 시스템 운영이라는 일상으로 돌아왔다. 그저 전쟁터에서 살아왔다는 안도감이 들었다. 그 후로 직장생활을 3년 정도 했을 즈음 이런 생각이 들었다. "내가 하는 일이 앞으로도 전망 있을까?", "보다 가치 있는 일은 무엇일까?", "매일 야근하면서 나는 왜 이런 대우를 받아야 할까?" 지금은 단순한 프로그래머지만, 앞으로는 높은 연봉도 받고 가치 있는 일을 하고 싶다는 생각이 들었다. 하지만, 어떤 분야에 어떤 일이 있고 무엇이 가치 있는지, 또 그 일을 하기 위해 무엇을 준비해야 하는지 막막했다. 술자리에서는 확인되지 않은 소문과 카더라 통신만 난무했고 선배들도 모르기는 마찬가지였다.

몇 번의 이직과 수많은 프로젝트를 통해 앞서 했던 물음들을 조금씩 해소하며 수년이 흘렀다. "비전공자에게 공학적 기법을 소개하고 실무에 어떻게 적용되는지 알려주는 책이 있으면 어떨까?", "엔터프라이즈 환경에서 필요한 업무와 기술, 시스템 구축과 운영에서 어떤 역할을 해야 하는지 알려주는 책이 있으면 어떨까?", "내가 하는 업무 외에 다른 분야의 업무를 간접 체험할 수 있는 책이 있으면 어떨까?" IT 분야에 종사하면서 가졌던 물음과 필자가 겪었던 시행착오를 프로그래머로 고군분투하는 후배들에게 조금이라도 더 알려줘서 목표에 도달하는 빠른 길을 찾아주고 싶어 이 책을 집필했다. 필자가 이 책으로 전달하고자 하는 핵심은 다음 세 가지이다.

첫째, 프로젝트라는 틀을 빌려 시스템이 만들어지는 과정을 체계적으로 설명하고자 했다. 기존의 서적들이 프로젝트 관리, 제안서 작성, 개발 방법론 등 단편적인 분야를 자세히 다루고 있지만, 이 모든 지식을 연결해서 하나의 프로세스로 체계화하지 못했다. 이 책을 통해 독자는 프로젝트의 탄생부터 종료까지 모든 과정을 명확한 인과관계를 통해 배울 수 있으며 공학적 이론이 실무에서 어떻게 사용되는지 이해할 수 있다.

둘째, 시간이 지나야 알 수 있는 경험을 압축해서 전달하고자 했다. 하나의 시스템을 구축하고 운영할 때는 다양한 전문가의 노력이 필요하다. 다양한 기술과 사람 그리고 업무, 이 모든 것을 프로젝트라는 틀을 통해 독자는 간접 체험할 수 있다. 이를 바탕으로 소통 능력을 향상시키고 앞으로 어떤 방향으로 발전해야 할지 목표를 세울 수 있다.

셋째, 독자가 가진 기술에 깊이를 더하고자 했다. 우리는 일반적으로 업무를 통해 자연스레 기술을 배우고 경험을 쌓아간다. 그리고 시간이 흐르면서 전문가로 성장한다. 내가 하는 분야만 잘 알고 있는 'I자형' 전문가가 탄생하는 것이지만, 시장에서 필요한 것은 폭넓은 지식을 가지고 자신의 전문 분야를 가지고 있는 'T자형' 전문가이다.

이 책의 마지막 장을 넘기는 순간에는 IT에 대한 시야가 넓어지고 내가 무엇이 부족한지 느낄 수 있을 것이다. 거대한 IT를 책이라는 조그마한 공간에 모두 담을 수는 없다. 하지만 IT가 무엇인지 모든 정성을 다했다. 필자는 이 책의 마지막 장을 넘기는 순간 독자의 머릿속에 엔터프라이즈 IT에 대한 전체적인 그림을 남겨 놓고자 1년 동안 모든 열정과 노력을 쏟아부었다. 나의 시간과 그대의 시간이 하나 되어 더 나은 가치를 만들어 냈으면 하는 것이 필자의 자그마한 소망이다.

목차

01

프로젝트 시작

지금 적극적으로 실행되는 괜찮은 계획이
다음 주의 완벽한 계획보다 낫다.
A good plan, violently executed
now, is better than a perfect plan
next week.

조지 S. 패튼 George S. Patton

이 책은 프로젝트라는 틀로 정보 시스템 개발과 운영에 관련된 다양한 업무와 기술을 설명하고 있다. 처리해야 하는 업무와 기술 그리고 담당자를 기계 부품이라면, 전반적인 프로젝트 관련 지식은 기계를 잘 돌아가게 하는 윤활유와 같다. 시중의 책들이 각각의 기계 부품을 잘 알고자 하는 것에 목적을 두었다면 이 책은 기계 부품에 대한 설명과 기계가 어떻게 하면 문제없이 잘 돌아갈 수 있는지 설명하고 있다.

프로젝트가 기획서라는 문서에서 출발해 거대한 시스템으로 탄생하기까지 모든 과정을 누가, 무엇을, 언제, 어떻게 해야 하는지 사례 중심으로 쉽고 자세하게 설명하고 있다. 먼저 이번 장에서는 프로젝트가 무엇인지 알아보고 이 책이 어떻게 구성되어 있고 누가, 왜 읽어야 하는지 하나씩 알아보도록 하자.

프로젝트란 무엇인가

프로젝트의 정의

제한된 시간 안에 한정된 자원으로 목표로 하는 일을 완수해야 하는 작업을 프로젝트라 한다. 프로젝트라고 해서 거창한 것만 해당하는 것은 아니다. 김 대리가 다음 달 10일까지 완성해야 하는 일정관리 프로그램도 프로젝트라고 할 수 있다.

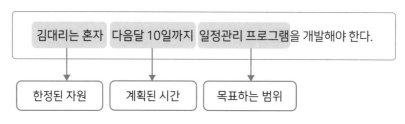

그림 1-1 김 대리의 프로젝트

김 대리가 혼자 작업해야 하는 것은 투입할 수 있는 자원이 사람 한 명이라는 얘기다. 다음 달 10일이 제한된 시간이고, 일정관리 프로그램 개발이 목표하는 범위라 할 수 있다. 이처럼 프로젝트는 우리 생활과 아주 밀접한 관련이 있다.

이제 좀 더 전문적인 용어를 사용해 프로젝트를 알아보자.

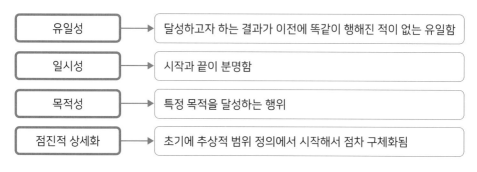

그림 1-2 프로젝트의 특징

프로젝트는 일반적으로 다음과 같은 네 가지 특성이 있다.

첫 번째 유일성이다. 프로젝트 결과물은 이전 다른 프로젝트와 똑같은 결과물이 나올 수 없는 유일한 것이다. 김 대리가 만들고자 하는 일정관리 프로그램 또한 이전에 똑같은 목표를 가지고 똑같은 결과물을 만들어낸 사례가 없다. 만일 있었다면 복사나 구매해서 사용하지 프로젝트와 같은 복잡한 과정을 거쳐 새로 만들 필요가 없다.

두 번째 일시성이다. 프로젝트는 시작과 끝이 분명한 특성이 있다. 일정관리 프로그램 또한 오늘부터 다음 달 10일까지라는 정해진 기한을 가지고 있으며 이를 지키지 못할 때 불이익을 받는다.

세 번째 목적성이다. 프로젝트는 반드시 달성하고자 하는 목적이 있다. 김 대리가 만드는 일정관리 프로그램 또한 직원의 일정관리를 편하게 돕고 전사적으로 통합 관리한다는 목적이 있다.

네 번째 점진적으로 상세화 한다. 프로젝트는 처음에는 추상적이었다가 시간이 지나면서 점차 구체화되는 특징을 가지고 있다. 일정관리 프로그램 또한 처음에는 머릿속에 대충 이런 기능이 있으면 좋겠구나 하는 생각만 가지고 있다가 기획과 설계 단계를 거치면서 하나씩 구체화 된다.

프로젝트의 사전적 정의와 이 책에서 다루는 개념과의 차이점

앞서 프로젝트는 유일성, 일시성, 목적성, 점진적 상세화라는 특성을 가진다고 소개했다. 하지만, 이 책에서는 프로젝트를 완료하고 운영하는 단계까지 포함하고 있다. 하지만, 운영은 정해진 기간이 없으며 회사의 필요에 따라 라이프사이클이 결정된다. 이것은 프로젝트의 일시성이라는 특성에 어긋나지만, 프로젝트의 개념을 새로 정의하는 것이 아니라 우리가 하는 업무를 프로젝트라는 잘 정리된 프레임으로 정리하고자 하는 것이 목적이다. 우리가 하는 일은 하나의 그림이나 표로써 설명할 수 없는 많은 추상적인 개념이 들어가 있다. 이것을 쉽게 설명하고자 프로젝트라는 틀을 빌려왔고 이를 통해 업무를 정리하면 더욱 쉽게 이해할 수 있다.

우리가 몸담고 있는 소프트웨어 분야 외에도 다양한 분야에서 프로젝트를 발견할 수 있다. 사실 프로젝트의 개념을 먼저 정리하고 구체화한 분야는 건축/토목 분야이다.

그림 1-3 다양한 프로젝트 사례

건설, 전쟁, 소프트웨어 개발과 같은 분야들 모두 프로젝트로 설명할 수 있다. 이 중 가장 극명한 프로젝트는 전쟁이다. 나라의 모든 자원을 동원해 적을 이겨서 모든 땅을 차지해야 한다는 분명한 목표가 있다. 겨울이 오기 전 또는 비축한 군량이 떨어지기 전까지 수도를 함락해야 한다는 정해진 기한도 있다.

그런데 이 중 프로젝트 관리 측면에서 가장 어려운 분야는 어디일까? 바로 소프트웨어 개발 분야이다. 소프트웨어 개발 프로젝트는 실체가 없고 무형의 생각을 실물로 구현해야 한다는 점과 실물이 없어서 요구사항이 자주 변경된다는 점에서 가장 어려운 프로젝트라 할 수 있다. 이와 같은 이유로 소프트웨어 프로젝트 관리 기법은 정교하게 발달했지만, 아직도 소프트웨어 프로젝트를 효율적으로 관리하기는 쉬운 일이 아니다.

프로젝트 생명주기

프로젝트는 발주사에서 '프로젝트 기획서'라는 기업 내부 문서를 작성하면서 시작한다. 이 문서의 목적은 '왜' 프로젝트를 해야 하는지 경영진을 설득하는 것이다.

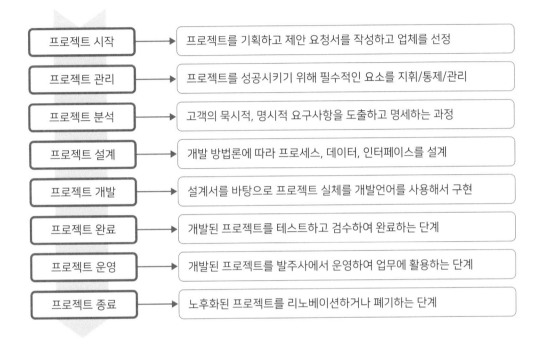

프로젝트 시작	→	프로젝트를 기획하고 제안 요청서를 작성하고 업체를 선정
프로젝트 관리	→	프로젝트를 성공시키기 위해 필수적인 요소를 지휘/통제/관리
프로젝트 분석	→	고객의 묵시적, 명시적 요구사항을 도출하고 명세하는 과정
프로젝트 설계	→	개발 방법론에 따라 프로세스, 데이터, 인터페이스를 설계
프로젝트 개발	→	설계서를 바탕으로 프로젝트 실체를 개발언어를 사용해서 구현
프로젝트 완료	→	개발된 프로젝트를 테스트하고 검수하여 완료하는 단계
프로젝트 운영	→	개발된 프로젝트를 발주사에서 운영하여 업무에 활용하는 단계
프로젝트 종료	→	노후화된 프로젝트를 리노베이션하거나 폐기하는 단계

그림 1-4 프로젝트 생명주기

그다음 제안 요청서를 작성해서 해당 분야의 전문업체들에 발주사가 원하는 바가 무엇이며 얼마의 금액을 지급할지 알려준다. 제안사는 제안 요청서를 보고 자신이 프로젝트를 어떻게 수행할지 알려주는 제안서를 발주사에 제출한다. 발주사는 자신들의 목적에 맞게 합리적인 가격으로 시스템을 구축할 수 있는 업체를 선정하고 계약을 진행한다.

용어	내용
발주사	시스템을 구축하기 위한 프로젝트를 만들어 업체를 선정하고 비용을 지불하는 회사로써 시스템의 실질적인 주인이 된다.
제안사	프로젝트를 수주하고자 제안서를 발주사에 제출해서 평가받는 업체
수주사	제안서를 제출한 제안사 중에서 최종적으로 프로젝트를 수주한 업체

표 1-1 프로젝트 관련된 회사 유형

프로젝트에 대한 계약이 완료되면 프로젝트 관리를 위한 준비를 하게 된다. 수주사는 이에 대한 계획을 '프로젝트 관리 계획서'라는 문서에 담아 발주사에 제출한다. 프로젝트 관리 계획서에는 비용을 어떻게 쓰고 인력관리를 어떻게 할 것이며, 시간을 어떻게 나누어서 관리할지에 대한 상세한 계획이 들어가게 된다.

수주사에서 프로젝트를 본격적으로 진행할 때 가장 먼저 하는 것이 '요구사항 분석'이다. 고객(발주사)이 무엇을 원하는지를 제안 요청서, 제안서, 그리고 업무에서 사용하는 문서를 분석하고 고객(발주사)과의 인터뷰를 통해 알아낸다.

이제 '프로젝트 설계' 단계로 넘어가는데, 요구사항에 기초해 프로그램을 개발하기 위한 필수적인 프로세스, 인터페이스, 데이터 설계서를 만든다.

프로젝트 개발은 설계서를 기반으로 프로그래머가 프로그램을 코딩하는 단계다. 개발자가 코딩하고 설계자가 검토하는 과정에서 설계서의 오류가 하나씩 수정되면서 설계서의 품질이 높아지고 프로그램이 하나씩 완성된다.

개발이 완료됐다면 고객(발주사)과 함께 프로젝트의 목적에 알맞은 프로그램이 개발되었는지 테스트를 통해 검증한다. 이 단계가 완료되면 프로젝트가 종료되고 수주사에는 비용이 지급된다. 이때 실질적으로 프로젝트는 마무리된다.

다음 단계부터는 엄밀히 말해 프로젝트보다는 시스템 운영이라고 하는 게 정확하다. 하지만, IT 관련 업무를 위해 프로젝트라는 틀을 사용해서 설명하겠다. 운영 단계에서는 시스템의 안정적 운영을 위해 기존에 있는 운영 체계(모니터링, 백업)와 결합한다. 프로그램은 지속해서 개선되고 추가된다.

최초 개발 후 일정 시간(5년 정도)이 지나면 시스템은 점차 노후화되기 시작된다. IT 환경도 변화되고 비즈니스 환경도 바뀌게 된다. 이때 담당자는 시스템을 개선해서 계속 사용할지 아니면 폐기하고 재개발 할지 결정하게 된다.

프로젝트에 대해 알아야 하는 이유

다른 사람 이해하기

프로젝트는 단계별로 다양한 사람들이 참여하고 있다. 이들은 각자의 R&R$^{Role\ and\ Responsibility}$을 가지고 있다.

> R&R(Role and Responsibility)이란, 공동 업무에서 본인의 책임과 역할을 뜻한다.

R&R 속에 각자의 목표, 위험^{Risk}, 책임과 같은 이해관계가 얽혀있다. 프로젝트를 이해한다는 것은 R&R을 이해한다는 것이다. 다른 사람이 어떤 생각을 하고 있고 어느 부분에서 제일 스트레스를 받으며, 상대방이 무엇을 원하는지 알면 진정으로 다른 사람을 이해할 수 있게 된다.

프로젝트 시작	발주사(관리자, 담당자, 현업), 제안사(영업사원)
프로젝트 관리	발주사(관리자, 담당자, 현업), 수주사(PM/PL)
프로젝트 설계	발주사(담당자, 현업), 수주사(PM/PL, 설계자)
프로젝트 개발	발주사(담당자), 수주사(PM/PL, 설계자, 개발자)
프로젝트 완료	발주사(관리자, 담당자, 현업), 수주사(PM/PL, 설계자, 개발자)
프로젝트 운영	발주사(관리자, 운영자, 현업), 유지보수 업체
프로젝트 종료	발주사(관리자, 운영자, 현업)

그림 1-5 프로젝트에 참여하는 사람

여기에서 다른 사람은 나의 고객이다. 물건을 파는 사람만 고객이 있는 것이 아니라 컴퓨터만 보고 일하는 프로그래머에게도 고객이 있다. 나에게 개발을 의뢰하고 내가 만든 프로그램을 사용하는 사람이 바로 고객이다. 고객은 나를 평가하고, 고객의 평가가 회사에서 나의 위치와 연봉을 결정하게 된다.

커뮤니케이션 능력 향상

프로젝트 수행 과정에서 상대방과 원활한 대화를 하기 위해서는 다양하고 깊이 있는 지식이 필요하다. 먼저 상대방이 무엇을 해야 하고 무엇을 원하는지 알아야 한다. 상대방이 사용하는 용어를 모른다면 계속 질문을 해야 하고 그러다 보면 자신이 평가 절하되는 것을 느낄 수 있을 것이다. 도메인 지식은 제안서와 제안 요청서 그리고 인터뷰를 통해 얻을 수 있고, 전문 기술은 본인이 맡은 일을 열심히 하게 되면 자연스레 익을 수 있다. 하지만, R&R과 프로세스, 용어에 대한 이해는 프로젝트와 관련된 오랜 경험 속에서만 얻을 수 있는 것이다.

이 책을 통해 독자들이 한 단계 높은 기술자로 성장하는 데 필요한 시간을 조금 단축할 수 있길 바란다.

넓은 시야 확보

사회에 첫발을 내딛는 사람에게 가장 중요한 것은 본인의 영역에서 전문성을 확보하는 것이다. 하지만, 너무 자기 일만 열심히 하다 보면 주변에 있는 다양한 것들을 볼 수 없고 내 일이 가장 중요하다는 편협한 시각을 갖게 될 수 있다.

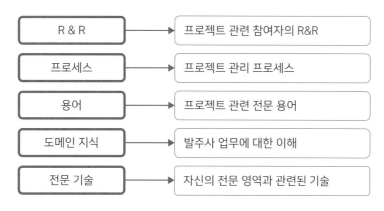

그림 1-6 커뮤니케이션 관련 지식

특히, 컴퓨터만 바라보고 일하는 프로그래머는 그런 실수를 범할 가능성이 매우 크다.

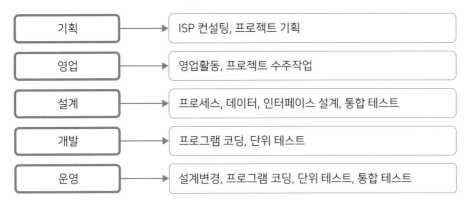

기획	➔	ISP 컨설팅, 프로젝트 기획
영업	➔	영업활동, 프로젝트 수주작업
설계	➔	프로세스, 데이터, 인터페이스 설계, 통합 테스트
개발	➔	프로그램 코딩, 단위 테스트
운영	➔	설계변경, 프로그램 코딩, 단위 테스트, 통합 테스트

그림 1-7 Enterprise IT 관련 지식 영역

내가 좀 더 가치 있는 사람이 되려면 어떻게 해야 할까? 앞으로 나에게 어떤 업무가 떨어질지, 앞으로 어떤 기술이 필요할지 그리고 상대방이 얘기는 안 하지만 진정으로 원하는 것이 무엇인지, 상대방이 중요한 부분을 놓치고 있는 것은 없는지 이런 것들을 알 수 있어야 한다. 이런 능력이 발현되려면 넓은 시야를 가져야 한다. 넓은 시야를 갖기 위해서는 기업 IT 분야에 어떤 업무가 있고 어떤 일을 하는지 이해하는 것이 무엇보다 중요하다.

전직을 위한 준비

직업을 선택할 때 자신의 적성을 잘 알고 하고 싶은 일을 선택하는 것이 가장 좋다. 하지만, 하고 싶은 일을 하게 되었다고 해도 막상 해보면 이건 내일이 아니다 싶은 경우도 많다. 이때 우리는 부서를 이동하거나 이직을 결심하게 된다. 이직은 새로운 기업에서 다른 문화와 사람에게 적응해야 한다는 어려움이 있으므로 보다 위험이 적은 부서 이동을 많이 선택하게 된다.

하지만, 부서 이동 또한 쉬운 일은 아니다. 회사에서는 한 사람이 그 분야에 전문가가 되어 생산성을 높여주기를 바라지만 새로운 업무를 시작하면, 처음부터 다시 배워야 하므로 부서 이동에 대한 승인을 잘 해주려고 하지 않는다.

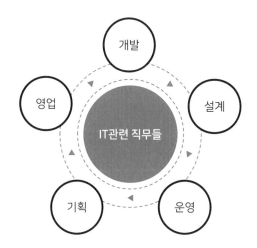

그림 1-8 IT 관련 직무들

이럴 때 프로젝트 전체 라이프 사이클을 이해하고 다른 업무에서 필요한 전문 기술을 알고 있다면 많은 도움이 된다. 6개월에서 1년 정도 미리 준비해서 본인이 원하는 업무에 준비되어 있고 잘 적응 할 수 있음을 회사에 어필할 수 있다면 전직을 더욱 쉽게 할 수 있다.

이 책의 구성

이 책은 크게 9개의 장으로 구성되며 프로젝트의 생성과 소멸에 대한 전체적인 프로세스를 소개하고 있다. 이 책을 읽는다고 해서 모든 과정을 통달할 수는 없을 것이다. 하지만, 전체적인 프로세스를 이해함으로써 자신의 전문 분야를 더욱더 깊이 있게 할 수 있는 밑거름을 마련할 수 있다.

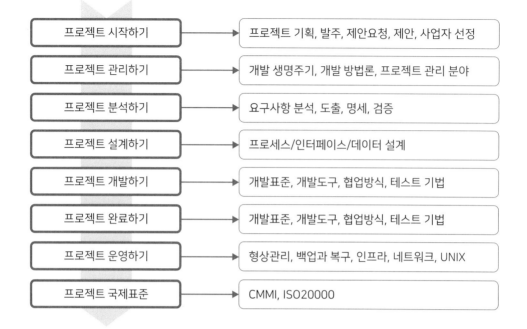

프로젝트 시작하기	→	프로젝트 기획, 발주, 제안요청, 제안, 사업자 선정
프로젝트 관리하기	→	개발 생명주기, 개발 방법론, 프로젝트 관리 분야
프로젝트 분석하기	→	요구사항 분석, 도출, 명세, 검증
프로젝트 설계하기	→	프로세스/인터페이스/데이터 설계
프로젝트 개발하기	→	개발표준, 개발도구, 협업방식, 테스트 기법
프로젝트 완료하기	→	개발표준, 개발도구, 협업방식, 테스트 기법
프로젝트 운영하기	→	형상관리, 백업과 복구, 인프라, 네트워크, UNIX
프로젝트 국제표준	→	CMMI, ISO20000

그림 1-9 책의 구성

가장 먼저 '프로젝트 시작하기'에서는 프로젝트를 어떻게 기획하고 발주하는지를 자세히 설명한다. 하나의 프로젝트를 만들기 위해 얼마나 많은 고민이 들어가 있는지 이해할 수 있다.

'프로젝트 관리하기'에서는 이에 필요한 이론들과 업무에는 무엇이 있는지 설명한다. 프로젝트라는 추상적인 작업을 효과적으로 관리하고자 만들어놓은 PMBOK Project Management Body of Knowledge 기반으로 프로젝트 관리자의 업무는 무엇이고 어떤 관점에서 프로젝트를 바라보고 있는지 이해할 수 있다.

PMBOK Project Management Body of Knowledge

PMBOK은 프로젝트 관리에 대한 용어와 가이드라인을 제시하는 표준이다. PMBOK은 지속적으로 갱신되는 문서이며 최근 2017년 6번째 판이 출간되었다. PMI라는 국제 비영리 기구에서 문서화를 담당하고 있으며 프로젝트 관리 자격증인 PMP를 주관하고 있다.

PMBOK에서는 프로젝트 관리를 공정관리, 예산관리, 품질관리와 같이 3대 관리 요소로 나누고 계획, 조직화, 인력확보, 지휘, 통제라는 5대 관리 구성으로 분류하고 있다. 프로젝트 관리 지식 분야는 통합관리, 일정관리, 품질관리, 범위관리, 위험관리, 원가관리, 인력관리, 의사소통관리, 조달관리와 같이 모두 10개 영역으로 구성된다.

'프로젝트 분석하기'에서는 사용자가 무엇을 요구하는지 찾아내서 구체화한 문서를 작성한다. 마지막으로 고객(발주사)과 모든 요구사항을 도출했는지 검증하는 과정을 다룬다.

'프로젝트 설계하기'에서는 프로세스, 인터페이스, 데이터 설계 방법을 설명한다. 개발 방법론에 나와 있는 다양한 산출물을 모두 다루기보다는 개발자 입장에서 설계자의 업무를 이해할 수 있도록 개발에 꼭 필요한 산출물만을 다룬다.

'프로젝트 개발하기'에서는 개발표준, 개발환경 구성하기, 개발도구 그리고 여러 사람이 팀을 이루어서 개발하는 방법과 프로그램 테스트를 어떻게 하는지 설명한다. 개발자가 어떤 업무를 하고 있는지, 그리고 개발을 좀 더 효율적으로 하기 위해서 무엇을 해야 하는지 이해할 수 있다.

'프로젝트 완료하기'에서는 완성된 프로그램을 테스트하는 방법을 설명한다. 테스트를 계획하는 방법과 통합 테스트, 인수 테스트, 성능 테스트를 설명한다. 프로젝트를 완료하기 위한 최종 단계인 검수와 관련해서 발주사와 수주사의 입장을 알아본다.

'프로젝트 운영하기'에서는 운영 과정에서 필요한 형상관리, 백업과 복구, 스토리지, TCP/IP

프로토콜, 네트워크 스위치 그리고 기본적인 UNIX 기술을 알아본다. 일반적으로 개발이나 영업 업무에 주로 종사하는 사람들은 운영 업무에 무엇이 필요한지 이해하기 어렵다. 많은 프로젝트가 운영 업무에서 시작되므로 운영 업무를 이해한다면 프로젝트를 진행하면서 앞으로 필요한 것에 선제적으로 대응해 프로젝트 품질을 높일 수 있다.

마지막으로 프로젝트와 관련된 '국제표준'을 알아본다. 프로젝트 개발과 관련된 디펙토de fecto 표준인 CMMI와 정보 시스템 운영의 국제표준인 ISO20000을 알아보고 우리 업무에 적용할 수 있는 현명한 방법을 알아본다.

> 디펙토(de fecto)란, "사실의"라는 뜻을 가진 라틴어이다. IT 분야에서는 디펙토 표준이라는 용어를 많이 사용하는데 디펙토 표준이란 공인된 것은 아니지만 표준과 같은 수준으로 사람들이 받아들인다는 의미가 있다.

엔지니어 대부분은 이 책에서 다루고 있는 모든 프로세스를 이해하지 못하고 경험하기 어려울 것이다. 내가 왜 이런 것까지 알아야 하지?라는 의문이 들 수도 있다. 하지만, 정상에 올라 숲을 바라본 것과 내가 가꾸는 나무만을 바라보는 것에는 많은 차이가 있을 수밖에 없다. 숲의 북쪽에서는 벌목꾼들이 나무를 마구 베어 황폐해지고 있고, 숲의 남쪽에서는 새로운 마을이 생겨 숲에서 생산되는 여러 가지 열매와 나무들이 좋은 가격에 거래되고 있다는 것을 알면 위기와 기회를 대비하고 활용할 수 있다. 이것이 바로 이 책을 집필한 목적이다. 정글과 같은 IT 업계에서 능동적으로 기회를 찾아낼 수 있는 생각하는 프로그래머가 되어야 한다.

1.4 대상 독자

IT 관련 대학생

대학생들의 지상 목표는 취업이다. 취업을 위해 학점도 따야 하고 스펙도 쌓아야 한다. 이 두 가지는 선배들이 걸어간 길을 따라가면 어느 정도 준비할 수 있다. 하지만, 회사에서 요구하는 인재는 넓은 시야와 남들과는 다른 생각을 갖고 생각하는 힘을 가진 사람이다. 그런 점에서 이 책은 실전 경험이 전혀 없는 대학생들에게 아주 좋은 간접 경험을 전달해 주고 있으며 IT 업체에 취업을 원하는 대학생이라면 이 책을 통해 실무에서 어떤 업무가 이루어지는지 이해하고 취업이라는 전쟁을 더욱 잘 준비할 수 있다.

초중급 프로그래머

프로그램을 3년 정도 하다 보면 이제 어느 정도 자신감이 생긴다. 프로그램 문법도 익숙해지고, 어디서 정보를 찾아야 하는지 감이 오며 인터넷에서 검색한 내용도 이제 하나씩 이해할 수 있다. 이때가 바로 한 단계 업그레이드해야 할 시기이다. 코더가 설계자로 아마추어가 전문가로 업그레이드되어야 한다. 하지만 세상에 업그레이드 매뉴얼은 존재하지 않으며 보통 자신도 모르는 사이에 경험을 통해 프로가 된다. 개발만 하다가 어느 순간 설계를 하는 자신을 발견하게 된다. 하지만, 이러한 방법은 많은 시간이 필요하고 시행착오를 겪어야 한다.

이 책은 이런 시간과 시행착오를 줄여줄 수 있다. 개발자의 업무와 기획자, 설계자의 업무까지 두루 경험하고 이해할 수 있다. 이런 이해를 바탕으로 내가 무엇을 공부해야 하고 어디로 가야 할지 알 수 있는 힘이 생긴다. 방향도 모르고 알 수 없는 힘에 끌려 다니는 것 보다 내 목표를 설정하고 그것을 이루기 위해 노력하는 것이 좀 더 멋지지 않을까?

고급 프로그래머와 설계자

프로그램을 8년 이상하면 이제 설계에도 자신이 생기고 프로그램도 능숙하게 만들 수 있다. 이런 사람을 우리는 고급 개발자 또는 설계자라 부른다. 신입 후배를 가르치면서 자기 일을 완벽하게 마무리할 수 있다. 이런 사람에게 필요한 것이 또 있을까? 물론이다. 다른 사람을 이해하고 소통할 수 있는 능력이 필요하다. 8년 이상 되면 설계와 개발 능력으로 남들과 차별화하기 힘들다. 조금 더 잘할 수 있지만, 그렇다고 아주 월등해지기는 어렵다.

하지만, 내가 고객을 이해할 수 있다고 생각해보자. 상대방이 원하는 게 뭔지를 알아내고, 고려해야 할 다양한 상황을 종합해서 솔루션을 제시할 수 있다면 다른 사람과 차별화할 수 있다. 프로그래머 중에 이런 사람은 극히 드물다. 이 책을 통해 기획자, 영업사원 그리고 운영자의 전체적인 업무를 이해한다면 설계 과정에서 고객이 미처 생각지 못한 솔루션을 제시할 수 있는 능력을 갖출 수 있다.

IT 영업 직종

영업사원은 물건을 파는 사람이자 불평불만을 들어주는 사람이다. 고객이 프로젝트에 불만이 생기면 영업사원부터 찾는다. 프로그래머가 고객에게 불만이 생기면 영업사원에게 하소연한다. 영업사원은 고객을 다독이면서 프로그래머가 일을 열심히 할 수 있는 환경을 만들어줘야 한다. 영업사원이 프로젝트 라이프사이클을 이해하고 고객, 개발자, 설계자가 무슨 일을 하고 있으며 책임이 무엇인지 이해한다면 보다 훌륭한 영업사원이 될 수 있다.

기업의 정보 시스템 운영 담당자

중견기업 정보 시스템 운영은 멀티플레이어 역할을 요구한다. 대기업은 역할이 세분화되어 있어 자기 업무만 잘하면 되지만, 중견기업에서는 시스템을 운영하면서 IT 기획과 서버 운영, 심지어 DBA^{DataBase Administrator} 역할을 수행하는 경우도 있다. 특히, 공공기관 정보 시스템 운영자는 프로젝트 발주 업무를 많이 수행한다. 시스템 운영 업무를 하다가 발주와 프로젝트 관리 업무를 수행한다는 것은 정말 난감한 일이 아닐 수 없다.

이 책에서는 기획에서 발주, 수주, 계약, 프로젝트 관리의 모든 프로세스를 다루고 있다. 정보 시스템 운영자가 이 책을 통해 전체 과정을 이해하고 회사에서 기존에 수행한 업무를 참고한다면 더욱 쉽게 새로운 업무에 적응할 수 있을 것이다.

기업체 IT 부서 중간 관리자

중간 관리자가 회사마다 다르겠지만, 팀장급의 경우 실무를 책임지는 사람이다. 개발자, 운영자, 설계자를 이끌면서 시스템을 운영하고 ISP(Information strategy planning)(정보화 전략 계획)를 통해 기업의 중장기 IT 전략을 수립해야 한다. 단계별 과제를 수행하기 위해 프로젝트 발주를 통해 시스템을 구축해야 한다.

> **ISP(Information strategy planning)**란, 기업의 경영 전략을 효과적으로 지원하기 위해 IT 관점에서 전략을 수립하는 것이다. 경영 전략을 분석하고 그에 필요한 시스템과 현재 정보화 체계를 어떻게 개선할지에 대해 3~5년 동안의 체계적인 계획을 수립하는 행위를 말한다. 정보화 전략 계획은 전문 컨설팅 업체가 수행하며 최종 결과는 잘 정리된 문서로 전달된다.

중간 관리자는 실무를 담당하지 않지만, 실무자의 업무를 관리, 감독하며 부족한 점을 채워야 한다. 관리자는 실무자보다 많은 경험이 있지만, IT 전 분야를 경험한다는 것은 현실적으로 불가능하므로 본인이 경험하지 못한 분야는 이론을 통해 지식을 얻어야 한다.

이런 다양한 지식을 요구하는 관리자 업무를 지원하기 위해 이 책은 아주 효과적인 역할을 수행한다. 아주 깊지는 않지만, 전반적인 프로세스를 아주 쉽게 설명하고 실무적인 사례를 제공하기 때문이다.

02

프로젝트 만들기

항상 갈망하고 우직하게 나가라
Stay hungry, stay foolish.

스티브 잡스 Steve Jobs

기업에서 계약을 통해 프로젝트를 만드는 것을 발주라 한다. 발주 프로세스 시작은 기업의 중장기 IT 전략을 수립하는 ISP에서 출발하며 최종적으로 프로젝트 개발에 관한 계약서를 작성하면서 마무리된다. 이 장에서는 프로젝트 발주 단계를 하나씩 살펴보고 스마트 영업지원 시스템을 구축하기 위한 기획서, 제안 요청서, 제안서를 작성해 보도록 한다. 스마트 영업지원 시스템은 성격상 모바일 앱이 적합하지만, 대부분 엔터프라이즈 프로젝트가 웹 기반으로 개발되는 현실을 고려해 모바일 웹 프로젝트로 진행한다.

프로젝트 기획하기

프로젝트 발주

서두에서 말했듯이 프로젝트를 발주함으로써 모든 것이 시작된다. 발주 프로세스는 모든 과정에서 발주사와 제안사가 긴밀하게 협력하면서 진행된다. 처음부터 발주 프로세스에 참여한 제안사가 반드시 계약서를 작성하는 수주사가 되는 것은 아니지만 가장 많은 정보를 알고 있으므로 수주할 가능성이 크다. 따라서 발주사는 계획 수립 단계에서 도움을 요청할 전문업체를 신중하게 골라야 하며, 이에 참여하는 전문업체는 프로젝트가 성공할 수 있도록 많은 도움을 주면서 발주사와 신뢰를 쌓는 것이 중요하다.

발주 단계는 시스템을 구축하기 위한 프로젝트 성공의 첫 단추이다. 발주 단계에서 프로젝트에 대한 범위, 비용, 일정이 정해진다. 프로젝트에 영향을 미치는 요소를 정의하고 이에 대한 관리 방법을 설명하고 있는 프로젝트 관리 지침서인 PMBOK^{Project Management Body Of Knowledge}에서 범위, 비용, 일정은 가장 핵심적인 요소로 설명하고 있다. 따라서 프로젝트 발주 단계는 프로젝트 성공의 가장 중요한 역할을 하며 첫 단추가 잘못 끼워지면 처음부터 다시 옷을 입어야 하듯 발주 단계를 정확하게 이해하고 해야 할 일을 잘 해내는 것이 프로젝트 성공을 위한 핵심 사항이라 할 수 있다.

	ISP	프로젝트 기획	발주결재	제안작업	제안평가	기술협상	계약
발주사	중장기 계획	프로젝트 기획서	제안 요청서	*(정보제공)*	*(평가위원회)*	기술 협상서	계약서
제안사	*(정보제공)* 견적서	*(정보제공)* 견적서	*(정보제공)* 견적서	제안서	*(제안발표)*		

그림 2-1 프로젝트 발주 프로세스

프로젝트의 시작 ISP

프로젝트는 다양한 형태로 시작된다. 회사의 임원진이 지인 회사를 방문해 새로운 시스템을 본 후 만들라고 지시하는 경우도 있고, 최고 경영자의 개인적인 기호 때문에 시스템을 구축하는 경우도 있다. 대부분은 영업상 필요에 의해 시작하는 경우인데, 영업 전략이 변하거나 신제품을 출시해서 마케팅이나 제품 관리를 위해 시스템을 구축하는 경우도 있다. 또한, 새로운 법률이 만들어져 시스템을 구축하는 경우도 있는데 이를 컴플라이언스Compliance 요건이라 한다.

> **컴플라이언스 요건**이란, 법률적으로 강제하는 것을 말한다. 회사의 홈페이지를 운영할 때 적용해야하는 대표적인 컴플라이언스 요건은 장애인 차별 금지법과 개인정보보호법이 있다. 컴플라이언스 요건을 위반했을 때는 법률적으로 처벌을 받을 수 있기 때문에 기업에서 가장 우선적으로 고려하는 사항이기도 하다.

개인정보보호법, 회계 관련 법령이 변경되어 급하게 시스템을 구축하기는 경우가 여기에 해당한다.

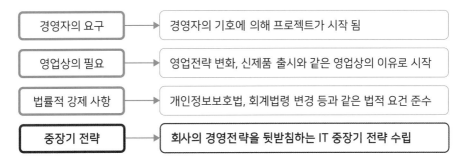

그림 2-2 프로젝트 시작 유형

IT 관점에서 프로젝트를 시작할 때 가장 바람직한 방법은 IT 중장기 전략을 수립해 단계적으로 시스템을 구축하는 것이다. IT 중장기 전략 수립하는 프로젝트를 ISPInformation Strategy Planning라 한다. 앞서도 말했지만, ISP란 회사의 경영전략을 뒷받침하는 데 필요한 IT 시스템의 중장기적인(3~5년) 청사진을 만드는 활동을 말하는데, 시스템을 어떤 순서로 만들지, 비용은 얼마나 필요할지, 누가 어떻게 시스템을 관리할지를 문서로 작성한다.

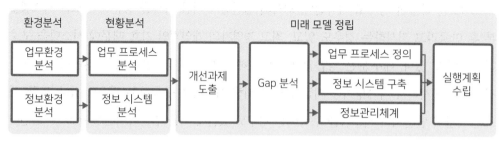

그림 2-3 ISP 프로세스

ISP는 크게 '환경 분석', '현황 분석', '미래 모델 정립'의 세 가지로 나눌 수 있다. '환경 분석'에는 업무 환경 분석과 정보 환경 분석이 있다. '업무 환경 분석'은 회사의 사업 영역과 관련된 주변 비즈니스 환경을 분석하는 것이다. 예를 들어 정보보안 솔루션을 판매하는 회사라면 외국과 국내 경쟁회사의 정보보안 솔루션 판매 전략, 과금 체계, 인력 운영 방식 등을 조사하는 것이다. '정보 환경 분석'은 회사 사업과 관련된 정보 기술이 외부에서 어떻게 사용되고 있는지 그리고 최신 기술이 무엇인지 조사하는 것이다. 예를 들어 영업사원들의 업무를 지원하기 위한 시스템에 스마트폰, AI, 클라우드 기술이 어떻게 사용되고 있는지를 조사하는 것이다.

'현황 분석'은 회사의 업무와 정보 시스템의 현재 상태를 분석하는 것이다. '업무 프로세스 분석'은 회사의 업무 절차가 어떤 과정으로 진행되는지 사람, 업무, 데이터의 흐름을 도표와 그림으로 정리하는 것이다. '정보 시스템 분석'은 현재 회사에서 사용하는 정보 시스템을 애플리케이션, 데이터, 장비와 네트워크로 나누어 체계적으로 정리하는 것이다.

마지막으로 '미래 모델 정립' 과정은 다음과 같다. 먼저 현황 분석을 통해 나온 문제를 해결하기 위해 개선과제를 도출하고 현재 시점에서 개선과제를 수행하는 데 필요한 것들을 찾아내는 갭Gap 분석을 시행한다. 다음으로 개선과제를 통해 변화하는 업무 프로세스와 정보 시스템 그리고 이를 관리하기 위한 정보관리체계를 다시 그려본다.

이제 마지막으로 모든 과제를 수행하는 데 필요한 인력, 기간, 비용을 구체적으로 계산하고 개선 효과를 정량적으로 제시하는 최종 산출물인 실행계획을 수립한다.

ISP는 일반적으로 전문업체를 통해 수행하게 된다. 다양한 기업의 정보 시스템을 분석한 경험이 있는 전문업체를 통해 우리 회사의 정보 시스템 개선방안을 도출하는 것이다. 하지만 현재 국내의 많은 기업에서는 최신 기술을 사용하고 있고 다양한 선진 기법들이 패키지 솔루션으로 만들어져 있으므로 컨설팅을 통해 아주 획기적인 개선방안을 도출하기가 어렵고 짧은 ISP 프로젝트 기간에 전문업체가 회사의 업무를 완전히 이해하기도 어렵다. 현황을 정확하고 자세하게 파악해야만 문제점을 발견하고 정확한 솔루션을 제시할 수 있는데 프로젝트 기간과 투입인력의 한계 때문에 고품질의 컨설팅 보고서를 만들기가 쉽지는 않다.

따라서 ISP 프로젝트에 가장 중요한 것은 고객(발주사)의 사전 준비이다. 회사를 가장 잘 아는 것은 고객이다. 따라서 고객은 현재 우리의 문제점이 무엇인지 미리 파악해서 전문업체에게 회사 현황뿐만 아니라 문제점을 상세히 설명해 줘야 한다. 전문업체의 역할은 이러한 문제점을 해결하기 위한 솔루션을 제시하는 것에 그치는 것이 좋다.

프로젝트 기획서 구성

ISP는 3~5년 동안 구축할 시스템에 대한 체계적인 계획을 수립하는 것이다. 영업지원 시스템 고도화에 대한 ISP를 가상으로 수립해보자. 1차 연도에는 스마트 영업지원 시스템을 구축하고, 2차 연도에는 인공지능 기술을 활용해 영업지원 시스템을 고도화하는 인공지능 영업지원 시스템을 구축한다. 마지막으로 3차 연도에는 인공지능 기술을 활용해서 영업 전략을 수립하는 인공지능 영업전략 시스템을 구축하는 계획을 수립해보자.

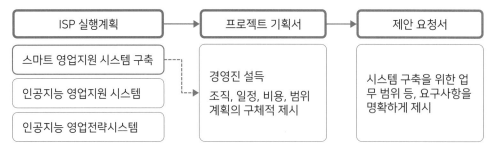

그림 2-4 단계별 기획서

프로젝트 기획서는 단계별로 구축하는 시스템의 세부적인 계획서를 만들어 경영진을 설득하고 비용 지출의 근거를 만드는 문서작업이다. 프로젝트 기획서에는 조직, 일정, 비용, 범위에 대한 계획이 구체적으로 나와 있어야 한다. 담당자는 프로젝트 기획서를 작성하기 위해 전문 업체에게 정보를 요청하는 RFI$^{Request\ For\ Information}$(정보 요청서)를 이메일, 공문서 형식으로 보내 정보를 수집한다.

> **RFI**란, 기업에서 새로운 시스템을 구축하거나 운영 중인 시스템을 개선하고자 할 때 전문 업체의 도움을 요청하는 문서이다. 시스템을 운영하는 인력은 새로운 기술이나 산업계의 트렌드를 잘 모르는 경우가 많기 때문에 전문 업체에 정보 요청서를 보내 부족한 정보를 보완한다.

RFI를 요청하고 답변을 보내는 과정에 사전 영업이 존재한다. 영업사원은 프로젝트를 수주하기 위해 고객사를 정기적으로 방문하면서 환담을 나누거나 회사에서 새로 개발한 솔루션을 소개하고 산업계에서 화두가 되는 이슈를 소개한다. 만일 고객사가 계획하고 있는 프로젝트와 맞아 떨어지는 내용이 있다면 고객은 관심을 보일 것이고 이때부터 비공식적인 프로젝트 수주 프로세스가 시작된다. 고객이 가지고 있는 추상적인 요구사항을 구체화 시켜주는 것이 영업사원이며 이 과정에서 고객의 신뢰를 얻고 프로젝트를 자신이 원하는 방향으로 이끌어 간다.

구분	ISP 실행계획	프로젝트 기획서	제안 요청서
작성자	컨설턴트	업무 담당자	업무 담당자
대상 시스템	복수	단일	단일
목적	중장기 전략 수립	프로젝트 근거	프로젝트 발주
구체성	낮음	중간	높음

표 2-1 단계별 기획서 비교

프로젝트 기획서는 사업개요, 현행 업무분석, 목표 업무 설계, 자원 소요 계획, 정보화 효과 분석과 같이 다섯 단계로 구성된다. 프로젝트 기획서에 들어가는 내용은 회사, 업무, 담당자에 따라 약간 차이가 있지만, 핵심적인 내용은 다음 그림과 같이 다섯 단계로 구성된다.

1. 사업 개요
1) 추진 배경 및 필요성
2) 서비스 내용
3) 사업 범위
4) 기대효과

2. 현행 업무 분석 및 문제점
1) 현행 업무 현황 (AS-IS)
2) 현행 시스템 및 정보화 현황 (AS-IS)
3) 문제점 및 개선방향

3. 목표 업무 설계
1) 개선 과제
2) 목표 업무 설계 (TO-BE)
3) 목표 시스템 및 정보화 설계 (TO-BE)

4. 자원 소요 계획
1) 추진 조직도 및 추진체계
2) 예산 계획
3) 일정 계획

5. 정보화 효과 분석
1) 정성적 분석
2) 정량적 분석

그림 2-5 프로젝트 기획서의 구성

'사업개요'는 왜 사업을 하는지 설명하고 목표 업무를 요약해서 제시하는 것이다. 왜에 대한 답변은 '추진 배경 및 필요성'에서 간단명료하게 써야 한다. 몇 줄의 내용으로 짧게 설명하지만, 이 부분에서 상대방을 설득하지 못한다면 다음 부분부터는 흥미를 잃을 수도 있다. '서비스 내용'은 앞으로 새로운 시스템에서 제공하는 기능을 간단하게 설명하는 부분이다. 수많은 기능을 제공하지만, 핵심적인 기능을 한두 줄에 압축해서 전달한다. '사업 범위'는 새롭게 구축되는 시스템이 커버하는 업무 범위와 기능을 키워드를 사용해 2~3줄로 설명한다.

'현행 업무 분석 및 문제점'에서는 현재 회사에서 수행하고 있는 업무의 종류와 이를 사용하는 정보 시스템 현황을 표와 그림으로 정리한다. 동사와 형용사보다는 '명사'를 사용해서 간단명료하게 정리해야 한다. 현황이 정리됐으면, 현재 문제점을 기술하고 이를 해결할 방법을 제시한다. '목표 업무 설계'는 앞에서 제시한 해결 방안을 시스템으로 어떻게 구현할지 구체적으로 제시한다. 시스템 구축과 함께 새롭게 바뀌는 정보 시스템과 업무는 개념도를 사용해서 간략하게 설명한다.

'자원 소요 계획'은 시스템을 구축하는 데 필요한 인력, 예산, 시간을 구체적으로 제시한다. '인력'은 시스템 발주와 프로젝트 감독, 마지막으로 검수하는데 책임을 질 수 있는 조직과 사람을 설명한다. '예산'은 시스템 구축에 필요한 하드웨어, 패키지 소프트웨어 그리고 애플리케이션 개발에 필요한 비용을 전문업체가 보내 준 견적서를 바탕으로 작성한다. '일정'은 프로젝트를 시작해서 종료까지 소요되는 전체 시간을 주 단위로 계획한다.

마지막으로 '정보화 효과 분석'은 시스템을 구축해서 회사가 얻을 수 있는 가치를 정성적, 정량적으로 설명한다. 정성적 효과는 회사 이미지 개선, 직원 만족도 개선 등과 같이 숫자로 표현하기 어렵지만 느낌으로 알 수 있는 것들이다. 정량적 효과는 필요 인력 2명 감축, 연간 10억 원 예산 절감 등과 같이 숫자로 정확하게 표현할 수 있는 것들이다. 효과 분석은 정성적 지표보다는 정량적 지표를 사용해야만 경영진에게 효과적일 수 있다.

프로젝트 비용 산정 방법

경영진을 설득하는 데 가장 중요한 것은 비용이다. "이렇게 좋아집니다"라고 얘기하면 경영진은 항상 "그래서 얼마가 드는데?"라고 되묻는다. 프로젝트를 성공적으로 구축하는 가장 큰 열쇠는 합리적인 가격에 최상의 시스템을 구축하는 것이다.

프로젝트 비용 산정은 크게 두 가지로 나뉜다. 하나는 프로그래머가 회사를 위해 맞춤형 솔루션을 만드는 애플리케이션 개발이고 다른 하나는 이미 만들어진 제품을 구매하는 상용 솔루션 구매이다.

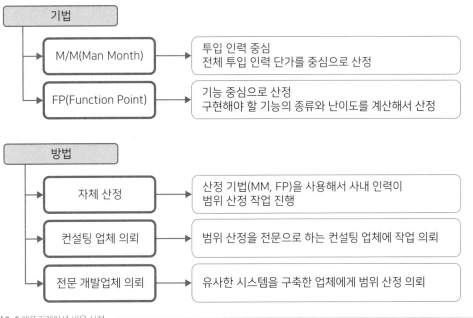

그림 2-6 애플리케이션 비용 산정

먼저 애플리케이션 개발 비용 산정에는 M/M^{Man Month}과 FP^{Function Point} 기법이 있는데, M/M은 투입 입력 중심으로 비용을 산정하는 기법이다.

M/M Man Month **과 FP** Function Point

M/M은 1개월 동안 몇 명의 인력이 필요한지 나타내는 단위이다. 2 M/M이라 표기하면 1달에 2명이 투입되거나 1명이 2달 동안 투입된다는 의미이다. 신규 시스템 구축 시 경험에 의해 규모를 산정할 때 M/M를 많이 사용하며 이해하기 쉬워 현재 견적서에서 가장 많이 사용하는 방식이다.

FP는 시스템이 가지고 있는 기능을 분석하고 기능별로 점수를 계산해서 비용을 산출하는 방식이다. FP는 시스템의 기능을 알고 있어야 하므로 신규 시스템을 구축할 경우 개념 설계가 완료되어야 작성할 수 있다. M/M보다 정량적(객관적)으로 규모를 산정할 수 있다는 장점이 있지만, 시스템에 대한 깊은 이해를 필요하기 때문에 산업계에서 널리 사용하고 있지는 않다.

프로젝트에 어느 수준(초/중/고/특급)의 인력을 얼마 동안 투입해야 고객이 요청하는 시스템을 개발할 수 있는지를 산정하는 것이다. 한국소프트웨어산업협회에서 매년 수행하는 SW 임금 실태조사를 기반으로 SW 기술자 평균 임금을 알려주고 있으므로 이 자료를 기반으로 비용을 산정하는 것이 가장 일반적인 방법이다.

구분	인원	일평균임금(M/D)			월평균임금 (M/M)	시간평균 임금 (M/H)
		2017년	2018년	(증가율)		
기술사	295	452,611	462,072	(2.1)	9,611,098	57,759
특급기술자	15,526	391,068	406,342	(3.9)	8,451,914	50,793
고급기술자	8,742	305,353	305,433	(0.0)	6,353,006	38,179
중급기술자	9,104	239,506	239,748	(0.1)	4,986,758	29,969
초급기술자	11,363	191,320	215,681	(12.7)	4,486,165	26,960
고급기능사	99	191,177	194,340	(1.7)	4,042,272	24,293
중급기능사	200	158,490	158,597	(0.1)	3,298,818	19,825
초급기능사	233	114,914	120,948	(5.3)	2,515,718	15,119
자료입력원	204	113,959	117,145	(2.8)	2,436,616	14,643
계/평균	45,766	289,473	302,665	(4.6)	6,295,432	37,833

표 2-2 SW 기술자 평균 임금(한국소프트웨어산업협회)

여기에 제경비(SW기술자 임금 외 관리비용)와 업체 이윤을 더하면 애플리케이션 개발 비용을 산정할 수 있다. M/M은 유사 시스템을 구축한 전문가의 경험에 의존하는 기법으로 현재 가장 많이 사용되는 비용산정 기법의 하나이다.

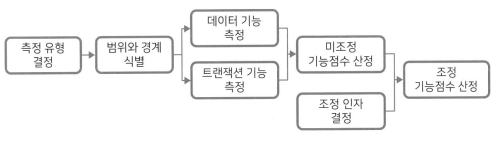

FP Function Point는 애플리케이션 규모와 기능 복잡도를 고려하여 정량적으로 계산하는 방식이다. 정확한 계산을 하려면 개념 설계가 완료되어야 하는 문제점을 가지고 있으나, 최종 사용자 관점에서 규모를 산정할 수 있다는 장점이 있다. 기획 단계에서 전문업체에 FP 기반 견적서를 의뢰하면 기능점수를 산출해서 견적을 주기는 하지만, 정확한 기능점수를 산출하기보다는 M/M 기반으로 산출한 금액을 다시 FP로 역산해서 보내 주는 경우가 대부분이다.

앞선 그림에서 보는 바와 같이 FP는 애플리케이션 범위와 경계를 식별해야 하고 각각의 기능 데이터를 어떤 방식으로 사용하는지, 트랜잭션은 어떻게 이루어지는지 정확하게 알고 있어야 한다. 여기에 애플리케이션 복잡도에 따른 조정 인자를 결정해서 최종 기능점수를 산정하는 방식이다. 기능점수가 나오면 셈식에 의해 비용을 산출할 수 있다. FP는 개념설계가 이루어져야 하므로 프로젝트 구축 전에 작성하기보다는 프로젝트 구축 후에 작성해서 유지보수 비용이나 시스템을 재구축할 때 비용 산정 기초자료로 활용하는 것이 좋다.

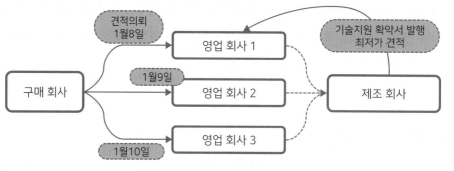

그림 2-8 하드웨어 및 소프트웨어 패키지 도입

하드웨어와 소프트웨어 패키지를 도입할 때는 기술지원 확약서의 개념을 알아야 한다. 일반적으로 제품 구매를 희망하는 회사는 기존에 거래가 있던 업체에 견적을 의뢰하게 되는데 보통 2~3개 업체에 문의를 한다. 구매 부서에서는 견적의 객관성을 보장하기 위해 최소 2개 업체의 견적서를 요구하기 때문에 여러 업체에게 문의하게 된다.

제조 회사는 자신들이 직접 영업을 할 수 없으므로 다양한 영업 경로를 유지하고 있다. 영업 경로는 전문 판매 회사일 수도 있고, 시스템 구축 전문업체가 될 수도 있다. 영업 활동을 보장하기 위한 업계의 관행이 있는데 가장 일반적인 것이 처음 견적을 의뢰한 업체에 기술지원 확약서를 발행해 주거나 가장 낮은 금액의 견적서를 발행해 주는 것이다. 앞의 그림에서 보는 바와 같이 구매 회사가 영업 회사 1에게 1월 8일에 견적을 의뢰했기 때문에 영업 회사 1이 제조 회사에 당일 견적을 의뢰한다면 기술지원 확약서 또는 최저가 견적을 받을 수 있는 것이다. 여기에 이윤을 붙여 구매 회사에 최종 견적서를 주는 방식이다.

> **기술지원 확약서**란, 제품 제조 업체에서 제품을 납품하는 업체에 발행하는 증명서로써 납품된 제품을 제조사가 기술지원을 하겠다는 문구가 들어가 있는 문서이다. 일반적으로 하드웨어나 소프트웨어를 기성품으로 구입할 때 납품 업체에 제조사에서 발행한 기술지원 확약서를 제출할 것을 요구한다.

하드웨어와 소프트웨어 패지키를 구매할 때는 이런 업계의 관행을 항상 염두에 두고 어떤 업체에 견적을 의뢰할지 신중하게 결정해야 한다.

스마트 영업지원 시스템 프로젝트 기획서

스마트 영업지원 시스템 구축계획(안)

I 사업 개요

1. 사업개요
- 사 업 명 : 스마트 영업지원 시스템 구축
- 사업기간 : 계약 체결일로부터 180일
- 소요예산 : 240,000,000원(부가세 포함)

2. 추진배경 및 필요성
- 현장근무 중심 영업사원 근태 문제 지속적 발생
- 영업현장과 동떨어진 지원 시스템으로 인한 관리비용 증가 및 영업 효율 저하

3. 서비스 내용
- 위치 정보를 활용한 실시간 근태관리 기능 제공
- 스마트폰을 활용한 업무일지 및 비용정산 처리
- 민원정보 시스템과 연동한 영업정보 제공체계 구축

4. 기대효과
- 정확하고 편리한 근태 관리 체계 구축을 통한 인사관리 신뢰성 강화
- 영업 생산성 향상 및 영업 사원 만족도 제고(향후 5년간 약 3,430백만원 절감)

그림 2-9 스마트 영업지원 시스템 사업개요

먼저 '사업개요' 부분을 살펴보자. 스마트 영업지원 시스템의 예산은 총 2억4천만 원이며 6개월의 프로젝트 기간을 가진다. 첫 부분에 경영진이 가장 궁금해하는 비용과 기간을 언급한다. '추진 배경 및 필요성'은 현재 업무의 문제점이 무엇인지를 기술한다. 왜 시스템을 구축해야 하는지를 설명하는 부분이다. 현행 영업지원 시스템의 문제는 영업사원의 근태 관리 문제와 영업현장에서 시스템을 사용할 수 없다는 데 있다.

'서비스 내용'은 스마트 영업지원 시스템이 지원하는 기능으로서 위치 정보 기반의 근태관리와 업무 현장에서 스마트폰으로 시스템을 사용할 수 있다는 점, 그리고 다른 시스템과의 연동 기능을 들 수 있다.

마지막으로 '기대 효과'에서는 정확한 근태 관리로 인사관리 신뢰성 강화와 영업 생산성 향상과 영업사원 만족도 제고를 들었으며 특히 생산성 향상 부분은 효과를 정량적으로 산출해서 제시했다.

ⅠⅠ 현행 업무 분석 및 문제점

1. 현행 업무 현황

업무	내용
근태관리	- 영업사원이 업무 수행 후 주 1회 본사에 방문하여 인사시스템에 1주일 동안의 근태 내역을 인사시스템에 등록
영업일지 관리	- 영업사원이 업무 수행 후 주 1회 본사 방문하여 영업지원 시스템에 영업활동 내역 입력, 결재 상신 - 관리자는 영업일지를 확인 후 결재 처리
영업비용 정산	- 본사에 방문한 영업사원은 영업비용을 영업일지에 기록, 결재 처리되면 비용 정산
영업 정보수집	- 영업사원은 본사에 방문하여 고객민원시스템과 영업지원 시스템을 사용, 고객사의 영업정보 수집

그림 2-10 스마트 영업지원 시스템 현행 업무 현황

현행 업무 현황의 경우 현재 영업지원 시스템을 업무적으로 어떻게 사용하고 있는지를 설명하고 있다. 업무는 근태관리, 영업일지 관리, 영업지용 정산, 영업정보 수집으로 나누어지고 이에 대한 자세한 설명이 함께 들어있다.

스마트 영업지원 시스템은 없던 것을 신규로 만드는 것이 아니라 기존에 있던 영업지원 시스템을 개선하는 프로젝트이다. 따라서 현행 업무로 정리된 4개의 업무는 앞으로 구축될 시스템의 뼈대가 된다.

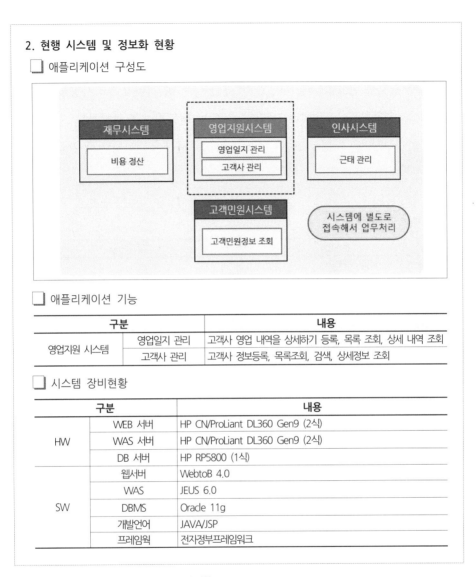

2. 현행 시스템 및 정보화 현황

☐ 애플리케이션 구성도

☐ 애플리케이션 기능

구분		내용
영업지원 시스템	영업일지 관리	고객사 영업 내역을 상세하기 등록, 목록 조회, 상세 내역 조회
	고객사 관리	고객사 정보등록, 목록조회, 검색, 상세정보 조회

☐ 시스템 장비현황

구분		내용
HW	WEB 서버	HP CN/ProLiant DL360 Gen9 (2식)
	WAS 서버	HP CN/ProLiant DL360 Gen9 (2식)
	DB 서버	HP RP5800 (1식)
SW	웹서버	WebtoB 4.0
	WAS	JEUS 6.0
	DBMS	Oracle 11g
	개발언어	JAVA/JSP
	프레임웍	전자정부프레임워크

그림 2-11 스마트 영업지원 시스템 현행 시스템 및 정보화 현황

'현행 시스템 및 정보화 현황'은 현재 영업지원 시스템이 어떻게 구축되어 있는지 시스템 현황을 애플리케이션과 시스템 장비 관점에서 설명한다. 애플리케이션 구성도를 통해 현재 시스템과 연관된 시스템의 기능과 연계 정도를 도식화했으며 애플리케이션 기능을 업무별로 간

단하게 설명한다.

사용하고 있는 HW 수량에 따라 소프트웨어 아키텍처가 달라질 수 있으므로 HW 수량과 구체적인 제품 정보를 반드시 기술해야 한다. 예를 들어 웹 서버가 2식 사용된다면 파일을 올릴 때 2대의 서버에 동시에 파일이 올라갈 수 있는 내부적인 프로세스를 고려해야 한다. SW 버전에 따라 사용할 수 있는 프레임워크의 종류와 사양이 달라지기 때문에 버전 정보를 구체적으로 기술하는 것이 좋다.

3. 문제점 및 개선방향

문제점	개선방향
영업사원 근태 관리의 어려움 ※2017년 하반기 업무시간 사우나 이용 24건 적발	스마트폰 위치정보 근태 관리에 활용
실시간 영업일지 수집 및 활용 불가	영업 시점 일지 등록 및 결재 처리
비용 정산 절차의 복잡성에 따른 불만 증대	일지 결재 완료 후 즉시 비용 정산
영업 정보 수집의 어려움 증대	고객민원시스템 정보 연동

그림 2-12 스마트 영업지원 시스템 문제점 및 개선 방향

'현행 업무 분석 및 문제점'의 가장 마지막 부분에는 문제점 및 개선 방향을 기술했다. 현행 시스템의 가장 큰 문제점을 3~4개 정도로 요약하고 각 문제점을 시스템 구축을 통해 어떻게 개선할지 문제점별로 개선 방향을 제시한다.

III 목표 시스템 설계

1. 목표 업무 설계

업무	내용
근태관리	- 영업사원 고객사 방문 시작 및 종료 시 위치 정보 전송
영업일지 관리	- 모바일 영업일지 작성 및 결재 기능 제공
영업비용 정산	- 결재된 영업일지 기반 영업비용 정산 기능 제공
영업정보 수집	- 민원 시스템과 영업일지에 대한 통합 조회기능 제공

그림 2-13 스마트 영업지원 시스템 목표 업무 설계

'목표 업무 설계'는 현행 업무를 중심으로 어떻게 업무를 개선할지 구체적으로 적어준다. 앞서 기술했던 개선 방향을 시스템 관점에서 좀 더 구체화하는 정도로 적어주는 것이 좋다.

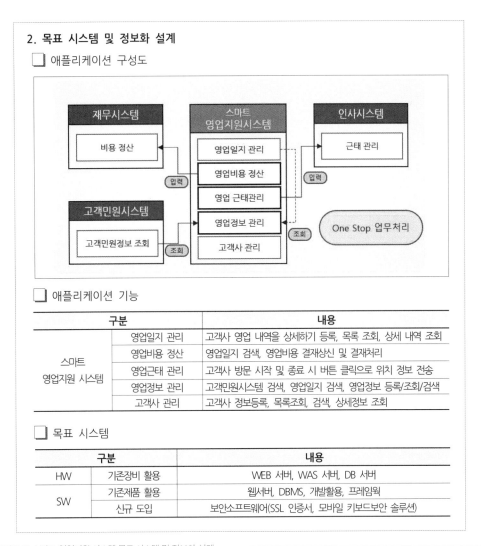

2. 목표 시스템 및 정보화 설계

☐ 애플리케이션 구성도

☐ 애플리케이션 기능

구분		내용
스마트 영업지원 시스템	영업일지 관리	고객사 영업 내역을 상세하기 등록, 목록 조회, 상세 내역 조회
	영업비용 정산	영업일지 검색, 영업비용 결재상신 및 결재처리
	영업근태 관리	고객사 방문 시작 및 종료 시 버튼 클릭으로 위치 정보 전송
	영업정보 관리	고객민원시스템 검색, 영업일지 검색, 영업정보 등록/조회/검색
	고객사 관리	고객사 정보등록, 목록조회, 검색, 상세정보 조회

☐ 목표 시스템

구분		내용
HW	기존장비 활용	WEB 서버, WAS 서버, DB 서버
SW	기존제품 활용	웹서버, DBMS, 개발활용, 프레임웍
	신규 도입	보안소프트웨어(SSL 인증서, 모바일 키보드보안 솔루션)

그림 2-14 스마트 영업지원 시스템 목표 시스템 및 정보화 설계

'목표 시스템 및 정보화 설계' 부분에 나오는 애플리케이션 구성도는 앞으로 만들어질 시스

템의 기능과 연관 시스템의 연계 관계를 도식화해서 나타낸다. 여기서 핵심적으로 표시해야 하는 부분은 스마트 영업지원 시스템과 다른 시스템과의 연관 관계이다. 연관성은 글로 설명하기 어려운 부분이 많으므로 구성도에 표현해 주는 것이 효율적이다.

애플리케이션 기능 부분에는 목표 업무를 지원할 애플리케이션 기능을 그룹별로 나누어서 세부적인 기능과 함께 기술해 준다. 여기에 나와 있는 기능이 제안 요청서에 들어가는 기능 요구사항의 초안이 된다.

목표 시스템은 현재 가지고 있는 시스템의 어떤 부분을 재활용하고 어떤 시스템을 새로 도입하는지를 명확히 기술해 준다.

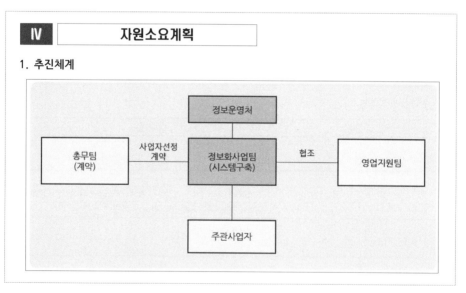

그림 2-15 스마트 영업지원 시스템 추진체계

추진체계는 어느 부서가 프로젝트에 참여하고 어떤 역할을 하는지 도식화해서 나타낸다. 추진체계는 프로젝트에 대한 기본적인 책임과 역할을 정의하고 있으며 일반적으로 프로젝트를 검수할 때 추진체계에 나와 있는 부서에서 검수 사인을 하게 된다.

2. 예산계획

☐ 소요예산 : 240,000,000원(부가세포함)
☐ 산출근거

항목	구분	내용	수량	소비자 금액	공급 금액	비고
소프트웨어	인증서	SSL 서버 인증서	2	2,000,000	2,000,000	Server License
	보안	키보드 보안	300	15,000,000	13,500,000	User License
		소프트웨어 소계		17,000,000	15,500,000	

항목	구분	항목	M/M	공급 단가	공급 금액	비고
인건비	직접인건비 (16M/M)	특급기술자	0.0	8,011,542	-	
		고급기술자	6.0	5,973,240	35,839,440	
		중급기술자	6.0	4,757,277	28,543,662	
		초급기술자	4.0	4,006,590	16,026,360	
		제경비 = 직접인건비 * 110%			88,450,408	
		기술료 = (직접인건비+제경비)*20%			33,771,974	
	인건비 소계		16		202,631,844	
	최종공급가(VAT 별도)				218,131,844	
	최종공급가(VAT 포함)				**239,945,029**	

그림 2-16 스마트 영업지원 시스템 예산계획

예산은 프로젝트에 도입할 장비와 투입하는 인력에 대한 예산으로 나뉘는데 장비에 대한 예산은 단가와 수량으로 구성된다. 특히 소프트웨어는 판매 업체마다 라이선스 정책이 다르기 때문에 비고란에 이에 대한 언급을 해주는 것이 좋다. 장비 예산은 업체로부터 받은 견적서를 기반으로 작성하며 견적서를 받을 때 유지보수 비용을 명시하는 것이 좋다. 예를 들어 제우스 웹 서버 구매 시 장애가 발생할 때 자체적으로 처리가 어려우므로 장애처리와 업그레이드에 대한 유지보수 계약을 맺게 되는데 도입가의 일정 비율(예 10%)을 유지보수 비용으로 한다는 것을 견적서에 명시해야만 향후 시스템 유지에 들어가는 비용을 도입 시점에 정확히 산정할 수 있다.

개발에 투입되는 인건비는 일반적으로 M/M 기준으로 작성되는데 소프트웨어산업협회에서 매년 발행하는 기술자 등급별 노임단가 기준표를 참조한다. 여기에 제경비와 기술료를 합산해서 최종 인건비를 산출한다.

3. 일정계획

☐ 사업기간 : 계약일로부터 6개월

☐ 세부일정

세 부 추 진 사 항	M		M+1		M+2		M+3		M+4		M+6	
사업수행 계획서 접수·검토	■											
요구사항 분석		■	■									
설계				■	■	■	■					
디자인/개발								■	■	■		
테스트										■		
운영												■

그림 2-17 스마트 영업지원 시스템 일정계획

사업계획서를 만드는 시점에서는 계약일이 정해지지 않았기 때문에 사업기간을 계약일 기준으로 얼마나 필요할지 산정한다. 스마트 영업지원 시스템의 경우 계약일로부터 6개월의 기간을 산정했으며 일정계획은 주 단위로 산정한다. 일정계획 또한 업체로부터 받은 RFI 답변서를 기준으로 작성한다. 발주사 임의대로 일정계획을 수립하는 것이 아니라 실제 프로젝트를 수주하는 업체 입장에서 일정계획을 작성해야 한다.

마지막으로 효과 분석 부분이다. 정성적 기대효과와 정량적 기대효과로 나누는데 정성적 기대효과는 신뢰성 강화, 윤리성 강화, 만족도 제고와 같이 숫자로 표현할 수 없고 설문과 같이 조사를 통해 알아볼 수 있는 효과이다.

반대로 정량적 기대효과는 수치로 정확하게 표현할 수 있는 부분을 말하는데 스마트 영업지원 시스템의 경우 현장에서 스마트폰으로 영업 관련 업무를 마무리했을 때 절약할 수 있는 시간을 계산해서 평균 시간당 인건비와 임금 상승률을 향후 5개년 동안 계산해서 제시했다. 정량적으로 숫자를 제시할 때는 문서를 읽는 모든 사람이 논리적으로 공감할 수 있는 수준에서 작성해야 한다. 만일 자체적인 산정이 어려우면 관련 논문이나 다른 기관에서 수행한 유사 프로젝트를 참조하면 유용하다.

V	효과분석

1. 정성적 기대효과

- ☐ 정확하고 편리한 근태 관리 체계 구축을 통한 인사관리 신뢰성 강화
- ☐ 영업직원의 근태관련 부정을 사전에 방지하여 기업의 윤리성 강화
- ☐ 업무일지 작성 및 비용정산 프로세스 개선을 통한 영업 사원 만족도 제고

2. 정량적 기대효과

- ☐ 영업현장에서 일지작성, 결재처리, 비용정산 가능토록 하여 이중 작업 부담 경감
- ☐ 생산성 향상 비용 산출

산정인자	산출치	단위	추정근거
현장근무 영업사원	241	명	2018년 6월 기준
평균 시간당 인건비	21,189	원	2017년 영업사원 1인당 평균 인건비 3,559,756원/21일/8시간
단축시간	0.5	시간	스마트 영업지원 시스템 구축으로 단축되는 업무시간을 0.5 시간으로 추정
근무일수	252	일	월간 근무시간 21일 * 12개월
3년간 평균 임금 상승률	3.2	%	2015~2017년 평균 임금 상승률

- ☐ 산출결과(단위 : 원)

	2019년	2020년	2021년	2022년	2023년
기대효과	643,425,174	664,014,780	685,263,253	707,191,677	729,821,810
총합					3,429,716,693

그림 2-18 스마트 영업지원 시스템 효과 분석

제안 요청서 만들기

프로젝트 발주와 제안 요청서

제안 요청서는 경영진의 프로젝트 기획서 결재가 끝난 다음, 실제 프로젝트 수행 업체를 선정

하고자 작성하는 문서이다. 이 문서에는 시스템 구축을 위한 업무 범위와 업체를 선정하는 방법이 구체적으로 나와 있다. 이 단계에서도 RFI를 통해 보다 자세한 정보를 수집해 요구사항과 구축범위, 일정을 구체화한다. 프로젝트 기획서를 작성하는 시점과 제안 요청서를 작성하는 시점이 일치하지 않기 때문에 다시 한번 견적서와 개발에 대한 의견을 받는 것이 좋다.

프로젝트 발주 프로세스는 제안 요청서의 작성 전과 후로 나뉜다. 제안 요청서 작성 전에는 프로젝트에 대한 내부적인 검토와 관련 절차를 마무리해야 한다. 그리고 이 모든 과정에서 나온 이해관계자들의 요구사항을 정제해서 제안 요청서에 담아야 한다. 제안 요청서 작성 후에는 이 문서를 기반으로 제안사들과의 줄다리기가 시작된다. 제안 설명회, 제안 평가, 계약의 전 과정에서 제안 요청서는 핵심 자료로 활용된다.

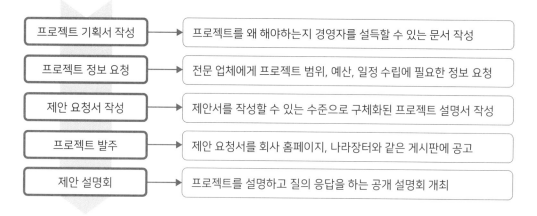

그림 2-19 프로젝트 발주 절차

제안 요청서는 프로젝트를 발주하는 곳에서 구축할 시스템의 기간과 비용, 기능을 구체적으로 작성한 공식 문서로써 프로젝트를 수주하는 업체가 제안서를 작성하는데 기초가 되는 문서이다. 따라서 제안 요청서를 작성하는 것은 발주자 관점에서 프로젝트를 성공적으로 완료하는데 첫 단추를 끼우는 과정이므로 최선을 다해 제안 요청서를 작성해야 한다.

제안 요청서의 구성

프로젝트 기획서가 경영진을 통과했다면 이제 프로젝트 발주를 위한 제안 요청서를 만들 차례다. 제안 요청서는 계약서와 같은 효력의 공식 문서이기 때문에 기획서보다 신중하게 작성해야 한다.

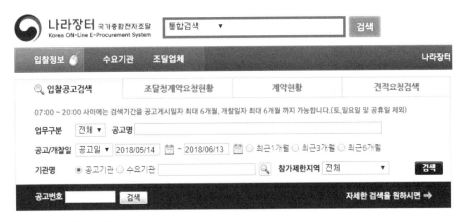

그림 2-20 제안 요청서 참고 나라장터

정부와 공공기관에서 발주하는 프로젝트는 대부분 나라장터에 공개하고 있으므로 제안 요청서는 나라장터(http://www.g2b.go.kr)에서 쉽게 구할 수 있다. 정부에서 사용하는 제안 요청서의 양식은 비슷하지만, 참고할 가치가 있는 훌륭한 내용을 담은 문서들이 많이 있다. 좋은 샘플을 내려받아 제안 요청서를 작성하면 초보자가 쉽게 범할 수 있는 실수를 많이 줄일 수 있다.

1. 사업 개요	2. 현행 업무 분석
1) 추진 배경 및 필요성 2) 사업 범위	1) 현행 업무 현황(AS-IS) 2) 현행 시스템 및 정보화 현황(AS-IS)
3. 사업추진 방안	4. 제안 요청 내용
1) 추진 목표 2) 목표 시스템 3) 추진 체계 4) 추진 일정	1) 요구사항 목록 2) 상세 요구사항
5. 제안 안내사항	6. 제안서 작성 안내
1) 입찰방식 2) 제안서낙찰자 결정방식 3) 평가 방법	1) 제안서의 효력 2) 제안서 목차 3) 제안서 작성 지침

그림 2-21 제안 요청서 구성

제안 요청서는 발주 기관에 따라 약간의 차이가 있지만 크게 6가지 영역으로 구성된다.

첫 번째 '사업개요'이다. 프로젝트 기획서에서 사용했던 추진 배경, 필요성, 사업 범위를 좀 더 구체화 시켜서 다시 활용할 수 있다. 기대 효과를 포함하는 것은 담당자의 선택에 달려 있다.

두 번째 '현행 업무 분석'이다. 이 부분 또한 프로젝트 기획서에 나와 있는 내용을 활용할 수 있다. 다만 회사 내부적인 보안 사항이나 영업비밀 등이 포함되지 않도록 주의해야 한다.

세 번째 '사업추진 방안' 또한 프로젝트 기획서에 나와 있는 내용을 구체화해서 사용하면 된다. 프로젝트 기획서를 만드는 시점보다 제안 요청서를 만드는 시점이 늦기 때문에 사용할 수 있는 기술과 일정, 비용 등이 다를 수 있다. 될 수 있으면 제안 요청서 작성 시점에 전문업체의 최종 견적서를 다시 받아보는 것이 좋다.

용어	내용
발주사	시스템을 구축하기 위한 프로젝트를 만들어 업체를 선정하고 비용을 지불하는 회사로써 시스템의 실질적인 주인이 된다.
제안사	프로젝트를 수주하기 위해 제안서를 발주사에 제출해서 평가받는 업체
수주사	제안서를 제출한 제안사 중에서 최종적으로 프로젝트를 수주한 업체

표 2-3 프로젝트 관련된 회사 유형

네 번째 '제안 요청 내용'이다. 제안 요청서에서 가장 중요한 부분으로써 제안 요청 내용을 구체적으로 잘 만드는가에 따라 프로젝트 성공이 좌우될 수 있다. 사전에 업무 부서와 충분한 협의를 거쳐 요구사항을 구체화하는 것이 중요하다. 프로젝트 기획서 작성 시점과 제안 요청서 작성 시점에 담당부서와 요구 분석을 위한 업무 협의를 몇 차례 거쳐야만 구체적인 요구사항을 얻어 낼 수 있다. 구체적인 요구사항을 제안 요청서에 담는 것은 발주사와 수주사 모두에게 득이 되는 일이다. 발주사는 프로젝트의 성공 가능성을 높이고, 수주사는 원가 산정을 정확하게 할 수 있어 영업 이익 극대화가 가능하다.

다섯 번째 '제안 안내사항'이다. 제안 요청서에는 프로젝트에 업체가 어떻게 입찰해야 하는지, 낙찰자를 어떻게 결정하는지 그리고 제안 평가할 때 평가 위원은 몇 명 들어오고, 제안 발표는 누가 할 것이며 가격 평가 점수와 기술평가 점수의 비중이 어떻게 되는지 구체적으로 나와 있어야 한다.

여섯 번째 '제안서 작성 안내'가 있다. 여기에는 제안서가 어떤 효력을 가지는지, 제안 요청서와 제안서의 내용이 서로 어긋나는 경우 어디에 있는 내용에 우선순위를 두는지 안내가 나와 있어야 한다. 그리고 제안서에 들어가야 하는 목차와 제안서를 어떻게 작성해야 하는지 구체적인 가이드 라인을 제시한다.

제안 요청서 작성 방법

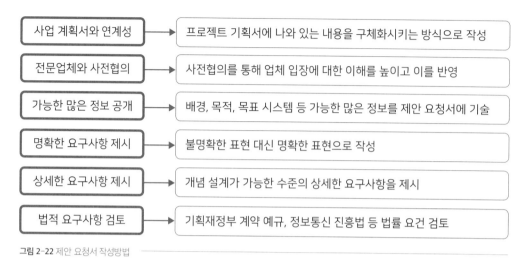

사업 계획서와 연계성	→ 프로젝트 기획서에 나와 있는 내용을 구체화시키는 방식으로 작성
전문업체와 사전협의	→ 사전협의를 통해 업체 입장에 대한 이해를 높이고 이를 반영
가능한 많은 정보 공개	→ 배경, 목적, 목표 시스템 등 가능한 많은 정보를 제안 요청서에 기술
명확한 요구사항 제시	→ 불명확한 표현 대신 명확한 표현으로 작성
상세한 요구사항 제시	→ 개념 설계가 가능한 수준의 상세한 요구사항을 제시
법적 요구사항 검토	→ 기획재정부 계약 예규, 정보통신 진흥법 등 법률 요건 검토

그림 2-22 제안 요청서 작성방법

제안 요청서는 프로젝트 기획서에 있는 내용을 구체화하는 방식으로 작성한다. 만일 프로젝트 기획서에 없는 새로운 내용을 추가하거나 프로젝트 기획에서 제시한 중요한 내용을 생략한다면, 회사 내부에서 나중에 문제가 될 소지가 있다. 제안 요청서는 프로젝트 기획서와 아주 밀접한 연관성을 가지고 작성되어야 하므로 작성하는 시점에 중요한 변경 사항을 발견하면 경영진에 보고하는 과정을 반드시 거쳐야 하며, 이를 문서로 남겨야 한다.

문서를 작성하는 과정에 전문업체와 가능한 한 많이 사전 협의를 하는 것이 좋다. 시스템을 구축하는 당사자는 프로젝트를 수주한 전문업체이므로 발주 담당자가 생각하는 기능이 구현 가능한지 그리고 예산과 일정이 범위에 있는지 전문업체를 통해서 확인받아야 한다.

제안 요청서에는 공개하지 말아야 하는 회사의 개인정보, 영업 비밀 등을 제외하고 가능한 많은 정보를 공개하는 것이 좋다. 발주사와 프로젝트 제안사가 알고 있는 정보의 양과 종류가 다르므로 정보 공개를 통해 발주 담당자 머릿속에 그리고 있는 시스템의 실체에 제안사가 가능한 한 많이 접근할 수 있도록 하는 것이 좋다.

요구사항은 가능한 명확한 용어를 사용해서 상세하게 작성하는 것이 좋다. 누가 무엇을 어떻게 하는지 정확하게 써야 한다. 제안서를 작성하는 사람은 상세 요구사항을 기반으로 시스템 개념설계를 하고 구체적인 실행 방안을 만들므로 상세 요구사항에 있는 용어들이 모호하거나 너무 간단하게 되어 있다면 방법, 일정, 비용을 정확하게 산정할 수 없다.

제안 요청서에는 법률적 요구사항을 명시해야 한다. 특기 공공기관의 경우 개인정보 보호법, 소프트웨어 진흥법, 기획재정부 계약 예규, 정보통신 진흥법 등 법률 요건을 검토하고 이와 관련한 위법사항이 있는지 면밀하게 살펴봐야 한다. 가장 좋은 방법은 사내에서 문제없이 진행되었던 프로젝트 제안 요청서와 나라장터에 등록된 최근 제안 요청서를 참고해서 작성하는 것이다.

스마트 영업지원 시스템 제안 요청서

☐ 기능 요구사항(SFR)

요구사항 고유번호		SFR-001
요구사항 명칭		영업일지 관리
요구사항 분류		기능 요구사항
요구사항 상세설명	정의	스마트폰에서 영업일지를 작성하고 관리할 수 있는 기능 개발
	세부 내용	○ 영업사원 영업일지 작성, 목록조회, 상세조회, 검색 ○ 영업사원 및 관리자 영업일지 결재상신, 결재처리, 목록조회, 일괄결재

요구사항 고유번호		SFR-002
요구사항 명칭		영업비용 정산
요구사항 분류		기능 요구사항
요구사항 상세설명	정의	스마트폰에서 결재된 영업일지 기반 영업비용 정산 기능 개발
	세부 내용	○ 영업사원 및 관리자 영업비용 결재상신, 결재처리, 목록조회, 일괄결재 ○ 시스템 비용 정산 결재승인 후 재무시스템으로 데이터 전송 ○ 영업사원 및 관리자 비용 정산 처리 현황 조회

요구사항 고유번호		SFR-003
요구사항 명칭		영업 근태관리
요구사항 분류		기능 요구사항
요구사항 상세설명	정의	스마트폰 위치정보 기반 자동 근태관리 기능 개발
	세부 내용	○ 영업사원 고객사 방문 시작 및 종료 시 버튼 클릭으로 위치 정보 전송 ○ 관리자 영업동선 조회, 근태 이상자 관리 ○ 관리자 직원별/부서별 근태현황 조회 ○ 영업사원 근태조회, 근태오류 수정 요청 ○ 관리자 근태오류 수정요청 조회 및 처리

요구사항 고유번호		SFR-004
요구사항 명칭		영업정보 관리
요구사항 분류		기능 요구사항
요구사항 상세설명	정의	영업에 필요한 고객사의 정보를 사전에 검토하고 기록하는 기능
	세부 내용	○ 영업사원 고객민원시스템 연동기능 조회, 검색 기능 ○ 영업사원 영업정보 조회, 검색 기능 ○ 영업사원 고객민원시스템, 영업정보 즐겨찾기 추가 기능 ○ 영업사원 조회된 영업정보 별도 저장 기능 ○ 영업사원 영업정보 신규 생성 기능

요구사항 고유번호		SFR-005
요구사항 명칭		고객사 관리
요구사항 분류		기능 요구사항
요구사항 상세설명	정의	고객사 및 고객의 상세 정보 관리 기능 개발
	세부 내용	○ 영업사원 고객사 추가, 검색, 조회 ○ 영업사원 고객사 소속 고객 추가, 검색, 조회 ○ 시스템 고객 경조사 정보 자동 알람

그림 2-23 스마트 영업지원 시스템 상세 요구사항 - 기능 요구사항

'제안 요청서'의 핵심은 상세 요구사항에 있다. 그중 시스템에 어떤 기능이 구현될지는 기능 요구사항에 자세하게 기술되어 있다. 기능 요구사항은 프로젝트 기획 과정에서 도출되었던 기능들을 좀 더 세분화해서 작성한다. 또한, 기능을 구체적으로 작성하는 것도 중요하지만, 기능을 수행할 사람도 기술해 주는 것이 기능을 보다 명시적으로 표현하는 데 도움을 준다. 예를 들어 영업 근태관리 기능에서 "영업 동선 조회, 근태 이상자 관리"와 같이 세부 기능만 작성하는 것 보다. "'관리자' 영업 동선 조회, 근태 이상자 관리"와 같이 누가 이 기능을 사용

하는지 표시해 주는 것이 좋다.

그러나 발주자 관점에서 기능을 너무 세분화하고 명확하게 하면 나중에 시스템 개발과정에서 빠진 기능을 추가로 포함하기 어려운 문제가 발생할 수 있다. 예를 들어 영업일지 관리 요구사항 중 "영업사원과 관리자 영업일지, 결재상신, 결재처리, 목록조회, 일괄결재" 기능을 요구했을 때, 프로젝트 수행 과정에서 추가로 '본문 요약 보기'와 같은 기능이 추가로 나왔다면 발주사 입장에서 추가 요구사항을 수주사에 부탁해야 하는 일이 발생할 수 있다. 이런 경우를 대비해서 기능 요구사항에 '등'과 같은 열려있는 조사를 사용하는 예도 있다. 기능 요구사항을 "영업사원 및 관리자 영업일지, … 일괄결재 등"으로 하는 것이다. 이는 기능 요구사항 작성 원칙에는 어긋나지만, 제안 요청서 작성에 충분한 시간과 인력을 허락하지 않는 IT 업계의 현실에서 발주 담당자의 자기보호 기술로 자주 사용되고 있다.

☐ 보안 요구사항(SER)

요구사항 고유번호		SER-001
요구사항 명칭		네트워크 전송구간 데이터 암호화
요구사항 분류		보안 요구사항
요구사항 상세설명	정의	SSL(Secure Socket Layer) 기술을 적용해서 전송구간 데이터 암호화
	세부 내용	○ 서버용 상용 SSL 인증서 구매 및 웹서버 2대에 설치 ○ 인증서 구매 비용 프로젝트 예산에 포함, 수주사 구매 ○ 텍스트, 이미지, 음성, 동영상 등 모든 데이터 SSL 적용

요구사항 고유번호		SER-002
요구사항 명칭		키로거 보안 대책 마련
요구사항 분류		보안 요구사항
요구사항 상세설명	정의	키보드 보안 솔루션을 적용하여 키로거 방지
	세부 내용	○ 영업사원 스마트폰에 설치 가능 상용 키보드 보안 솔루션 구매 ○ 보안 솔루션 비용 프로젝트 예산에 포함, 수주사 구매 ○ 보안 솔루션 300 User 라이센스 구매 ○ 모든 데이터 입력 화면 키보드 보안 기능 적용

그림 2-24 스마트 영업지원 시스템 상세 요구사항 – 보안 요구사항

'보안 요구사항'에는 시스템 및 애플리케이션 보안 요구사항을 기술한다. 스마트 영업지원 시스템에서는 네트워크 전송구간 암호화와 키로거에 대한 보안 대책을 요구했으며 관련 소프트웨어의 구매 책임이 어디에 있는지 명시했다. 솔루션과 관련된 요구사항은 상용 솔루션 구매와 같은 비용이 수반될 수 있으므로 가능한 구체적으로 기술해야 프로젝트 수행 과정에서 잡음이 발생하지 않는다.

2.3 제안서 만들기

제안서 작성 절차

제안서는 프로젝트 수주를 위해 제안사가 고객의 요구를 만족시키기 위한 구체적인 방법을 제시하는 문서이다. 제안서를 작성하려면 제안 요청을 받아야 하는데 보통 두 가지 방법으로 제안 요청을 받게 된다.

첫 번째는 사전 영업을 통해 고객으로부터 직접 제안 요청을 받는 것이다. 기존에 발주사의 프로젝트를 성공적으로 완료한 경험이 있거나, 담당자가 필요한 정보RFI를 성실하게 답변 했다면 발주사로부터 제안 요청을 직접 받을 수 있다. 이 경우에도 몇몇 업체에만 제안 요청서를 전달하는 것은 아니다. 공공기관의 경우 나라장터에 등록하고 사기업은 홈페이지에 제안 요청서를 게시하게 된다. 사전에 고객과 협력관계를 유지하고 고객으로부터 구두로 제안에 참여를 요청받을 경우 프로젝트 수주 가능성이 훨씬 커진다.

두 번째는 나라장터나 기업의 홈페이지로 제안 요청서를 직접 찾는 경우다. 이때는 제안서 작성 정보가 부족하므로 제안서 작성 기간에 부지런히 담당자를 찾아가 고객이 원하는 시스템이 어떤 것인지 알아봐야 한다. 이러한 과정을 제안서 작성 절차에서 정보수집 과정이라 한다.

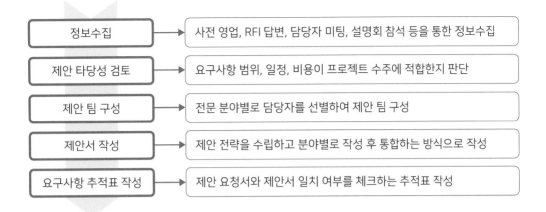

정보수집	사전 영업, RFI 답변, 담당자 미팅, 설명회 참석 등을 통한 정보수집
제안 타당성 검토	요구사항 범위, 일정, 비용이 프로젝트 수주에 적합한지 판단
제안 팀 구성	전문 분야별로 담당자를 선별하여 제안 팀 구성
제안서 작성	제안 전략을 수립하고 분야별로 작성 후 통합하는 방식으로 작성
요구사항 추적표 작성	제안 요청서와 제안서 일치 여부를 체크하는 추적표 작성

그림 2-25 제안 요청서 작성방법

제안서 정보수집이 완료되면 이제 타당성을 검토해야 한다. 고객이 원하는 기능은 100만 원 짜리인데 지급액이 50만 원이라면 프로젝트를 수주해서는 안 된다. 다만 회사가 손해를 감수하고 실적을 쌓고자 한다면 제안서를 제출할 수도 있다. 고객 요구사항 규모와 프로젝트 예산을 비교해 수익률을 따지는 것이 제안 타당성 검토 절차이다.

제안서를 본격적으로 작성할 때 가장 먼저 하는 것이 제안 팀을 구성하는 것이다. 제안서는 보통 프로젝트를 담당할 PM Project Manager의 주도로 작성한다. 제안 발표를 PM이 하므로 제안서를 작성하면서 프로젝트를 이해하고 해결 방안을 찾아야 제안 발표장에서 심사위원의 질의에 적절한 답변이 가능하다. 제안 팀에는 회사 내부에 있는 다양한 전문가들이 포함된다. 프로젝트의 성격에 따라 블록체인, 머신러닝과 같은 최신 기술이 요구될 수 있으므로 PM이 처리할 수 없는 전문영역은 전문가의 도움이 필요하다.

제안서를 작성할 때는 제안 팀원이 각자의 분야를 작성하고 나중에 PM에 의해 통합되는 방식으로 한다. 회사에는 기존에 사용하던 제안서 기본 틀이 있으므로 프로젝트 특성에 맞는 내용을 채우면 나중에 쉽게 통합할 수 있다.

제안서 작성이 완료되면 제안 요청서의 요구사항과 대조하는 작업이 필요하다. 제안서에 누락되는 부분이 발생할 수 있으므로 요구사항 추적표를 작성해 빠진 부분이 없는지 반드시 확인해야 한다. 일반적으로 요구사항 추적표는 제안서에 첨부되어 제안 평가 자료로 활용된다.

제안서를 위한 정보 수집

제안서를 작성할 때 가장 기초가 되는 자료는 제안 요청서다. 하지만 사람이 자기 머릿속에 있는 모든 요구사항을 글로써 나타내기란 쉬운 일이 아니다. 그래서 제안 요청서 외에 다른 방법으로 고객이 진정으로 원하는 게 무엇인지 알아내는 것이 제안서 작성에 있어서 굉장히 중요하다.

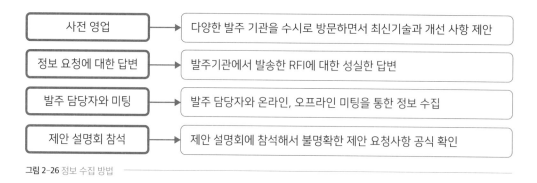

그림 2-26 정보 수집 방법

프로젝트 수주에 있어 사전 영업의 중요성은 앞서 강조한 바 있다. 제안 평가를 아무리 공정하게 진행한다고 해도 발주 담당자의 선호도가 반영되지 않을 수 없다. 사전 영업 과정이 중요한 것은 발주 담당자와 신뢰를 쌓는 것도 있지만, 고객이 무엇을 원하는지 알아낼 수 있는 아주 훌륭한 수단이 되기 때문이다. 고객사에 프로젝트 발주가 예정되어 있다면 고객 업무에 피해가 가지 않는 범위에서 가능한 한 자주 방문해 정보를 수집하는 것이 프로젝트 수주에 유리하다.

발주 담당자는 전문업체보다 기술적 지식이 부족할 수밖에 없다. 요즘에 어떤 기술이 많이 사용되고 장비는 뭘 사용하는 것이 좋은지 그리고 개발 기간과 비용이 어느 정도인지 알기가 어렵다. 발주할 프로젝트에 대해 고객이 공식적으로 전문업체들에 정보를 요청하는 과정이 바로 RFI Request For Information이다. 제안사는 RFI에 답변하는 과정에서 고객에게 부족한 부분이 무엇이고 최종 목표가 어디에 있는지 자세하게 파악할 수 있다.

제안 요청서가 공고되면 제안사는 발주 담당자에게 공식적으로 질의를 할 수 있게 된다. 이 경우 주저하지 말고 유선이나 이메일, 가능하다면 고객사 방문을 통해 구체적인 요구사항을 알아보는 게 좋다. 아무리 사전 영업이 잘되어 있다고 하더라도 발주 시점에 많은 것이 바뀌어 있을 수 있으므로 반드시 고객과의 미팅을 통해 최종 요구사항을 확인해야 한다.

제안 설명회는 제안 요청서에 대한 발주사의 공식적인 설명회 자리이다. 발주사의 답변뿐만 아니라 경쟁사의 준비상태와 어떤 업체가 제안을 준비하고 있는지 알 수 있는 자리이므로 제안설명회를 전략적으로 활용하는 것이 좋다.

제안서 만들기

1. 일반현황

1) 제안사 일반현황
2) 수행조직 및 업무분장
3) 투입인력 및 이력사항

2. 전략 및 방법론

1) 사업 이해도
2) 추진전략
3) 적용기술
4) 표준 프레임워크 적용
5) 개발 방법론

3. 기술 및 기능

1) 시스템 장비구성 요구사항
2) 기능 요구사항
3) 보안 요구사항
4) 데이터 요구사항
5) 시스템 운영 요구사항
6) 제약사항

4. 성능 및 품질

1) 성능 요구사항
2) 품질 요구사항
3) 인터페이스 요구사항
4) 테스트 요구사항

5. 프로젝트 관리

1) 관리 방법론
2) 관리역량
3) 일정계획
4) 개발장비

6. 프로젝트 지원

1) 품질보증
2) 시험운영
3) 교육훈련
4) 유지보수
5) 기밀보안
6) 비상대책

그림 2-27 제안서 일반적 구성

이제 제안서 작성 방법을 구체적으로 알아보자. 가장 먼저 해야 하는 것은 제안 전략을 수립하는 것이다. 제안서와 관련된 비즈니스 도메인을 이해하고 사업 성공의 핵심요소를 정하고, 요구사항을 분류해 우선순위를 정해야 한다. 또한, 경쟁사보다 자사의 핵심 역량이 무엇인지, 경쟁 우위 분야가 어떤 것인지 분석해야 한다. 이 과정이 완료되면 제안 방향이 결정된다.

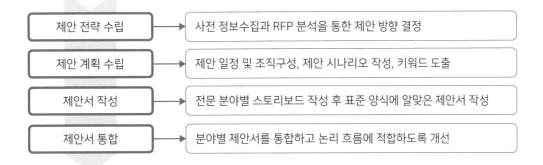

제안 전략 수립	→	사전 정보수집과 RFP 분석을 통한 제안 방향 결정
제안 계획 수립	→	제안 일정 및 조직구성, 제안 시나리오 작성, 키워드 도출
제안서 작성	→	전문 분야별 스토리보드 작성 후 표준 양식에 알맞은 제안서 작성
제안서 통합	→	분야별 제안서를 통합하고 논리 흐름에 적합하도록 개선

그림 2-28 제안서 작성 절차

전략이 수립됐다면 어떤 계획으로 제안서를 작성할지 제안 계획을 수립한다. 제안서 접수 일을 기준으로 역산해서 제안 일정을 수립하고 누가 제안서 작성에 참여할지 결정해야 한다. 마지막으로 제안서 작성에 사용할 키워드를 도출한다. 키워드는 제안 요청서를 이해하고 자사의 강점을 드러낼 수 있는 용어로 지정한다.

제안서는 전문분야별로 스토리보드를 작성한 다음 회사에서 사용하는 표준 양식에 맞도록 작성해야 한다. 마지막으로 분야별로 작성된 제안서를 통합하고 논리 흐름에 맞도록 내용을 재배치하거나 수정한다. 이때 필요하다면 디자인을 통해 제안서의 품질을 개선한다.

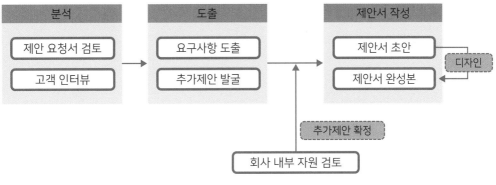

그림 2-29 추가 제안 활용 방법

제안서에 고객이 요청한 구현 내용을 충실하게 이행하겠다고 작성하는 것은 너무나도 당연하다. 국내에서 발주하는 대부분의 프로젝트들은 보편적인 기술을 사용하기 때문에 일반적인 제안서로 차별화하기가 어렵다. 이때 활용하는 것이 바로 추가 제안이다. 추가 제안은 두 가지로 나눌 수 있다.

하나는 고객이 모르고 빠뜨린 부분을 찾아내는 것이다. 이 부분은 프로젝트가 진행되는 과정에서 추가 요구사항으로 반드시 도출되기 때문에 별도의 비용이 들어가지 않는 추가 제안이다. 예시로 제시한 스마트 영업지원 시스템에서는 로그인과 관리자 기능이 빠져있다. 이 부분을 도출해서 추가 제안으로 제시하면 차별화가 가능하다.

다른 하나는 회사 내부에 있는 자원을 활용해서 큰 비용을 들이지 않고 고객에게 가치를 제공할 수 있는 부분을 찾아내는 것이다. 고객이 요구하지 않은 시큐어 코딩과 웹 취약점 분석을 회사 내부 인력을 활용해서 지원할 수 있다면 다른 제안 요청서와 차별화가 가능한 포인트라 할 수 있다.

스마트 영업지원 시스템 제안서

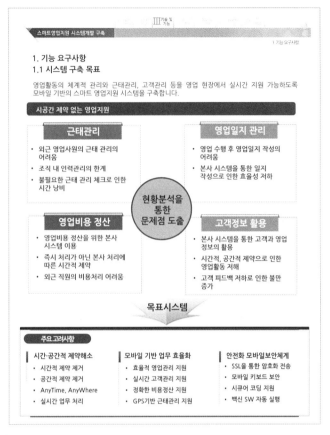

그림 2-30 시스템 구축 목표

'시스템 구축 목표'에는 시스템 구축을 위한 키워드가 들어간다. 키워드는 기능 요구사항을 구현하기 위한 제안사의 핵심 기술을 몇 단어로 압축해서 표현하는 것이다. 스마트 영업지원 시스템 제안서에서는 세 줄의 문구를 사용했다. '시공간적 제약 해소', '모바일 기반 업무 효율화' 그리고 '안전한 모바일 보안체계'이다. 제안서를 작성할 때 키워드를 도출하는 작업이 굉장히 중요하며 키워드 중심으로 제안을 구성해야 한다.

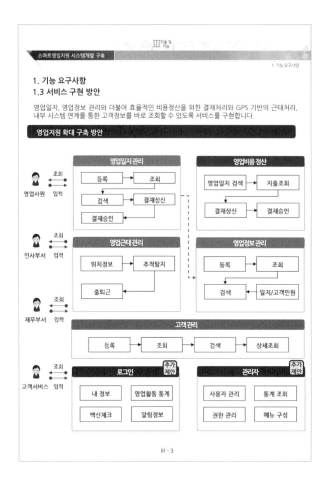

그림 2-31 서비스 구현 방안

'서비스 구현 방안'은 고객의 요구사항을 구체적으로 어떻게 구현할지 세부적으로 기술하는 부분이다. 구현 개념도 중심으로 개별 요구사항의 구현방안을 제시하는 것이 좋다. 스마트 영업지원 시스템의 경우 간단하고 일반적인 기능을 제안 요청서에서 요구했으므로 전체 기능을 한 장의 문서에 담았다. 만일 영업일지 관리와 영업비용 정산 등 기능이 좀 더 복잡할 경우, 각각 한 장씩 작성해서 구현 방안을 좀 더 구체적으로 제시하면 된다.

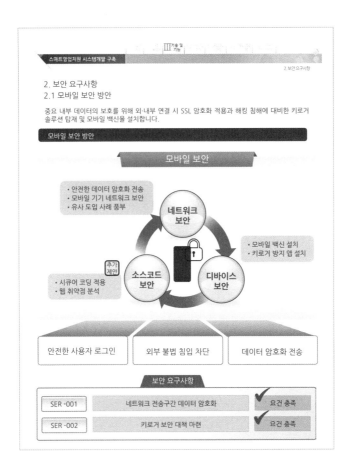

그림 2-32 모바일 보안 방안

모바일 보안 방안의 경우 시큐어 코딩 적용과 웹 취약점 분석을 추가 제안으로 제시했다. 추가 제안의 경우 다른 업체와 차별화되는 장점이기 때문에 강조해서 표시하는 것이 좋다. 하단에 보안 요구사항의 충족 여부를 표시했는데 제안서를 작성하는 스타일에 따라 구현 방안 하단에 요구사항 충족 여부를 표시할 수도 있고 하지 않을 수도 있다. 제안 요청서에 있는 요구사항을 만족했는지는 요구사항 조견표라는 별도의 양식으로 제공하지만, 세부적인 기능이 어떤 요구사항을 만족하고 있는지 구현 방안별로 표시하는 것도 심사위원에게 어필할 수 있는 하나의 수단이 될 수 있다.

제안 평가와 계약

제안 평가와 계약 절차

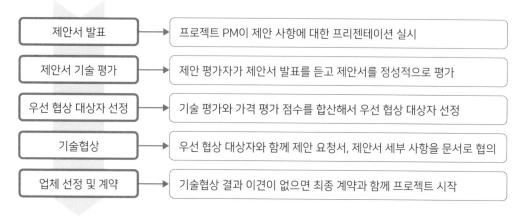

제안서 발표	프로젝트 PM이 제안 사항에 대한 프리젠테이션 실시
제안서 기술 평가	제안 평가자가 제안서 발표를 듣고 제안서를 정성적으로 평가
우선 협상 대상자 선정	기술 평가와 가격 평가 점수를 합산해서 우선 협상 대상자 선정
기술협상	우선 협상 대상자와 함께 제안 요청서, 제안서 세부 사항을 문서로 협의
업체 선정 및 계약	기술협상 결과 이견이 없으면 최종 계약과 함께 프로젝트 시작

그림 2-33 제안서 평가와 계약 절차

제안서 발표와 함께 평가가 시작된다. 제안서를 누가 발표하고 몇 분 동안 발표할지는 사전에 제안 요청서에 모두 공개되어 있다. 제안사에서 제안 평가장에 참석할 수 있는 인원 또한 제안 요청서에 명시되어 있는 경우가 많다. 사전에 약속된 절차와 방법대로 제안서 발표를 하게 되는데 대부분 프로젝트를 실제로 이끌어갈 PM이 발표한다.

제안서 발표는 참여 업체가 제안서를 제출한 역순으로 진행된다. 맨 마지막에 제안서를 제출한 업체가 가장 먼저 발표를 하게 되지만, 제안 발표는 나중에 발표한 업체가 평가자의 기억에 많이 남기 때문에 좀 더 유리할 수 있다. 잘 준비되어 자신 있는 업체가 눈치 보지 않고 제안서를 가장 먼저 제출할 가능성이 크기 때문에 제안 발표를 가장 마지막에 할 수 있도록 하고 있다.

한 개 업체의 제안 발표가 끝나면 평가자는 정해진 시간 동안 제안 요청서와 업체의 제안서 그리고 PM의 발표 내용을 중심으로 질문을 하고 그것을 기반으로 평가를 진행한다.

기술평가는 채점표가 있고 항목마다 점수가 기록되어 있으므로 당일 기술평가 점수가 합산되고 결과를 계약 담당부서에 전달한다. 계약 담당부서에서는 기술평가 점수와 가격 점수를 합산해서 우선 협상 대상자를 선정한다.

발주사와 우선 협상 대상자는 제안서와 제안 요청서 내용 중에 불명확하거나 빼고 더할 내용을 가지고 협상을 하며 협상이 완료되면 기술협상 내용을 계약부서로 전달하고 계약부서에서는 최종 계약을 하게 된다.

제안서 기술평가

그림 2-34 제안서 기술평가의 주요 요소

발주 담당자는 프로젝트를 잘 수행할 최고의 업체를 선정하기를 원한다. 따라서 제안서를 검토하고 업체를 선정할 평가위원회를 구성하는 문제는 프로젝트를 성공적으로 이끄는데 무엇보다 중요한 요소가 된다. 평가위원회는 내부와 외부 평가위원으로 구성되어 있다.

- 내부 평가위원은 발주사 직원이므로 회사 내부 사정을 잘 알고 담당자의 의사를 반영할 수 있는 장점이 있지만, 공정성의 시비에서 자유로울 수 없다.

- 외부 평가위원은 외부에서 온 전문가이므로 공정하게 평가할 수 있고 전문성을 바탕으로 업체의 능력을 객관적으로 검증할 수 있는 장점이 있지만, 프로젝트 상황을 정확하게 이해하기 어렵다는 단점이 있다.

따라서 일반적으로 발주사 상황, 공정성, 객관성, 전문성의 균형을 맞추기 위해 내부 평가위원과 외부 평가위원을 같은 수로 구성한다.

> ### 제안서 기술 평가의 공정성
>
> 발주사 입장에서 기술 평가의 공정성 시비를 가급적 없애고 싶어 한다. 내부 평가 위원과 외부 평가 위원의 비율을 같게 하고, 외부 평가 위원을 전문가 집단(정보통신기술사협회, 정보과학회 등)에서 추천받는 것은 공정성 시비를 없애기 위함이다. 최근 공공기관에서는 공정성을 보다 높이기 위해 기술 평가 자체를 조달청에 의뢰하는 사례가 늘고 있다.

평가위원은 제안 요청서와 제안서를 평가 당일에 처음 보는 사람이 대부분이다. 이것은 프로젝트를 정확하게 이해하지 못한다는 의미이며 이 상태에서 평가를 진행하면 발표자의 말솜씨에 평가가 좌우될 수 있다. 따라서, 제안평가를 진행하기 전에 3시간 이상 제안 요청서와 제안서를 충분히 검토하고 발주 담당자가 사업에 대해 충분히 설명하는 것이 좋다.

제안서 평가는 '기술평가'와 '가격평가'로 구성된다. 기술평가에는 다시 '정성적인 지표'와 '정량적인 지표'가 있는데, '정성적인 지표'는 PM의 자질, 프로젝트 참여 인력의 기술력, 업체의 전문성 등 숫자로 정확하게 측정할 수 없는 요소들로 구성된다. '정량적인 지표'는 업체의 재무건전성, 유사 프로젝트 사업실적 등 숫자로 정확하게 나오는 요소들로 구성된다. 두 지표 중 정성적인 지표가 점수의 비중이 크며 평가자의 판단이 평가 결과에 결정적인 영향을 미치게 된다. 보통 시스템 구축 프로젝트는 기술평가 90%와 가격평가 10%로 제안서 평가가 이루어진다.

제안서는 양이 많다. 보통 100페이지가 넘기 때문에 평가자의 관점에서 처음부터 끝까지 꼼꼼하게 읽고 이해하기 힘들다. 대규모 프로젝트에서는 일주일 정도 호텔에서 제안서를 검토하는 시간을 갖지만, 10억 이하의 프로젝트에서는 당일 몇 시간 정도의 검토 시간이 주어지기 때문에 제안서와 같이 제출하는 제안 발표자료에 제안서의 핵심 내용을 잘 요약하는 것이 평가자에게 어필할 수 있는 아주 좋은 기회가 된다.

또한, 평가자가 가장 중요하게 보는 것이 제안서를 발표하는 PM의 자질이다. PM이 제안 요청 내용을 정확하게 이해하지 못하거나 요구사항을 구현할 합리적인 방법론을 제시하지 못한다면 프로젝트를 수주할 가능성은 현저하게 떨어진다.

협상에 의한 계약

협상에 의한 계약이란, 제안서를 평가할 때 기술 평가와 가격 평가를 따로 진행하여 협상 적격자를 선정하고, 점수가 가장 높은 업체를 우선협상 대상자로 선정하여 기술 협상을 통해 최종 계약자를 선정하는 방식이다. 만일, 우선 협상 대상자와 기술 협상이 결렬되면 2위 업체와 기술 협상을 진행한다.

입찰가격을 추정 가격의 100분의 80이상으로 입찰한 업체 평가

평점 = 입찰가격 평가 배점 한도 X (최저 입찰 가격/당해 입찰 가격)

- 최저입찰가격 : 입찰자 중 최저 입찰 가격
- 당해입찰가격 : 평가 대상자의 입찰 가격
- 추정 가격 : 사업 예산

입찰가격을 추정 가격의 100분의 80미만으로 입찰한 업체의 평가

평점 = 입찰가격 평가 배점 한도 X (최저 입찰 가격/추정 가격의 80% 상당 가격) + 2 X [(추정 가격의 80% 상당 가격 − 당해 입찰 가격) / (추정 가격 80% 상당 − 60% 상당)]

- 당해 입찰 가격 : 평가 대상자의 입찰 가격, 단 입찰 가격이 추정 가격의 100분의 60 미만일 경우 100분의 60으로 계산

협상에 의한 계약 방식에서 가격 평가를 할 때 앞선 방법과 같이 복잡한 계산식을 사용하는데 핵심 내용은 터무니없이 낮은 가격으로 프로젝트를 수주할 수 없도록 하는 것이다. 저가 수주는 프로젝트 품질을 떨어트리는 주요 요인이며, 이는 발주사뿐만 아니라 수주사에도 피해를 줄 수 있다. 따라서 협상에 의한 계약에서는 추정 가격의 80% 이하의 저가 입찰을 방지하고 있다.

03

프로젝트 관리하기

당신이 일에 쏟아붓는 시간이 중요한게
아니다. 중요한 것은 당신이 시간을
쏟아붓는 일 그 자체다.
It's not the hours you put in your
work that counts, it's the work
you put in the hours.

샘 유잉 Sam Ewing

프로젝트를 성공적으로 수행하기 위한 두 가지 방법이 있다. 하나는 프로젝트 요구사항을 설계하고 개발하는 것이며 다른 하나는 프로젝트가 잘 흘러갈 수 있도록 관리하는 것이다. 프로젝트는 개발해야 하는 업무, 참여자, 비용, 일정 그리고 발주사와 수주사의 관계 등 여러 가지 복합적인 요소로 구성되어 있으므로 정교한 관리 기법이 필요하다.

이 장에서는 프로젝트 관리의 개념을 알아보고 프로젝트 진행에 필요한 소프트웨어 생명주기 모델과 개발 방법론을 알아본다. 하나의 프로젝트를 성공적으로 완료하려면 다양한 소프트웨어 공학 이론과 절차들을 잘 사용해야 한다. PMBOK에 정의된 프로젝트 관리 이론들의 적용 사례와 관련된 지식을 알고 프로젝트에 참여한다면 훌륭한 엔지니어로 성장할 수 있는 핵심이 될 것이다.

프로젝트 관리란?

프로젝트 관리의 개념

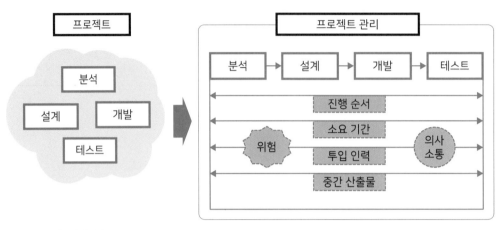

그림 3-1 프로젝트 관리 개념도

프로젝트는 '분석', '설계', '개발', '테스트' 단계로 구성된다. 업무를 단계별로 나누고 어떤 업무를 어떤 순서로 해야 하는지 미리 정하는 업무가 바로 '프로젝트 관리 업무'다. 또한, 업무를 수행할 인력과 등급을 결정하는 것도 관리 업무에 포함된다.

프로젝트에 소요되는 시간, 사람과 같은 자원을 계획하는 것도 프로젝트 관리 범위지만 진행 과정에서 사람들이 일을 잘할 수 있도록 지원하고 불편 사항을 해결해 주는 것과 앞으로 발생할 수 있는 위험을 미리 파악하고 대비책을 마련해 주는 것 역시 관리 업무에 하나이다.

이처럼 프로젝트의 시작부터 끝까지 프로젝트가 잘 진행될 수 있도록 계획하고 지원하는 모든 업무를 프로젝트 관리라 할 수 있다. 축구 경기에 비유하자면 직접 경기를 뛰는 사람은 선수지만 경기 전략 수립과 컨디션이 좋은 선수를 선발하고 선수 간에 발생하는 불협화음을 해결하는 역할은 감독이 한다. 월드컵 대표팀도 하나의 프로젝트 그룹이라 할 수 있다. PM, PL, 개발자와 설계자의 역할을 감독, 주장, 선수가 수행하기 때문이다.

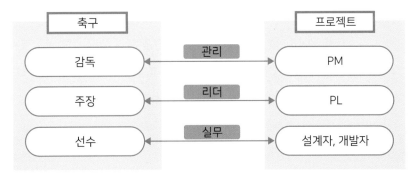

그림 3-2 축구와 프로젝트 관리

프로젝트 관리에 필요한 이론과 방법론

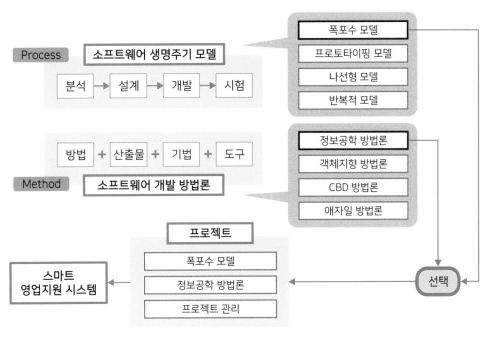

그림 3-3 프로젝트의 새로운 정의

3.1 프로젝트 관리란?

프로젝트 관리에 필요한 이론과 방법론을 알아보자. 먼저 프로젝트가 어떤 순서로 진행되어야 하는지 업무의 흐름을 관리하는 소프트웨어 생명주기 모델이 있다. 모델별로 일의 순서를 관리하는 방법은 다소 차이가 있지만, 대체로 '분석', '설계', '개발', '테스트'의 순서로 업무 흐름을 관리하고 '이 사이클을 자주 반복하느냐?', '단계별로 정확하게 마무리하고 가느냐?'에 따라 관리 모델이 나뉜다. 대부분 프로젝트에서는 폭포수 모델을 기본으로 사용하고 있다.

> **생명주기 모델**은 소프트웨어를 개발하기 위한 기획에서부터 개발, 유지보수, 폐기까지의 모든 과정을 하나의 주기로 보고 이를 효과적으로 관리하기 위한 방법론을 체계화한 것을 말한다.

소프트웨어 개발 방법론은 소프트웨어를 어떻게 만드는지 방법적인 부분을 정의하고 있다. 어떤 도구와 절차를 사용해서 어떤 산출물을 만들어 내는지 구체적으로 정의하고 있다. 다양한 개발 방법론이 산업계에 나와 있지만, 많은 프로젝트에서 객체지향 언어를 사용한 정보공학 개발 방법론을 활용하고 있다.

프로젝트 프로세스를 어떻게 관리하고 어떤 방법론을 사용해서 개발할지 정해진다면 앞에서 설명했던 프로젝트 관리 기법이 더해져 하나의 프로젝트가 완성되는 것이다. 건축과 달리 소프트웨어 개발은 머릿속에 있는 논리적인 개념을 프로그래밍 언어로 실체화하는 과정이기 때문에 중간에 별도로 들어가는 재료가 따로 없다. 따라서 프로젝트를 소프트웨어 생명주기 모델, 소프트웨어 개발 방법론 그리고 프로젝트 관리 기법의 집합체라고 다시 정의할 수 있다.

소프트웨어 생명주기 모델

소프트웨어 생명주기 모델이란?

그림 3-4 SDLC의 구성

소프트웨어 생명주기 모델(SDLC: Software Development Life Cycle)은 소프트웨어를 기획부터 개발, 폐기까지를 하나의 주기로 보고 이를 효과적으로 관리하기 위한 절차를 정의한 것이다. 소프트웨어 개발 방법론과 겹치는 부분이 많지만, 생명주기 모델은 좀 더 프로세스 관리에 초점을 맞추고 있다고 생각하면 된다.

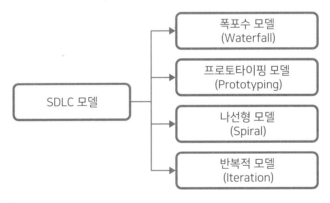

그림 3-5 SDLC의 대표 유형

SDLC는 대표적으로 '폭포수 모델', '프로토타이핑 모델', '나선형 모델', '반복적 모델' 이렇게 4가지가 있다.

폭포수 모델

분석, 설계, 개발, 테스트의 전 과정을 차례로 접근하는 방식이다. 프로젝트에서 많이 진행하는 착수 보고회, 설계 보고회 같은 경우가 각 단계를 마무리하고 고객에게 설명하는 자리이다. 폭포수 모델은 전체 과정이 이해하기 쉽고 관리가 편리하다는 장점이 있지만, 초기에 완벽한 요구사항 정의가 어려우므로 프로젝트 후반부로 갈수록 문제가 많아지는 단점이 있다.

프로토타이핑 모델

초기에 고객의 요구사항을 확정하기 어려운 상황에서 많이 사용된다. 동작하는 테스트 프로그램(프로토타입)을 먼저 개발해 고객 요구사항을 구체적으로 도출하거나 프로젝트 타당성을 평가하는 개발 방식이다. 고객 요구사항을 정확하게 분석할 수 있는 장점이 있지만, 프로토타입 폐기에 따른 비용 문제가 발생할 수 있다.

나선형 모델

핵심 요구사항을 먼저 도출한 다음 위험분석 수행 후 프로그램을 개발하고 고객 평가를 반영해 프로그램을 개선하는 방식으로 진행하는 점진적, 반복적 모델이다. 주기적으로 위험분석을 수행하고 분석, 설계, 개발의 모든 과정을 반복적으로 수행하기 때문에 위험 부담이 적은 장점이 있지만, 같은 단계를 반복하기 때문에 공정관리에 어려움이 있다는 단점이 있다.

반복적 모델

개발해야 할 소프트웨어를 여러 개(증분: Incremental)로 나누고 증분을 반복적으로 개발해 나가면서 완성한다. 나중에 증분 전체를 하나로 통합해 소프트웨어를 완성하는 방식이다. 폭포수 모델의 변형적인 방법으로 전체를 증가분으로 나누어 병행 개발이 가능하다는 장점이 있지만, 병행 개발에 따른 프로젝트 관리가 어렵다는 단점이 있다.

구분	폭포수 모델	프로토타이핑 모델	나선형 모델	반복적 모델
개념도	분석 설계 개발 테스트	요구분석 프로토타입 평가 상세개발 / 취소	계획 / 위험분석 고객평가 / 개발	개발대상 분석→설계→개발 분석→설계→개발 분석→설계→개발
특징	순차적 접근	프로토타입 개발	위험분석, 반복개발	증분을 병행 개발
장점	이해가 쉽고 관리가 편리함	쉬운 요구 분석, 개발 타당성 검증 가능	위험성 감소와 변경에 유연한 대처	병행 개발로 인한 일정단축 가능
단점	전반부 요구 분석 어려움, 후반부 문제 발생	프로토타입 폐기에 따른 비용증가	단계 반복에 따른 공정관리 어려움	병행 개발에 따른 관리 비용 증가

표 2-1 SDLC 유형별 비교

실무적인 폭포수 모델

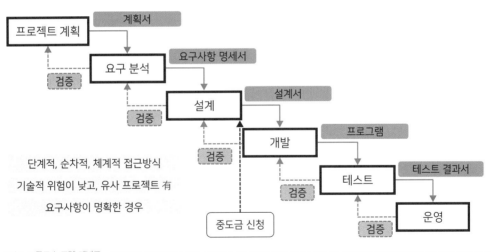

그림 3-6 폭포수 모델 개념도

앞에서 간단하게 설명했듯이 폭포수 모델은 개발 전 과정을 차례대로 접근하는 방식이다. 다시 말해 요구 분석 단계로 넘어가려면 프로젝트 계획 단계가 반드시 끝나야 하고 계획 단계 산출물인 계획서를 검증해 완료 여부를 확인하게 된다. 이렇게 모든 단계가 하나씩 마무리되면서 시스템 개발이 완료되면 운영 단계로 넘어가게 된다.

단계별로 검증해야 하는 정해진 산출물이 있는데 이는 SDLC와 프로젝트 개발 방법론을 함께 고려해 무엇을 만들지 정하게 된다. 이전 단계에서 나온 산출물은 다음 단계에서 기초자료로 활용된다. 예를 들어 설계 단계에서는 요구사항 명세서를 기초로 무엇을 만들어야 하는지 정하게 되고, 개발 단계에서는 설계서를 기초로 프로그램 개발을 하게 된다. 이론적으로는 완벽한 요구사항 명세서를 기초로 설계서를 개발해야 하지만 실무적으로는 설계서 개발과정에서 요구사항에 누락된 부분이 빈번하게 발견되며 이에 대한 수정이 이루어지게 된다. 꼭 전 단계 산출물만 수정되는 것이 아니라 개발 과정에서도 누락된 요구사항이 발견되는 경우가 많다. 이는 요구사항 명세서와 설계서를 동시에 수정해야 하는 일로 이어진다.

기업에서 프로젝트를 관리하는데 기본적으로 폭포수 모델을 사용하지만, 순수하게 폭포수 모델만을 사용하지는 않는다. 앞서 얘기했듯이 전 단계 산출물이 반복적으로 수정되므로 이는 나선형 모델의 개념과 비슷한 부분이 많다. 또한, 요구사항을 분석하고자 프로토타입을 만드는 일도 있으므로 현실적으로는 폭포수 모델을 기초로 한 하이브리드 관리 모델을 사용한다고 보는 것이 정확하다.

많은 기업에서 프로젝트를 관리할 때 폭포수 모델을 사용하는 이유는 관리가 편하다는 장점도 있지만, 비용정산에 유용하기 때문이기도 하다. 폭포수 모델에서는 단계별로 산출물을 완료해야 하므로 전체 프로세스 중에 몇 퍼센트가 완료됐는지 중간에 점검할 수 있다. 수주사에서는 프로젝트를 진행할 때 비용이 계속 들어가기 때문에 프로젝트 시작할 때 선금을 받고 프로젝트 중간에 중도금을 받아간다. 중도금은 전체 개발 업무 중 완료된 부분에 해당하는 금액을 받아가는 개념이라 단계별 검증을 통해 발주사와 수주사가 완성된 부분을 합의하고 그에 따른 비용을 정산하게 된다.

소프트웨어 개발 방법론

소프트웨어 개발 방법론이란?

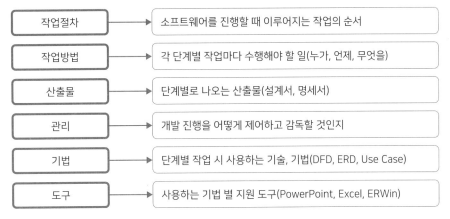

작업절차	소프트웨어를 진행할 때 이루어지는 작업의 순서
작업방법	각 단계별 작업마다 수행해야 할 일(누가, 언제, 무엇을)
산출물	단계별로 나오는 산출물(설계서, 명세서)
관리	개발 진행을 어떻게 제어하고 감독할 것인지
기법	단계별 작업 시 사용하는 기술, 기법(DFD, ERD, Use Case)
도구	사용하는 기법 별 지원 도구(PowerPoint, Excel, ERWin)

그림 3-7 소프트웨어 개발 방법론의 구성

소프트웨어 생명주기 관리 모델에서는 프로젝트가 어떤 순서로 진행될지 그리고 중간에 어떤 산출물을 점검할지에 주로 관심을 가졌다면, 소프트웨어 개발 방법론은 소프트웨어를 어떻게 만들지에 관심을 가진다. 따라서 개발 방법론에는 단계별 산출물뿐만 아니라 누가 어떤 순서로 어떻게 만들어야 하는지 그리고 어떤 도구를 사용해야 하는지 구체적으로 정의하고 있다. 학교에서 배우는 소프트웨어 공학이 산업계에서 실무적으로 구현된 결과물이 개발 방법론이라고 할 수 있다.

소프트웨어 개발 방법론은 정보공학 방법론, 객체지향 방법론, CBD^{Component Base Development} 방법론, 애자일 방법론이 이렇게 크게 4가지로 나눌 수 있다. 산업계에는 다양한 개발 방법론이 나와 있고 대규모 IT 회사에는 자체적인 개발 방법론을 보유하고 있지만, 이는 완전히 새로운 개념이 아니라 앞서 열거한 4가지 방법론의 단점을 보완하거나 각각의 방법론의 장점을 따와 합성한 것들이 대부분이다.

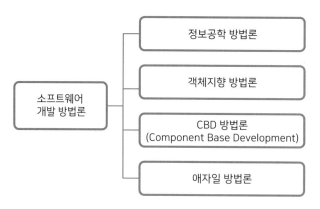

그림 3-8 소프트웨어 개발 방법론의 종류

앞으로 4가지 개발 방법론의 개념과 특징을 살펴보고 프로젝트에서 실무적으로 사용할 수 있는 방법론이 무엇인지 하나씩 알아보도록 하자.

정보공학 개발 방법론

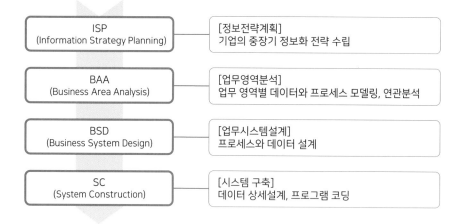

그림 3-9 정보공학 개발 방법론 절차

정보공학 개발 방법론은 비즈니스 시스템 규모 성장과 소프트웨어 공학 발전에 따라 1980년

대 중반에 등장한 방법론으로 기업의 전사적인 관점에서 출발해 데이터 중심으로 시스템을 구축하는 방법론이다. 기업의 중장기 정보화 전략을 수립하는 ISP와 업무 영역을 분석하는 BAA^{Business Area Analysis}, 업무 시스템을 설계하는 BSD^{Business System Design} 그리고 시스템을 구축하는 SC^{System Construction} 단계로 구성된다.

ISP 단계는 기업의 경영전략을 뒷받침하는 정보화 전략을 수립하고 현행 업무 프로세스와 시스템을 분석해 미래 아키텍처와 전략계획을 수립하게 된다.

BAA 단계는 기업의 업무 현황을 분석해서 개념 수준의 데이터와 프로세스를 설계하는 업무 분석 단계이다.

BSD 단계는 시스템을 실질적으로 설계하는 단계이다. 우리가 많이 사용하고 있는 논리적 ER 다이어그램으로 데이터를 설계하고 분할 다이어그램, 액션 다이어그램, 의존 다이어그램을 사용해 프로세스를 설계한다.

SC 단계에서는 물리적 데이터베이스를 설계하고 BSD 단계에서 작성한 산출물을 바탕으로 프로그램을 개발하게 된다. 이론적인 정보공학 방법론에서는 BSD 단계에서 작성한 산출물을 바탕으로 프로그램 코드를 생성할 수 있는데, 대부분 프로젝트에서는 설계문서만 만들고 코드는 개발자가 직접 만드는 방식으로 개발을 진행한다.

그림 3-10 정보공학 개발 방법론의 특징

정보공학 개발 방법론은 다양한 특징을 가지고 있지만, 대표적으로 다음과 같이 세 개로 요약할 수 있다.

첫째 정보공학 개발 방법론은 ISP 중심이다. ISP로 기업 전체 업무와 정보화 현황을 정리하고 시스템 구축을 위한 계획을 수립한다.

둘째 데이터 중심 방법론이다. 비즈니스의 중심은 데이터에 있고 IT도 데이터 관점으로 설계한다.

셋째 공학적으로 접근한다는 특징을 가지고 있다. 케이스툴Case Tool과 같은 자동화 도구를 사용해 설계하고 코드를 자동 생성한다. 물론 생성된 코드는 프로그램으로 동작하지 않는다. 하지만 프로그램이 가져야 하는 전체적인 윤곽을 잡아주는 역할을 한다.

현재 산업계에서 가장 많이 사용하는 방법론은 무엇일까? 바로 정보공학 방법론이다. 많은 기업에서 3~5년 주기로 ISP 프로젝트로 정보화 전략을 수립하고 그에 따른 정보 시스템을 구축한다. 기업 업무 중심에는 데이터베이스가 있으며 시스템은 데이터를 어떻게 하면 잘 쌓을지 그리고 어떻게 데이터를 활용해 기업의 생산성을 높일지 고민하면서 발전하고 있다. 지금 화두인 인공지능 기술도 기업에서 쌓아놓은 데이터 기반하에 성능을 발휘할 수 있다.

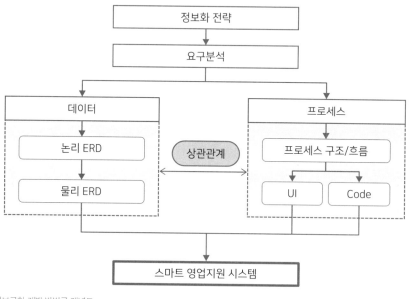

그림 3-11 정보공학 개발 방법론 개념도

그럼 프로젝트 관점에서 정보공학 방법론을 다시 한 번 살펴보자. 실제로 프로젝트 개발 과정에서 필요한 산출물 종류는 그렇게 많지 않다. 설계할 때는 스토리보드, 데이터 설계서, UI 설계서 정도를 작성하고 개발 과정에서는 이를 바탕으로 물리적 테이블과 프로그램 코드가 만들어 진다. 이런 관점에서 정보공학 방법론을 바라 본다면 BAA에 해당하는 요구 분석 단계에서는 '요구사항 명세서'가 만들어지고 BSD에 해당하는 시스템 설계 단계에서는 논리 ERD와 업무 프로세서를 설명하는 '프로세스 구조도/흐름도'가 만들어 진다. 그리고 SC에 해당하는 개발 단계에서는 물리 ERD, UI, 프로그램 코드'가 개발된다.

정보공학 방법론이라고 해서 거창한 것이 아니라 일반적으로 수행하는 개발 방식이 정보공학 방법론의 간소화 버전이라 생각하면 된다. 앞으로 설계와 개발 과정에서는 간소화된 정보공학 방법론을 기반으로 설명하도록 한다.

객체지향 개발 방법론

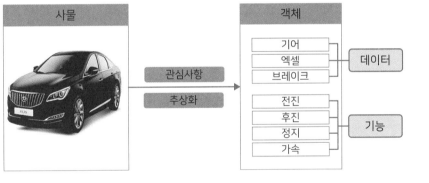

그림 3-12 객체의 개념

객체지향 개발 방법론을 알아보기 전에 먼저 객체의 개념부터 살펴보자. 간단히 얘기하면 객체란 사물을 논리적으로 추상화한 것이다. 예를 들어 자동차가 있다고 생각해보자. 자동차는 바퀴, 유리창, 사이드미러, 기어, 엑셀, 브레이크 등 눈으로 볼 수 있는 수천 가지 부품으로 구성돼 있다. 추상화란 우리가 관심 있는 부분만 추려내는 것이다. 자동차 객체를 만드는데 다른 건 다 필요 없고 앞뒤로 움직이는 것에만 관심이 있다면 기어, 엑셀, 브레이크 속성과 전진, 후진, 정지, 가속 기능만 있으면 된다. 따라서 객체는 사물의 관심 있는 부분만 추려내 추상화한 것이다.

이렇게 만들어진 객체는 데이터와 기능을 동시에 가지고 있다. 하나의 객체는 다른 객체가 가지고 있는 데이터와 기능을 사용할 수 있고, 이런 능력은 객체 간 결합을 가능하게 한다. 객체지향 개발 방법론은 이런 객체의 특성을 활용해 객체를 생성하고 구체화하면서 프로그램을 진행한다. 정보공학 개발 방법론처럼 데이터와 프로세스를 따로 설계하지 않고 데이터와 프로세스를 모두 객체에 담아 오로지 객체의 관점에서 프로그램을 개발한다.

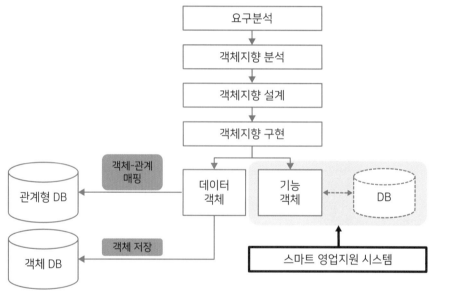

그림 3-13 객체지향 개발 방법론 개념

객체지향 개발 방법론에서는 분석, 설계, 구현의 전 과정을 객체 중심으로 진행한다. 심지어 데이터를 저장하는 테이블도 따로 설계하지 않고 데이터 객체로 설계한다. 데이터는 결국 데이터베이스에 저장되는데 만일 데이터베이스가 객체형 DB라면 별다른 변환과정 없이 데이터 객체를 그대로 저장하면 되지만, 관계형 DB를 사용한다면 객체를 관계형 테이블로 변환하는 과정이 필요하다. 이 과정을 객체-관계 매핑Object Relation Mapping이라 하며 현재 대부분 회사에서 관계형 데이터베이스를 사용하고 있으므로 객체-관계 매핑은 필수적인 과정이라 할 수 있다.

객체지향 개발 방법론은 실 세계를 정확하게 반영하며 높은 재사용성과 안정성을 갖고 있다는 장점이 있지만, 관계형 DB로 구성된 현재 산업계에서는 객체-관계 매핑 과정이 필수적이기 때문에 활발하게 사용되지는 않는다. 관계형 DB에서 제공하는 SQL은 풍부한 기능이 있어 많은 개발자가 이 분야에서 지식과 노하우를 축적하고 있다. 이 또한 관계형 DB에서 객체형 DB로의 이전을 가로막는 걸림돌이 되고 있다.

많은 프로젝트에서 Java와 같은 객체지향 언어를 사용하기 때문에 프로세스 설계 과정에서는 객체지향 개발 방법론 개념이 많이 사용되고 있으며 데이터 설계 과정에서는 기존의 정보공학 방법론이 많이 사용된다. 즉, 프로그램은 객체지향 언어를 사용하고 데이터베이스는 관계형으로 설계한다.

CBD 개발 방법론

CBDComponent Base Development 개발 방법론의 핵심 기술인 컴포넌트 개념에 대해 알아보자. 컴포넌트는 인터페이스로 접근할 수 있으며 독립적인 기능을 수행하는 모듈로써 교체가 가능한 소프트웨어 부품이다. 컴포넌트는 사용방법을 알려주는 설명서를 제공해야 한다. 우리가 주변에서 쉽게 볼 수 있는 컴포넌트들에는 윈도우에서 사용할 수 있는 DLL, OCX와 자바로 개발된 Spring, Struts 등이 있다.

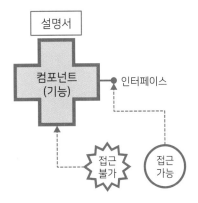

그림 3-14 컴포넌트의 개념

CBD 개발 방법론은 크게 컴포넌트를 개발하는 CD^{Component Development} 단계와 개발된 컴포넌트를 사용해서 개발을 진행하는 CBD^{Component Base Development} 단계로 나눌 수 있다. CD 단계에서는 도메인을 분석해 컴포넌트 대상 업무를 선별하고 컴포넌트를 개발해 저장소에 입력한다. CBD 단계에서는 요구 분석을 통해 컴포넌트 기반으로 설계하고 필요한 컴포넌트를 저장소에서 찾아서 조립하는 방식으로 프로그램 개발을 진행한다. 만일 필요한 컴포넌트가 저장소에 없다면 CD 단계로 돌아가서 컴포넌트를 개발하고 이를 사용해 개발을 계속 진행한다.

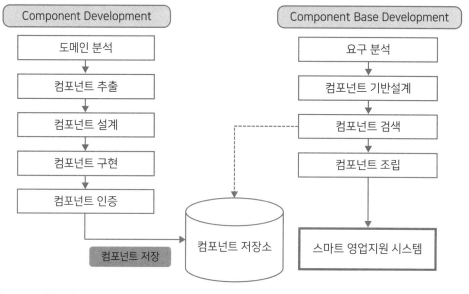

그림 3-15 CBD 개발 방법론의 개념

프로젝트 제안서를 보면 많은 업체에서 CBD 개발 방법론을 사용해 프로젝트를 진행한다고 하는데 이것은 정확한 표현이 아니다. 전자정부 프레임워크를 사용하는 웹 프로젝트를 예로 들면 대부분의 공통 기능을 프레임워크에서 제공하지만, 도메인에 특화된 기능들은 현장에서 개발하는 경우가 많다. 순수한 CBD 프로젝트가 되려면 그러한 기능들을 컴포넌트화해서 회사의 다른 프로젝트에서 재사용할 수 있도록 개발해야 한다.

CBD 방법론은 적절한 컴포넌트가 개발된 상황에서 사용한다면 재사용성이 우수하고 컴포넌트 조립을 통한 개발로 생산성을 획기적으로 높일 수 있다는 장점이 있지만, 높은 설계 및 개발 수준을 요구하는 컴포넌트의 특성상 국내 컴포넌트 개발 기술이 부족하고 먼저 개발된 컴포넌트를 공유하고 활용할 수 있는 유통 체계가 미흡하다는 한계점을 가지고 있다.

애자일 개발 방법론

애자일 개발 방법론은 기존 방법론들이 너무 절차를 중시한 나머지 변화에 대응하기 어려웠던 단점을 개선하기 위해 나왔다. 애자일 방법론은 절차보다는 사람을, 문서보다는 작동하는 소프트웨어를, 미리 철저하게 계획하기보다는 변화에 대한 민첩한 대응을, 계약과 협상에 얽매이기보다는 고객과의 협력을 중요하게 생각한다.

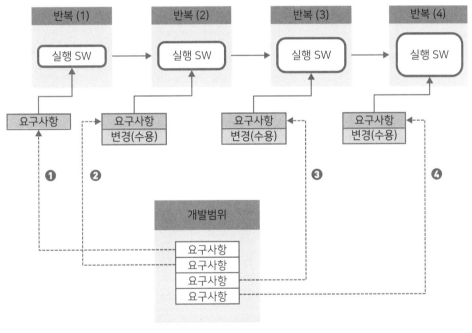

그림 3-16 애자일 개발 방법론

애자일 방법론은 먼저 개발 범위 안에 있는 요구사항을 분석해 우선순위가 높은 요구사항을 먼저 개발한다. 개발한 부분까지 실행해서 보여주고 고객의 평가를 받아 요구사항과 개선사항을 반영해 다음 요구사항 개발에 참고한다. 이런 방식을 계속 반복하면서 소프트웨어 개발 범위를 점진적으로 늘려가게 된다. 여기에서 가장 핵심이 되는 사항은 단계별로 고객에게 동작하는 소프트웨어를 계속 보여주고 요구사항에 대한 변경을 적극적으로 수용한다는 것이다.

애자일은 특정한 방법론을 지칭하는 것이 아니라 애자일Agile(날렵한, 민첩한)하게 개발하는 다양한 방법론을 통칭하는 것이다. 애자일 방법론에는 'XPeXtreme Programming', 'SCRUM', 'FDD', 'Crystal' 방법론 등이 있는데 애자일 개발 방법론을 널리 보급한 주역으로 꼽히는 XP 방법론을 통해 애자일 프로세스를 이해해 보자.

분류	항목	내용
핵심 가치	용기	고객 요구사항을 능동적으로 대처
	의사소통	개발자 사이의 원활한 의사소통의 중요성 강조
	피드백	가급적 빨리 피드백 제공
	단순성	가능한 프로그램을 단순하게 구성
실천 항목	짝 프로그래밍	두 명이 한 팀이 되어 프로그램 개발
	집단 소유권	개발된 코드는 누구라도 수정 가능
	지속적 통합	프로그램 버전이 일치하도록 개발된 코드는 지속해서 통합
	계획 수립	사용자 스토리 중심으로 개발 활동 및 배포 계획 수립
	작은 배포	작은 프로그램을 먼저 만들고, 짧은 주기로 배포
	메타포(은유)	은유법을 사용하여 개발자와 설계자의 괴리감을 해소
	심플 디자인	현재 요구사항에 알맞은 가장 단순한 형태로 디자인
실천 항목	테스트 주도 개발	테스트한 후에 프로그램 개발(TDD: Test Driven Development)
	리팩토링	기능에 변화 없이 프로그램 디자인 패턴 변경 통해 개선
	주 40시간 근무	개발자가 최상의 컨디션을 유지할 수 있도록 야근 금지
	고객 상주	고객과의 실시간 소통을 통해 의사소통 향상
	코딩 표준	사전에 정의된 코딩 표준을 통해 공동 작업 생산성 향상

표 3-1 XP 핵심가치와 실천 항목

XP 방법론은 고객이 원하는 핵심 기능부터 짧은 개발 주기를 반복하면서 실행 가능한 프로그램 형태로 개발하는 방식이다. XP는 **표 3-1**과 같이 4개 핵심가치와 12가지 실천 항목으로 구성되어 있다. 핵심가치는 개발자가 가져야 할 마음가짐을 알려주는 일종의 개발 철학이고 실천 항목은 실제로 프로젝트에서 생산성을 향상시킬 수 있는 구체적인 방법론이다.

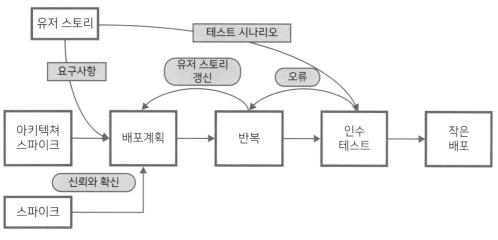

그림 3-17 XP 개발 프로세스

이제 XP 개발 방법론이 어떤 절차로 흘러가는지 알아보자. 프로젝트에는 다양한 요구사항이 들어있다. 그중에서 개발 우선순위를 정하고 가장 시급한 부분부터 개발이 시작된다. 개발을 시작할 때 맨 처음에 개발하는 것이 사용자 스토리다. 이것은 UML에서 사용하는 유즈 케이스Use case와 유사한 역할을 하는데 고객에게 필요한 게 무엇인지 기술하고 있다. 개발 시점에는 요구사항 명세서의 역할을 수행하고 테스트할 때는 테스트 시나리오를 제공해 준다.

> **유즈 케이스**란, 시스템이 사용자에게 제공하는 기능을 말한다. 유즈 케이스를 사용해서 시스템의 기능을 그림으로 나타낸 것이 유즈 케이스 다이어그램이다. 유즈 케이스 다이어그램으로 시스템이 어떤 역할을 하는지 그리고 다른 시스템과 어떻게 연관되어 있는지 한눈에 알 수 있다.
> 유즈 케이스는 요구사항 분석과정이나 시스템 설계 초기 단계에서 시스템의 윤곽을 나타내기 위해 사용하며 설계가 진행되면서 컴포넌트, 클래스 등으로 구체화 된다.

다음으로 스파이크를 개발한다. 스파이크는 불확실성을 제거하기 위한 일종의 프로토타입과 비슷한 역할을 수행한다. 개발자와 고객은 스파이크를 통해 개발에 대한 확신을 하게 되며 요구사항을 구체화할 수 있다.

배포 계획은 프로그램을 언제 배포할지 계획을 세우는 것이다. 반복적 개발 과정에서 사용자 스토리와 배포 계획을 유연하게 변경할 수 있다. 이제 프로그램 개발이 끝났으면 인수 테스트를 통해 오류를 수정하고 작은 배포를 통해 동작하는 소프트웨어를 고객에게 공개한다.

XP는 앞의 과정을 반복하면서 프로그램을 점진적으로 개발하는 방식이다. 산업계에서는 프로젝트에 전면적으로 XP 방법론을 도입하고 있지는 않지만, 개발 과정에서 XP에서 제시하고 있는 핵심가치와 실천 항목을 광범위하게 사용하고 있다.

3.4 프로젝트 관리 절차와 방법

프로젝트 관리 프로세스

앞에서 프로젝트 관리를 간단하게 알아봤다. 이제부터 어떻게 프로젝트를 관리할지에 대해 구체적으로 알아보자. 프로젝트 관리 프로세스는 프로젝트 관리 계획서를 만드는 것부터 시작한다. 실제 프로젝트에서는 착수 보고서라는 용어를 많이 사용한다. 프로젝트 관리 계획서에는 누가(비용, 인력), 언제(일정), 무엇(범위)을, 어떻게(방법론) 할지 아주 구체적인 계획이 나와 있다. PM은 프로젝트를 잘 관리하고자 이 문서를 작성하고 발주사에 프로젝트를 어떻게 진행할지 설명하는 보고 자료로도 프로젝트 관리 계획서를 활용한다.

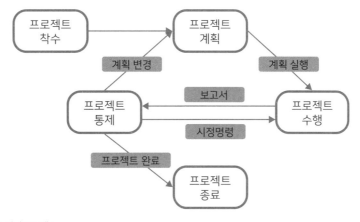

그림 3-18 프로젝트 관리 프로세스

프로젝트 관리 계획서가 작성되면 이제 본격적으로 프로젝트가 시작된다. 설계자는 제안 요청서, 제안서, 도메인 관련 문서 그리고 담당자와의 인터뷰로 요구사항을 분석한다. PM은 설계자가 일을 잘할 수 있도록 환경을 만들어주고 일을 잘하지 못하고 있다면 원인을 파악해 문제를 해결해 준다. 고객, 설계자 그리고 개발자 사이에 원활한 의사소통을 할 수 있도록 도와주는 것도 PM의 중요한 역할이다.

프로젝트 수행은 설계자와 개발자가 진행하는 업무를 말하며 요구 분석, 설계, 개발, 단위/통합 테스트가 여기에 해당한다. 프로젝트 통제는 PM이 진행하는 업무로써 일정관리, 품질관리, 범위관리, 위험관리, 비용관리, 인력관리, 의사소통관리, 조달관리가 여기에 해당한다.

프로젝트 통합관리

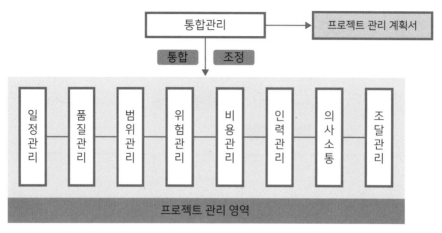

그림 3-19 프로젝트 통합 관리

프로젝트 관리 업무는 크게 일정, 품질, 범위, 위험, 비용, 인력, 의사소통, 조달관리 이렇게 8개로 나눌 수 있다. 프로젝트 특성에 따라 관리 업무가 하나로 합쳐질 수도 있고 여러 개로 다시 나뉘어질 수 있지만, 관리 프로세스를 잘 살펴보면 8개의 관리 업무를 모두 발견할 수 있다.

관리영역	내용
일정관리	전체 프로젝트 업무를 관리 가능한 단위로 나누고 일정을 산정하여 관리
품질관리	산출물에 대한 요구 기능과 특성을 확정하여 적합성 여부를 지속적 관리
범위관리	프로젝트 대상 업무 중 꼭 해야 할 일을 결정하고 작업 범위를 확정
위험관리	프로젝트에서 발생할 수 있는 위험요소를 파악하고 대책을 수립
비용관리	프로젝트 작업 단위별로 비용을 할당하고 간접비용과 함께 관리
인력관리	프로젝트 투입 인력을 조직(팀 구성)하고 업무를 할당하여 관리
의사소통관리	프로젝트에서 발생하는 정보를 이해당사자 간 원활히 유통 가능토록 관리
조달관리	프로젝트 수행에 필요한 자원(인력, 장비, SW 등)을 확보하고 관리

표 3-2 프로젝트 관리 영역

프로젝트 통합관리는 8개의 관리 업무를 계획하고 조정하는 역할을 하는데 프로젝트 관리 계획서의 형태로 조직화 된다. 프로젝트 관리 계획서에는 8개의 관리 업무를 어떻게 수행할 지에 대한 세부적인 계획이 나와 있고 이에 대한 실행과 변경을 어떻게 감시하고 통제할지에 대해 구체적으로 기술되어 있다. 범위와 일정을 관리하는 WBSWork Breakdown Structure의 경우에 는 중요도가 높고 변경의 빈도가 잦기 때문에 관리 계획서와 별도로 관리되는 경우가 많다.

프로젝트 범위와 일정관리

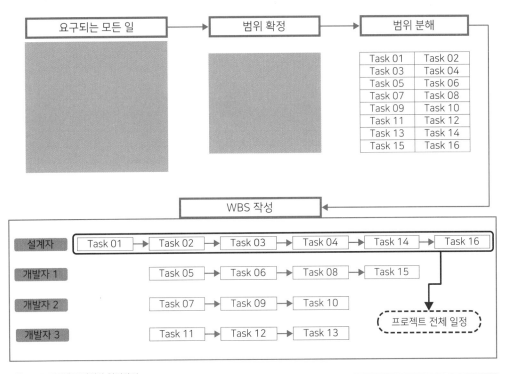

그림 3-20 프로젝트 범위와 일정관리

프로젝트 범위를 설정하는 일은 굉장히 중요하다. 범위란 프로젝트에서 해야 할 일을 결정하는 것이다. 프로젝트의 예산과 일정을 벗어나는 범위를 설정한다면 최종 제품의 품질이 나빠지고 예정된 시간 안에 프로젝트를 마무리할 수 없다. 범위는 제안 요청서를 만드는 시점에 일차적으로 결정되고 요구사항 베이스라인을 만드는 시점에 확정된다. 이것은 제안 요청서를 만들 때 무엇을 만들어야 하는지가 개념적인 상태로 있기 때문이다. 제안서를 만들 때도 전문가들이 모여 개발 범위를 산정하지만, 고객과의 긴밀한 소통이 어려우므로 정확한 범위를 산정하기 어렵다.

> **베이스라인**이란, 프로젝트에서 기준이 되는 산출물을 말한다. 요구사항 분석에 사용하는 베이스라인은 요구사항 분석이 끝나고 고객과 합의 내용을 적은 요구사항 명세서를 의미한다. 요구사항 베이스라인을 설정하면 그 시점의 요구사항 명세서를 기준으로 시스템의 모든 기능이 개발된다. 따라서 한 번 베이스라인을 설정하면 추가나 변경이 어려워야 한다. 어느 정도 개발이 진행된 상태에서 베이스라인이 흔들린다면 기 개발된 내용들이 무용지물이 될 수도 있기 때문이다. 베이스라인을 변경하려면 모든 이해관계자가 참석한 변경관리 위원회를 거쳐야 하며 결정 사항을 반드시 문서로 남겨야 한다.

소프트웨어 프로젝트는 결과물이 추상적이기 때문에 요구사항 또한 구체적으로 만들기 어렵다. 따라서 프로젝트 관리 계획서를 만드는 시점에 다시 한번 정확한 범위를 산정하고 요구 분석 과정에서 고객과의 협의를 통해 범위를 확정하는 작업이 필요하다.

이제 대략적인 범위를 확정했다면 범위를 작은 단위로 나누어야 한다. 일을 할당하고 관리하기 위해서는 관리 가능한 단위로 나누어야 하는데 이것을 WBS^{Work Breakdown Structure}라 한다. WBS는 프로젝트에서 수행되어야 할 작업을 관리 가능한 단위(2주)로 나누고 순서를 정해 담당자가 할당되어 구조화된 체계를 말한다. WBS는 범위관리에도 사용되지만 일의 순서를 잘 지정해 놓으면 가장 길이 긴 업무가 프로젝트 전체 일정이 되므로 일정관리에도 사용할 수 있다. WBS는 지속해서 수정이 이루어지므로 도구를 사용해야 하며 'MS Project'가 WBS 작성과 관리에 많이 사용되는 대표적인 프로그램이다.

> **MS Project**는 마이크로소프트사에서 개발한 대표적인 프로젝트 관리 도구이다. 자원, 일정, WBS, 범위 등 프로젝트와 관련된 다양한 요소를 직관적으로 관리할 수 있도록 지원해서 널리 사용되고 있다. MS Project를 사용하려면 라이선스를 구매해야 하지만 비용이 많이 들지 않기 때문에 큰 부담이 되지 않는다. 특히 월 단위 가격 정책도 있기 때문에 프로젝트 기간만 필요한 라이선스를 구매해서 사용할 수 있다.

프로젝트 관리의 중심에는 WBS가 있다. PM과 고객은 WBS를 통해 범위와 일정을 관리한다. 물론 WBS도 프로젝트 진행 과정에서 지속해서 변경된다. 하지만 프로젝트 관리 계획서 작성 시점에 가능한 한 정확하게 WBS를 작성할 수 있도록 노력해야 한다.

품질관리

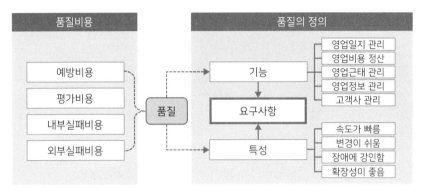

그림 3-21 품질의 개념도

소프트웨어 품질은 요구사항을 만족시키는 기능과 특성을 말한다. 기능은 영업일지 관리, 영업비용 정산과 같은 제안 요청서에 나와 있는 구체적인 동작이고, 특성은 속도가 빠르다거나 프로그램 변경이 쉬운 것과 같이 눈으로 볼 수는 없지만, 사용 과정에서 편리함을 느낄 수 있는 것들이다.

품질을 보장하기 위해 비용이 들어가는데, '예방비용', '평가비용', '내부 실패비용', '외부 실패비용' 이렇게 네 가지로 나눌 수 있다.

- 예방비용은 품질활동을 계획하는 과정에서 들어가는 비용으로써 직원을 교육하거나 품질활동 계획을 수립하는데 소요되는 비용을 말한다.
- 평가비용은 형상관리, 리뷰, 테스트, 감리와 같이 품질활동에서 발생하는 비용이다.
- 내부 실패비용은 고객에게 최종적으로 인도되기 전에 발생한 결함을 수정하는 비용이다. 통합 테스트나 인수 테스트 과정에서 발생한 오류를 수정하는 것이 대표적이다.

- 외부 실패비용은 고객에게 인도된 후에 발생하는 비용이다. 예를 들어 온라인 게임을 발매하고 난 후에 장애가 발생했다면 프로그램 수정뿐만 아니라 일시적인 서비스 중단과 프로그램 재배포 과정이 추가로 필요하다. 이러한 과정에서 소요되는 비용을 외부 실패비용이라 하며 위험이 크고 회사 영업 활동에 많은 타격을 주기 때문에 가능한 프로그램 개발 과정에서 충분한 테스트를 거쳐 외부 실패 비용을 최소화하는 것이 중요하다.

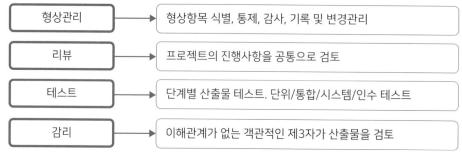

그림 3-22 품질관리 활동

그럼 품질을 보장하기 위한 활동에는 무엇이 있는지 살펴보자.

형상관리 가장 기초적인 것이다. 프로그램 소스뿐만 아니라 프로젝트에서 생산되는 모든 산출물의 변경 이력을 관리해야 한다. 만일 변경이 취소되거나 왜 이렇게 변경되었는지 원인을 모를 때, 과거 기록을 살펴보면서 원인을 찾거나 원상 복구해야 한다. 규모가 작은 프로젝트에서는 SVN과 같은 툴을 사용해 형상관리를 별도의 역할분담 없이 진행하지만, 프로젝트 규모가 커질수록 형상을 통제하고 감사하는 역할을 만들어 형상관리 업무를 수행해야 한다.

리뷰 산출물을 혼자 만든다면 품질이 천차만별일 것이다. 1년 차 개발자와 5년 차 개발자가 만든 프로그램의 품질이 같을 수는 없다. 산출물의 균일한 품질을 유지하기 위해 사용하는 기법이 리뷰이다. 가장 많이 사용되는 것이 코드 리뷰Code Review이다. 개발자가 만든 코드를 설계자가 검토하면서 코딩 스타일을 개선해 주는 것이다. 좀 더 공식적으로는 인스펙션Inspection이 있는데 이것은 산출물은 다양한 사람이 다양한 관점에서 공식적인 회의 형식으로 검토하는 것이다. 인스펙션은 코드 리뷰에 비해 비용이 많이 들기 때문에 분석, 설계, 개발 단계별 산출물 최종 검토 과정에서 많이 사용된다.

테스트 프로그램을 개발할 때 제대로 만들어졌는지 알아보는 방법이 단위 테스트이다. 보통 단위 테스트는 프로그램 개발자가 직접 하는 경우가 많지만, 프로젝트에 따라 개발자와 설계자가 협업해서 단위 테스트를 진행하기도 한다. 단위 프로그램 개발이 완료되면 모든 프로그램을 결합해 업무가 잘 흘러가는지 알아보기 위해 통합 테스트를 진행한다. 이 과정이 완료되면 고객이 최종 점검을 위해 인수 테스트를 실시한다. 게임이나, 전자상거래 프로그램과 같이 다수의 일반 고객에게 오픈하는 서비스의 경우 베타 테스트를 실시해 운영환경에서 프로그램 품질을 점검하기도 한다. 이처럼 테스트는 품질을 보장하기 위해 가장 많이 사용되는 기법이다.

감리 일정 금액 이상의 공공 프로젝트에서는 의무적으로 감리를 수행해야 한다. 감리는 반드시 이해관계가 없는 제3자가 수행해야 하는데 여기서 이해관계가 없다는 것은 수주사와 발주사와 관계가 없는 제3의 업체라는 의미이다. 감리는 단계별로 산출물을 검사해 프로젝트가 정상적으로 진행되는지 확인하는 과정으로써 보고서 형태로 감리 결과를 알려준다. 감리자가 프로젝트를 제대로 이해하려면 먼저 비즈니스 도메인을 이해하고 제안 요청서, 제안서, 산출물을 파악해야 하지만 1주 정도의 짧은 감리 기간을 고려한다면 업무를 파악하는 형태의 감리는 현실적으로 어렵다고 봐야 한다. 하지만, 많은 경험을 가진 감리자가 소프트웨어 공학의 원리를 적용해 산출물의 적정성을 검사한다면 프로젝트 품질 향상을 위한 하나의 훌륭한 수단이 될 수 있다는 것은 간과할 수 없다.

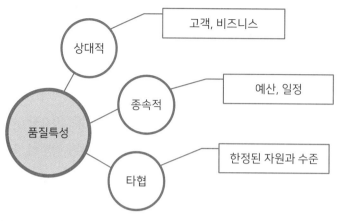

그림 3-23 품질의 특성

프로젝트는 예산과 일정에 종속되어 있어 산출물의 품질을 완벽한 수준까지 높일 수는 없다. 문제는 과연 어느 정도의 품질 수준으로 산출물을 만들 것이냐인데, 이건 다분히 상대적일 수밖에 없다. 가장 중요한 것은 고객의 눈높이에 맞추는 것이다. 그러므로 프로젝트 전 과정에서 품질관리를 지속하고 수행하면서 고객과의 소통을 유지하는 것이 무엇보다 중요하다.

품질은 관련자에 따라 관심사항이 다르다. 고객 중에는 시스템을 운영하는 IT 부서 직원도 있고 시스템을 사용하는 업무 부서 직원도 있을 것이다. IT 부서 직원의 경우 소프트웨어가 안정적이고 변경이 쉬운 것에 초점을 맞추고 있다면, 업무 부서 직원의 경우 다양한 기능을 제공하면서 편리하게 사용할 수 있는 제품을 원할 것이다. 프로젝트 품질관리자는 모든 이해관계자가 납득할 수준으로 제품 품질을 조절하는 역할을 수행해야 한다.

인력관리

인력관리는 사람을 관리하는 업무다. 사람 자체를 관리하고 사람들이 서로 원활하게 업무를 할 수 있도록 관리한다. 그리고 효율적으로 업무를 할 수 있도록 사람을 어떻게 배치할지 관리하는 것이 인력관리 업무이다.

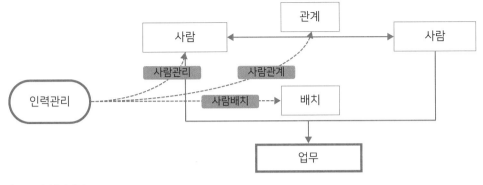

인력관리 개념

인력관리에는 여러 가지 위험이 존재한다. 이 위험이 최소화되도록 관리하는 것이 인력관리의 목표다. 가장 문제가 되는 것이 바로 인력퇴사 문제이다. 프로젝트 후반부로 갈수록 인력 대체가 어려우므로 프로젝트 종료 시점까지 근무할 수 있는 인력을 선발하는 것이 가장 중요하다. 되도록 수주사 자체 인력을 투입하고 여건이 안되면 수주사가 지속적인 거래 관계를 가지고 있는 전문협력업체 인력을 투입하는 것이 좋다. 프리랜서도 수주사 내부에 인력관리 풀을 만들고 가능한 검증된 인력을 투입하는 것이 좋다.

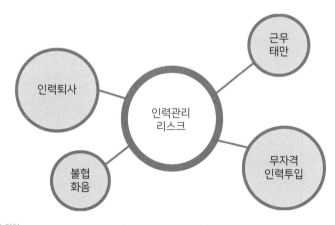

그림 3-25 인력관리의 위험

소프트웨어 프로젝트는 별다른 재료의 투입 없이 순수하게 사람의 힘으로 이루어지는 작업이다. 따라서 사람들이 얼마나 협업을 잘할 수 있는지가 가장 중요한 요소이다. 투입인력 중 간혹 협업을 잘하지 못하는 인력들이 존재(이기적, 독단적 등)한다. 가장 좋은 것은 사전에 인력의 성향을 파악해 팀워크가 어려운 인력을 걸러내는 것이지만, 사람의 성향은 한두 번의 인터뷰를 통해 파악하기 어려우므로 프로젝트 초반에 PM은 작은 스트레스를 주거나 업무를 압박해서 불협화음을 일으키는 인력을 선별하는 것이 좋다.

근무 태만 또한 인력관리의 큰 위험 중 하나이다. 자사 인력의 경우 성과평가를 통해 근무 태만을 방지할 수 있지만, 프리랜서 또는 협력업체를 통해 들어온 인력은 근무 태만을 제어하는 데 어려움이 있다. 만일 프로젝트 전반부에 인력의 근무 태도가 심각하게 불량할 경우 교체를 고려하는 것이 좋으며, 수용 가능한 수준이면 중요도가 낮은 업무에 배치하는 것이 좋다.

인력관리의 또 다른 위험은 바로 무자격 인력의 투입이다. 수주사의 경우 많은 인력을 협력업체로부터 수급받는 경우가 많다. 이럴 때 간혹 이력서에 나와 있는 경력사항과 달리 업무 능력이 현저하게 떨어지는 경우가 있으므로 PM은 이런 문제점을 염두에 두고 프로젝트 초반부에 무자격 인력을 선별해서 교체하는 것이 좋다.

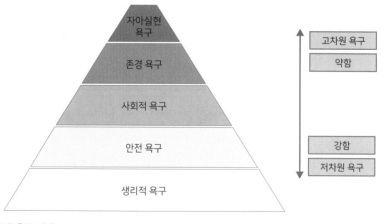

그림 3-26 매슬로우 욕구 5단계

인력을 관리할 때 가장 중요한 지식은 사람의 일반적인 심리를 아는 것이다. 사람 개개인은 독특한 특성이 있지만, 인간의 보편성 또한 가지고 있다. 인간의 보편적 특성을 알기 쉽게 정리한 것이 바로 매슬로우의 욕구 5단계이다. 가장 낮은 생리적 욕구부터 가장 높은 자아실현의 욕구까지 있는데 아래에 있을수록 저차원의 강한 욕구이며 위로 갈수록 고차원의 약한 욕구이다.

사람의 가장 기초적인 요구는 먹고, 잠자는 '생리적인 욕구'이다. 실업 문제는 생리적 욕구와 관련이 있으며 취업을 통해 생리적 욕구를 해결할 수 있다. 따라서, 문제가 있는 개발자에게 해고를 통보하는 것은 생리적 욕구에 대한 위협이 될 수 있으므로 인력관리에서 가장 훌륭한 무기는 바로 인력교체가 될 수 있다.

생리적 욕구가 충족되면 사람은 안전해지는 것을 원한다. 프로젝트 참여자는 안전한 작업환경에서 안정적으로 일할 수 있기를 바란다. 프리랜서 개발자가 프로젝트 끝나고 좋은 조건의 정규직으로 회사에 취업할 수 있다면 '안전의 욕구'를 채울 수 있게 되므로 다른 사람보다 열심히 일할 수 있는 동기를 얻을 수 있다.

'사회적 욕구'란 사회적 존재로서 인정받고자 하는 욕구이다. 동료와 회식도 하고 업무시간에 같이 커피도 마시면서 잡담도 나누고 싶어 한다. 프로젝트 관리자는 이런 일들이 업무 효율을 해치는 시간 낭비가 아니라 사람의 기본적인 욕구를 채워주는 업무의 연장으로 생각해야 한다.

'존경의 욕구'란 다른 사람으로부터 인정받고 싶어 하는 사람의 욕망이다. 회사에서 승진하거나 포상을 통해 존경 욕구가 채워질 수 있다. 꼭 공식적인 절차로 보상하지 않더라도 설계나 개발을 잘했을 때 관리자가 칭찬한다면 존경 욕구를 조금은 채워줄 수 있다.

마지막으로 '자아실현의 욕구'는 계속된 자기 발전을 통해 성장하고 싶은 인간의 욕구다. 프로젝트 업무가 기술적 추세에 맞거나 새로운 기술을 사용한다면 일 하면서 자아실현 욕구를 채울 수 있다. 인기 없는 기술을 사용해서 프로젝트를 한다면, 관리자는 업무적으로 얻을 수 있는 장점이나 프로젝트 과정에서 얻을 수 있는 자기 계발의 기회를 찾아서 구성원들의 자아실현 욕구를 채울 수 있도록 노력해야 한다.

의사소통 관리

의사소통 관리는 프로젝트에서 생성되는 정보를 어떻게 수집하고 프로젝트 참여자들에게 어떻게 배포할지를 관리하는 활동이다. 프로젝트 수행 과정에서 다양한 정보들이 생성되며 이중에서 핵심정보들은 반드시 참여자들에게 전달되어야 하며 이에 대한 근거를 남기고 필요하면 의사결정을 받아야 한다. 참여자 수가 늘어날수록 의사소통 채널은 기하급수적으로 증가하기 때문에 효과적인 의사소통 관리는 프로젝트를 성공시키는 데 굉장히 중요한 역할을 한다.

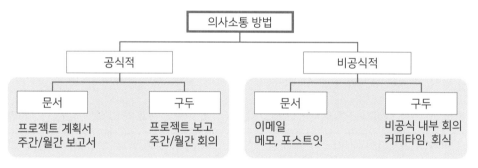

그림 3-27 의사소통 방법

의사소통 방법에는 공식적인 방법과 비공식적인 방법이 있는데 공식적인 방법에는 프로젝트 계획서를 만든다거나 주간/월간 보고서를 제출하는 방식과 같이 문서를 사용하는 것이 있고, 비공식적인 방식에는 이메일, 메모, 포스트잇과 같이 간단히 적어 공유하거나, 팀 내 간단한 미팅을 통해서 전달하는 방법이 있다. 커피 마시면서 팀원들 간에 나누는 대화도 일종의 의사소통 방법이다.

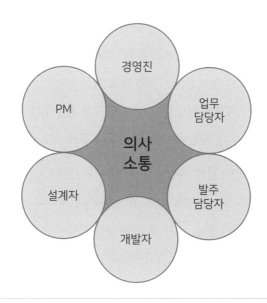

그림 3-28 의사소통 참여자

프로젝트에 관련된 모든 사람이 의사소통 참여자이다. 발주사의 경영진, 업무 담당자, 발주 담당자와 수주사의 PM, 설계자, 개발자가 모두 의사소통에 참여한다. PM은 발주사의 업무 담당자와 경영진에게는 공식적인 채널로 의사소통을 진행하는 경우가 많다. 또한, 보고서를 만들어 보고회라는 자리를 통해 발표 형식으로 프로젝트 정보를 전달하기도 한다.

PM과 발주 담당자는 공식/비공식 채널을 모두 동원해 긴밀하게 의사소통하며 많은 부분을 서로 협력해서 해결해야 한다. 하지만 중요한 의사결정의 경우 반드시 문서와 이메일로 기록을 남기는 것이 좋다. 이것은 향후 발생할 수 있는 중요한 범위 변경에 대한 대응자료로 활용할 수 있기 때문이다.

PM과 설계자 그리고 개발자 사이에서는 공식적인 의사소통 방식보다는 비공식적인 의사소통 방식이 많이 사용된다. 일상적인 대화 형식으로 정보를 공유하며 정보에 기반을 둔 의사결정 또한 실시간으로 이루어진다. 빠르고 효율적인 개발을 위해 공식적인 미팅보다는 실무 회의를 통해 정보를 공유하는 것이 좋다.

프로젝트는 다양한 기법, 기술, 도구, 인력들을 사용해서 완성된다. 프로젝트는 시간이 흐를수록 구체화되며 머릿속에 있던 개념들이 하나씩 화면으로 만들어진다. 프로젝트는 후반부에 새로운 요구사항이 나오며 문제점들이 도출되고 사람들의 스트레스는 극에 달한다. 소프트웨어 프로젝트는 별도의 자재를 사용하는 것이 아니라 처음부터 끝까지 거의 모든 것을 사람의 지식과 노동력에 의존하기 때문에 기타 다른 프로젝트보다 관리가 몇 배 더 어렵다.

그래서 필요한 것이 프로젝트 관리 지식이다. 이것은 프로젝트 관리자만 알아야 하는 것이 아니라 프로젝트에 참여하는 사람 모두 알고 있어야 한다. 관리자는 프로젝트를 성공적으로 마치기 위해 알아야 하지만, 팀원은 내가 필요한 것이 무엇이고 다른 사람이 나에게 무엇을 해줘야 하는지 그리고 다음을 위해서 내가 무엇을 준비해야 알아야 하므로 프로젝트 관리에 대한 기초 지식을 알고 있어야 한다.

04

프로젝트 분석하기

춤추는 별을 잉태하려면 반드시
스스로의 내면에 혼돈을 지녀야 한다.
You need chaos in your soul to
give birth to a dancing star

프리드리히 니체 Friedrich Nietzsche

분석 업무는 프로젝트에서 설계자가 처음으로 시작하는 본격적인 업무이다. 분석 결과를 기반으로 설계가 이루어지고 설계 결과를 기반으로 시스템을 개발하기 때문에 분석은 시스템이 만들어지는 기초를 다지는 작업이다. 국내 IT 업계에 닷컴 바람이 불어 본격적으로 시스템을 구축한 지가 20년 이상 흘렀기 때문에 설계와 개발을 잘하는 엔지니어는 어렵지 않게 구할 수 있다. 따라서 과거에는 프로젝트 성공을 위한 중요 요소로 개발과 설계를 많이 꼽았지만, 지금은 분석에 대한 비중이 점차 높아지고 있다.

요구사항 분석

요구사항 분석이란 고객의 요구를 만족시키고자 시스템이 제공해야 하는 기능과 특성을 도출해 나가는 과정이다. 여기에서 도출된 기능과 특성을 글로 기록한 것이 요구사항 명세서이며 시스템은 요구사항 명세서를 기반으로 구축된다. 요구사항을 분석해 시스템 범위가 결정되면 요구사항에 대한 베이스라인을 결정하고 요구사항의 지속적인 관리가 수행된다.

도출된 요구사항에 베이스라인을 세우는 것은 매우 중요한데 베이스라인이란 고객이 원하는 모든 요구사항을 도출해서 명세서에 모두 기록했다는 것을 의미한다. 따라서 추가로 발생하거나 변경되는 요구사항에는 엄격한 절차로만 수용 여부가 결정된다. 아무리 작은 프로젝트라도 베이스라인을 결정하는 시점에는 모든 이해관계자가 참석하는 공식적인 회의를 통해 상호 합의하는 과정을 거쳐야 한다.

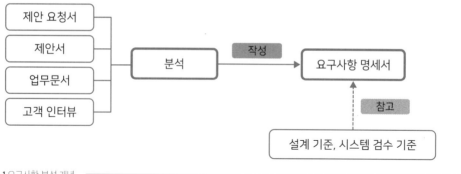

그림 4-1 요구사항 분석 개념

요구사항은 시스템 설계의 기준이 되고, 시스템 구현이 정확하게 됐는지 판단하는 기준이므로 시스템 설계를 시작하기 전에 명확한 요구사항을 도출하는 것은 무엇보다 중요하다. 하지만 요구사항은 시스템 설계와 시스템이 개발되는 과정에서 계속 도출되고 기존에 도출된 요구사항도 변경이 된다. 새롭게 추가되거나 삭제, 또는 변경되는 요구사항은 프로젝트 진행 과정에서 중요한 이슈가 되므로 고객과 함께 이에 대한 수용 여부를 신중하게 검토해야 하며 결정된 사항은 반드시 문서로 남기고 이메일과 같이 과정을 남길 수 있는 매체를 통해 고객사와 개발사가 공유해야 한다.

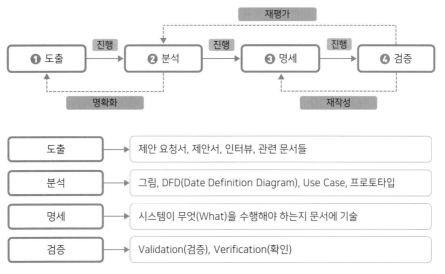

그림 4-2 요구사항 분석 프로세스

요구사항은 '도출', '분석', '명세', '검증'의 4단계로 분석이 이루어진다. 먼저 도출 단계에서는 제안 요청서, 제안서를 분석하고 업무에 사용하는 다양한 문서를 분석한다. 분석 단계에서는 그림, DFD, 유즈 케이스, 프로토타입과 같은 다양한 도구를 사용해 도출한 요구사항을 확인하고 보완하는 과정을 진행한다.

> DFD(Date Flow Diagram)란, 데이터가 프로세스 흐름에 따라 변화하는 모습을 그림으로 표현하는 다이어그램이다. 과거 구조적 프로그램 설계 과정에서 많이 사용되었던 도구이며 데이터의 변화를 도식화할 수 있다.

명세 단계에서는 분석한 요구사항을 문서화하는 요구사항 명세서를 작성하는 작업을 진행한다. 요구사항 명세서에는 고객이 최종적으로 요구하는 모든 기능과 특성들이 담겨야 하므로 고객과 함께 기술된 요구사항이 맞는지 확인하는 검증 과정을 반드시 거쳐야 한다.

요구사항 도출

요구사항 도출이란?

요구사항 도출이란 제안 요청서, 제안서, 업무문서 등을 분석해 요구사항을 찾아내고 고객과의 인터뷰를 통해 요구사항을 이해하고 숨어있는 요구사항을 발견하는 과정이다. 요구사항 도출은 요구사항이 어디에 있고 어떻게 수집할 것인가에 초점을 두고 있으며 이해관계자와 효과적인 의사소통이 성공의 핵심 열쇠이다. 따라서 고객과의 인터뷰를 하기 전에 프로젝트를 충분히 이해하고 있어야 한다. 가장 좋은 방법은 제안 요청서와 제안서 내용을 반복해서 읽는 것이다.

그림 4-3 요구사항 도출 개념도

제안 요청서 분석

제안 요청서, 제안서, 고객이 업무에 사용하는 문서를 분석해 고객이 요구하는 기능과 특성을 찾아내는 과정이 요구사항 도출이다. 여기에서 가장 기초가 되는 것이 제안 요청서이다. 고객은 제안 요청서에 프로젝트를 통해 개발해야 하는 시스템의 기능과 특성을 자세히 적어놓는다. 따라서 요구 분석의 가장 기초 단계는 제안 요청서를 다시 한번 자세히 들여다보는 것이다.

제안 요청서를 가장 잘 이해하고 있는 사람은 제안작업에 참여했던 제안 팀원들이다. 제안서 작성 과정에는 고객과의 소통이 여러 번 있었고 당시 글로 담지 못한 프로젝트와 관련된 많은 애기가 오가기 때문에 제안 요청서를 깊이 있게 이해하려면 이 과정을 알고 있어야 한다. 설계자가 제안작업에 참여하지 못했다면 PM과 영업사원에게 제안 요청서에 대한 설명을 듣는 것이 좋다.

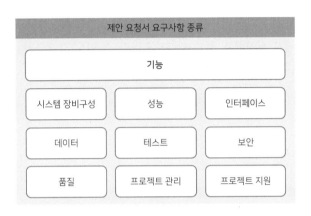

그림 4-4 제안 요청서 분석

제안 요청서에 나와 있는 요구사항은 기능, 시스템 장비 구성, 성능, 인터페이스, 데이터, 테스트, 보안, 품질, 프로젝트 관리, 프로젝트 지원 이렇게 열 가지로 나눌 수 있다. 여기에서 중심이 되는 것이 기능 요구사항이다.

요구사항 고유번호		SFR-002
요구사항 명칭		영업비용 정산
요구사항 분류		기능 요구사항
요구사항 상세설명	정의	스마트폰에서 결재된 영업일지 기반 영업비용 정산 기능 개발
	세부 내용	○ 영업사원 및 관리자 영업비용 결재상신, 결재처리, 목록조회, 일괄결재 ○ 시스템 비용 정산 결재승인 후 재무시스템으로 데이터 전송 ○ 영업사원 및 관리자 비용 정산 처리 현황 조회

묵시적 요구사항   명시적 요구사항

재무 시스템 결재 완료 후 영업지원 시스템 처리 결과 전송 필요

그림 4-5 기능 요구사항 분석 사례

기능 요구사항을 분석하려면 제안 요청서 전반부에 나와 있는 시스템 구축 목적, 배경 그리고 시스템 현황 등을 읽어보면서 전체적인 윤곽을 파악하는 것이 중요하다. 다음으로 기능 요구사항을 하나씩 읽어보면서 프로젝트에서 구축해야 하는 범위를 알아내야 한다.

스마트 영업지원 시스템 구축 프로젝트의 영업비용 정산 요구사항에서는 크게 명시적 요구사항과 묵시적 요구사항을 도출할 수 있다. '명시적 요구사항'이란 고객이 원하는 바를 구체적으로 기술하고 이것을 바탕으로 시스템 기능을 도출하는 것이다. '묵시적 요구사항'이란 고객이 기술한 요구사항에서 설계자가 경험적으로 유추할 수 있는 요구사항을 말한다. 예를 들어 "영업사원 및 관리자 비용 정산 처리 현황 조회"라는 문구를 확인했을 때 경험 있는 설계자의 경우 직감적으로 재무 시스템과 연동이 필요하다는 것을 알 수 있다.

제안서 분석

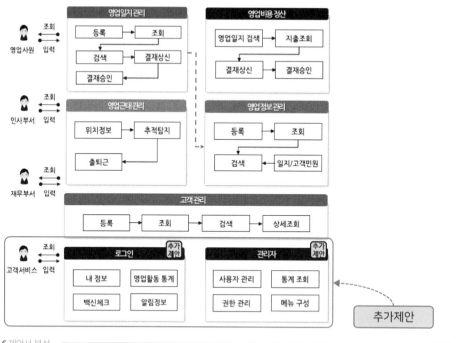

그림 4-6 제안서 분석

다음으로 제안서를 분석할 차례다. 제안서 작성에 참여한 설계자라면 제안서를 머릿속에 넣고 제안 요청서를 읽어보면서 요구사항을 도출하겠지만, 제안서 작성에 참여하지 않은 설계자의 경우 제안서와 제안 요청서를 번갈아 읽으며 요구사항을 도출해야 한다. 여기서 가장 중심이 되는 것은 제안 요청서이며 제안서에 들어있는 요구사항 중 제안 요청서에 누락된 것이 없는지 확인하고 만일 누락되었다면 이에 대한 개발 방안을 수립하는 것이 좋다.

제안서에서 한 가지 중요한 것은 '추가 제안 사항'이다. 추가 제안은 고객이 요구하지 않았지만, 제안사가 프로젝트에 도움이 될 수 있는 기능이나 서비스를 추가로 제시한 것이다. 따라서 요구사항을 도출할 때 추가 제안도 함께 고려해야 한다.

설계자가 제안 요청서와 제안서를 분석하는 목적이 요구사항 도출에도 있지만, 고객과의 인터뷰를 준비하는 목적도 있다. 프로젝트를 시작할 때 첫 번째 비공식적인 인터뷰는 킥오프 미팅이다. 킥오프 미팅은 사무실에서 이루어지는 것이 아니라 회식 장소에서 이루어진다. 서로 대화를 나누다 보면 자연스레 업무 얘기가 나오고 이런 자리에서 설계자가 프로젝트에 대한 깊은 이해를 보인다면 고객은 자신도 모르는 사이에 설계자를 신뢰하게 된다.

훌륭한 설계자라면 고객과 만남이 있기 전에 제안 요청서와 제안서를 반드시 읽어보고 시스템의 전체적인 윤곽을 머릿속에 그려야 한다. 아무 준비 없이 고객 인터뷰에 참석해서 고객이 알려주는 것만 받아 적는다면 설계자에 대한 고객의 신뢰는 바닥을 칠 수밖에 없다.

제안 요청서와 제안서는 PM이 가장 잘 알고 있다. 일반적으로 PM은 제안서 작성 단계에 참여하고 제안 발표를 진행하기 때문에 누구보다 제안서와 제안 요청서를 속속들이 알고 있다. PM은 프로젝트를 시작할 때 설계자에게 제안 요청서와 제안서를 아주 구체적으로 설명해 줘야 한다. 설계자가 제안 자체를 이해하고 프로젝트를 시작하는 것은 요구 분석을 성공적으로 이끄는 아주 중요한 요소이기 때문이다.

인터뷰

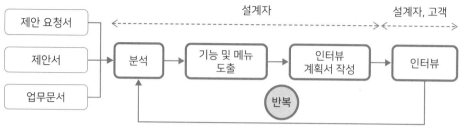

그림 4-7 인터뷰 절차

인터뷰를 시작하기 전에 먼저 제안 요청서, 제안서, 업무문서 등을 사전에 분석해서 기능을 도출하고 메뉴를 먼저 구성해 보는 것이 좋다. 메뉴를 구성하기 위해서는 기능에 대한 분석이 끝나야 하고 기능을 유형별로 묶을 수 있어야 한다. 신규 시스템에 대한 메뉴 구성이 완료될 즈음 설계자의 머릿속에는 고객 요구사항이 잘 정리되어 있을 것이다. 제안서와 요청서에서 이해가 가지 않는 부분은 잘 정리해 두었다가 인터뷰 계획서에 질문 사항으로 넣으면 된다.

운영자 인터뷰 질의서

부서		장소	
진행자		일시	
참석자			

구분	질문	답변
응용시스템 운영/관리 부분	1) 현재 담당하고 계신 업무를 설명해 주시기 바랍니다.	
	2) 담당하고 계신 업무(응용시스템)의 주된 사용자(대상자)는 어느 부서인가요?	
	3) 담당하고 계신 현 어플리케이션의 문제점 또는 이슈에는 어떤 것이 있습니까? 예) - 프로그램 관점: 공통모듈의 활용도가 낮음.(에러메시지 처리 등) - 데이터 관점: 동일 데이터 중복 저장 및 데이터 클린징 요건 발생 - 기술요소 관점: 네트워크 노후화로 인한 거래 처리 시간 지연 - 운영 관점: 업무 요건 변경 시 프로그램 및 데이터의 영향도 파악이 어려움	
	4) 어플리케이션의 기능이 유사하거나 중복되는 부분이 있으시면 기술하여 주시기 바랍니다.	
	5) 현재 담당하는 업무에서 어플리케이션의 통합 또는 분산이 필요하다고 느끼시는 시스템은 무엇입니까?(현재 중복기능 존재여부 등)	
	6) 응용시스템간의 연관성이 명확히 정의되어 있습니까?(시스템이 수정될 경우, 타 시스템에 어떠한 영향을 미치는지 아는 방법은 무엇입니까?)	
	7) 어플리케이션 운영 시 보안솔루션 및 보안 인프라에 대한 전반적인 기능적 요구사항이 있습니까? (인증관리, 권한관리, 데이터 암호화 등)	
	8) 현재 시스템의 유지보수 및 개발은 어떻게 이루어지고 있습니까? (자체개발/외주업체) 또한, 유지보수 시 겪는 기술적, 관리적 어려움은 무엇입니까?	

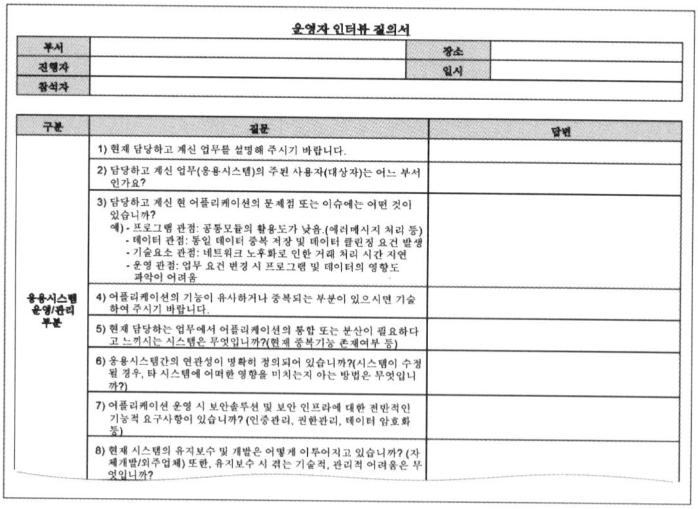

그림 4-8 인터뷰 질의서 (출처: 소프트웨어 요구사항 분석•적용 가이드 정보통신산업진흥원)

설계자가 고객이 원하는 요구사항을 알아내기 위해서는 먼저 업무를 이해해야 하고 이해한 것을 확인하는 과정을 거쳐야 한다. 설계자는 주로 인터뷰를 통해 고객과 소통을 하게 되는데 이때 필요한 것이 인터뷰 질의서이다.

인터뷰 질의서는 인터뷰 목적이 무엇이고 인터뷰에서 설계자가 얻고자 하는 내용이 무엇인지를 고객에게 사전에 알려주는 역할을 한다. 설계자는 반드시 정성스럽게 준비된 인터뷰 질의서를 가지고 고객과 인터뷰를 진행해야 한다. 이는 고객에게 더 많은 정보를 얻어낼 뿐만 아니라 설계자에 대한 고객의 신뢰를 높여주는 훌륭한 수단이기 때문이다. 고객은 인터뷰 질의서를 받아보는 순간에 설계자의 마음가짐, 능력, 자질을 알 수 있기 때문이다.

그림 4-9 업무에서 사용하는 다양한 문서들 (출처: http://londonmedarb.com/business-documents/)

고객 요구사항을 좀 더 자세히 이해하려면 업무에 사용하는 문서를 살펴보는 것이 좋다. 영업 보고서나 영업비용 청구서 등 프로젝트와 관련이 있는 문서를 참고하면 고객 요구사항을 이해하고 고객이 미처 생각지 못한 추가 요구사항을 끌어낼 수 있다. 분석 과정에서 추가로 도출되는 잠재적인 요구사항은 설계나 개발 과정에서 발생할 수 있는 추가 요구사항을 감소시키므로 가급적 분석 과정에서 많이 도출되는 것이 프로젝트 성공에 도움이 된다.

요구사항 분석

요구사항 분석

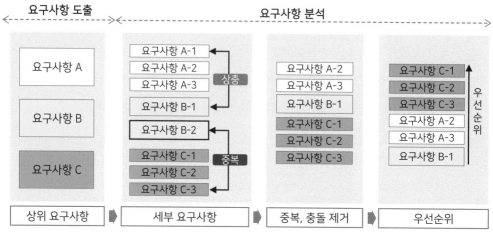

그림 4-10 요구사항 분석 개념

상위수준 요구사항을 찾아내는 요구사항 도출과정이 끝났다면 이제 세부 요구사항을 도출하고 다양한 방향에서 검토하는 요구사항 분석을 해야 한다. 요구사항 분석 과정에서는 요구사항 간 어긋나는 내용이나 중복되는 것들을 정리하고 개발 범위를 명확히 해서 업무환경, 개발환경 그리고 개발 범위가 어떻게 상호작용하는지 이해해야 한다. 또한, 어떤 요구사항이 중요하고, 덜 중요한지에 대한 우선순위를 정해야 한다.

요구사항 분석 과정에서도 고객과의 소통은 필수이다. 분석과 인터뷰를 반복해 가면서 요구사항을 보다 구체적이고 완전하게 파악할 수 있다. 인터뷰 계획서를 만들고 인터뷰 후에 반드시 결과를 기록해서 다음 인터뷰 때 고객에게 같은 질문을 하지 않도록 주의해야 한다. 고객은 인터뷰 과정에서 설계자를 평가하며 설계자의 잦은 실수는 신뢰도를 떨어뜨릴 수 있다. 고객에게 신뢰받지 못하는 설계자는 앞으로 있을 많은 의사결정 과정에서 고객을 설득하기 위해 더 많은 시간을 소비해야 한다.

요구사항 분석을 위한 다양한 기법이 있지만, 대표적으로 많이 사용하는 손 그림, 유즈 케이스 다이어그램, 프로토타입을 알아보자.

손 그림을 사용한 분석

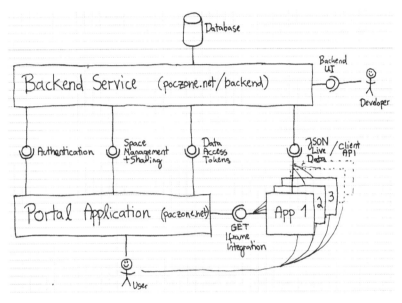

그림 4-11 손 그림을 사용한 요구 분석 (출처: https://medium.com/side-project-lovers-unite/poczone-1-platform-concept-6849253c9d53)

요구사항을 분석하고자 가장 필요한 것은 고객과 소통하는 것이다. 설계자는 IT 엔지니어이고 고객은 업무 전문가이므로 서로 사용하는 용어와 이해 방식이 다르다. 따라서 이러한 간극을 메워줄 수단이 필요한데 가장 간단하면서도 많이 사용하는 것이 손 그림이다. 손으로 그림을 그리는 것은 간단하고 단순하지만 개념을 시각화하고 생각을 입체적으로 표현할 수 있는 아주 효과적인 방법이다. 설계자는 자신이 이해한 내용을 그림으로 표현해 고객과 발생할 수 있는 오해의 소지를 사전에 줄일 수 있다.

유즈 케이스 다이어그램을 사용한 분석

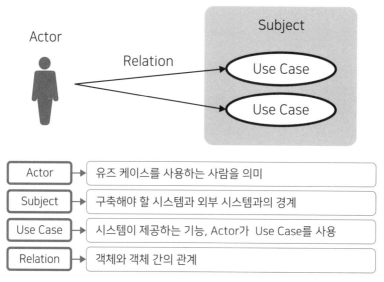

그림 4-12 유즈 케이스 다이어그램

요구사항이 도출됐다면 설계자는 이해한 내용을 스스로 정리해보는 과정이 필요하다. 이때 필요한 도구가 유즈 케이스 다이어그램이다. 유즈 케이스 다이어그램은 액터Actor로 표현되는 사용자가 시스템에 요구하는 기능을 도식화한 그림으로써 기능을 구조화할 때 유용하게 사용된다. 또한, 유즈 케이스 다이어그램은 그림이 단순하고 이해하기 쉬워 IT를 잘 모르는 고객도 쉽게 이해할 수 있다.

잘 만들어진 유즈 케이스 다이어그램은 프로세스 설계에 활용할 수 있다. 유즈 케이스는 DFD Data Flow Diagram의 프로세스로 표현할 수 있으며 액터는 외부엔티티 그리고 릴레이션 Relation은 데이터 흐름으로 표현할 수 있다. 1대1로 정확히 대응하는 것은 아니지만, 유즈 케이스 다이어그램을 바탕으로 프로세스 설계서를 더욱 쉽게 만들 수 있다.

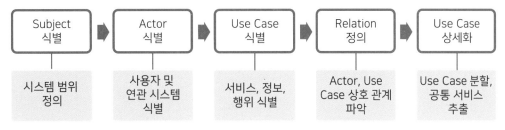

Subject 식별	Actor 식별	Use Case 식별	Relation 정의	Use Case 상세화
시스템 범위 정의	사용자 및 연관 시스템 식별	서비스, 정보, 행위 식별	Actor, Use Case 상호 관계 파악	Use Case 분할, 공통 서비스 추출

그림 4-13 유즈 케이스 다이어그램 작성법

유즈 케이스 다이어그램을 효과적으로 만드는 방법을 알아보자.

1. 가장 먼저 시스템 경계를 정의해야 한다. 구축하고자 하는 스마트 영업지원 시스템의 범위를 정하는 것이다. 그 안에 서비스를 제공하는 유즈 케이스를 그려 넣는다.

2. 다음으로 액터를 식별해야 한다. 액터는 시스템을 사용하는 주체를 말한다. 스마트 영업지원 시스템을 사용하는 영업사원과 재무시스템 그리고 인사시스템이 액터에 해당한다.

3. 시스템이 정의하는 기능인 유즈 케이스를 찾아야 한다. 영업정보 관리, 영업비용 정산 등이 유즈 케이스에 해당한다.

4. 관계를 정의해야 한다. 액터와 액터, 액터와 유즈 케이스, 유즈 케이스와 유즈 케이스 상호 간에 어떤 관계가 있는지 정의한다.

5. 마지막으로 유즈 케이스를 상세화한다. 유즈 케이스는 처음에는 추상적으로 만들고 업무 분석이 구체화 됨에 따라 좀 더 상세화할 수 있다. 영업정보 관리 유즈 케이스를 고객사 정보조회, 일지 작성 등의 기능으로 세분화 할 수 있다.

프로토타입을 사용한 분석

마지막으로 소개할 요구 분석 도구는 프로토타입이다. 프로토타입은 시스템의 개략적인 기능을 조작이 간단한 언어(HTML, 4GL)로 개발한 일종의 시제품이다. 아무리 손 그림이나 유즈 케이스 다이어그램으로 설계자가 고객에게 친절하게 설명해도 고객은 동작하는 프로그램을 봐야 이것이 내가 원하는 것인지 아닌지 알 수 있다. 이때 사용하는 것이 바로 프로토타입이다.

그림 4-14 프로토타입 (출처: http://www.welshgeek.com/services/prototyping/)

코딩하지 않고 드래그 앤 드랍Drag and Drop 방식으로 개발할 수 있는 HTML이나 4GL 툴을
사용해 프로토타입을 만들어 고객에게 보여준다면 좀 더 명확하게 요구사항을 분석할 수
있다.

요구분석 마지막 단계	요구분석 완료된 상태에서 작성
요구분석 후 폐기	프로토타입을 재활용하지 않음
다음 페이지 연계만	링크를 클릭하면 다음 페이지 연계나 알림 창 띄움
디자인 보다 기능	요구하는 모든 기능이 구현됐는지 검증에 초점

그림 4-15 프로토타입 설계원칙

프로토타입은 요구 분석 마지막 단계에 만들어야 한다. 설계자가 분석한 요구사항과 고객이

생각하는 것이 같은지 최종적으로 확인해야 할 때 프로토타입을 사용하기 때문이다. 요구 분석이 끝나면 프로토타입은 폐기해야 한다. 화면을 만들기 위해 프로토타입을 재사용한다면 불필요한 코드가 들어갈 수 있고 코딩 표준에 어긋나는 코드가 만들어질 수 있기 때문이다. 프로토타입에 들어가 있는 링크를 클릭하면 다음 화면으로 이동하거나 불가능할 때는 최소한 메시지 창이라도 띄워야 한다. 또한, 이동된 화면에서는 다른 기능을 보여주지 않아도 된다. 링크를 누르면 화면이 이동된다는 정도만 보여주면 된다. 프로토타입을 만들 때는 디자인에 신경 쓰지 않아도 된다. 너무 디자인을 화려하게 하면 고객에게 프로그램 개발이 완료되었다는 잘못된 메시지를 줄 수 있기 때문이다. 프로토타입의 주된 목적은 기능의 확인이다.

4.4 요구사항 명세

요구사항 명세는 요구사항 분석 과정이 완료된 후 선별된 기능을 바탕으로 시스템이 제공하는 특성과 기능을 문서화하는 것을 말한다. 요구사항 명세서는 시스템 구현의 가장 기초가 되는 문서이므로 개발사와 고객이 모두 이해할 수 있는 명확한 언어로 작성되어야 한다.

원칙	내용
정확성	요구사항 명세는 정확히 기술되어야 함
명확성	요구사항 명세는 이해 당사자 별로 명확히 제시되어야 함
완전성	기능성, 성능 및 제약사항 등 모든 중요한 내용이 문서화 되어야 함
일관성	요구사항 명세는 요구사항 간에 충돌이 없어야 함
추적성	요구사항은 근원, 원리가 추정 가능해야 함
수정성	요구사항은 수정 가능해야 함
이해성	이해 당사자 간에 이해가 쉬워야 함
해석성	요구사항에 대한 해석의 일관성 제공해야 함
검증성	요구사항 명세는 증명 가능해야 함

표 4-1 요구사항 명세서 작성 원칙

일반적으로 요구사항 명세서를 작성하는 데는 9가지 원칙이 자주 거론된다. 여기에서 가장 중요한 특성은 '정확성'과 '명확성'이다. 요구사항을 검증하고 해석하는 것도 중요하지만, 모호하고 불명확한 언어로 요구사항을 기술한다면 프로젝트 설계가 잘못될 수 있을 뿐만 아니라 검증 과정에서도 고객과 충돌을 빚을 수 있기 때문이다.

원칙	내용
요구사항 ID	요구사항을 식별할 수 있는 ID
요구사항 명	요구사항을 간단하게 설명할 수 있는 이름
구분	새로운 요구사항인지 기존 시스템에 대한 수정 요구인지 여부
유형	요구사항 유형(시스템 기능, 성능, 데이터, 보안 등)
업무중요도	요구사항의 중요도 상/중/하로 구분
요구사항	요구사항 명세서 내용
관련부서	요구사항과 관련된 부서

표 4-2 요구사항 명세서 구성

요구사항 명세서는 고객의 요구사항을 적는 '요구사항' 항목뿐 아니라 요구사항을 식별하고 간단하게 설명할 수 있는 아이디와 이름 등의 다양한 항목으로 구성되어 있다. 요구사항 명세서를 만들 때 가장 중요한 것은 사용자가 요구하는 기능과 특성을 명확하게 기술하는 것이지만 요구사항을 어떻게 구현할지 간단하게 적어주면 고객의 이해를 돕고 시스템 설계를 더욱 쉽게 할 수 있다. 여기에서는 간단하게 요구사항만을 기술하도록 한다.

스마트 영업지원 시스템의 요구사항 명세서 사례를 살펴보자. 요구사항은 유사한 기능을 묶어서 분류했다. 예를 들어 영업일지 관련된 요구사항은 영업일지 관리로 묶었다. 요구사항 ID 또한 영업일지 관리는 RQ-EM-001로 시작하고 세부 요구사항은 뒤에 일련번호를 붙였다.

> **요구사항 ID**란, 요구사항 명세서에서 개별 요구사항을 식별할 수 있는 고유한 번호이다. 대한민국 국민을 주민등록번호로 구별할 수 있듯이 요구사항은 요구사항 ID를 통해 알 수 있다. 요구사항 명세서에서 구체적인 요구사항을 정의하고 기타 다른 산출물에서는 요구사항 ID를 사용해 이 설계 내역이 어떤 요구사항과 관련이 있는지 표시한다.

요구사항 명은 설계 및 개발 단계에서 요구사항을 식별해서 부르기 쉬운 이름으로 만들었다. 요구사항란에는 고객이 요구하는 사항을 구체적으로 기술해서 설계에 활용할 수 있도록 만들었다.

요구사항 명세서		작성자	김설계	승인자	김관리
		작성일	2018.07.30	버전	1
단계	설계	업무명	스마트영업지원시스템	페이지수	1

순번	요구사항 ID	분류	요구사항명	요구사항	구분	유형	업무중요도	관련부서
1	RQ-EM-001-1	영업일지 관리	영업일지 작성	영업사원 영업일지 작성, 목록조회, 상세조회, 검색, 방문 시간 기록(시작/종료) 현재 사용중인 영업일지 기반 구축	신규	시스템 기능	상	정보화사업팀, 영업지원팀
2	RQ-EM-001-2	영업일지 관리	영업일지 결재	영업사원 영업일지 목록조회, 결재상신, 회수 관리자 영업일지 목록조회, 결재반려, 회수	신규	시스템 기능	상	정보화사업팀, 영업지원팀
3	RQ-EM-001-3	영업일지 관리	영업일지 결재 알림	결재 처리 단계별(상신/회수/반려/승인) 알림 기능 개발	신규	시스템 기능	상	정보화사업팀, 영업지원팀
4	RQ-EM-001-4	영업일지 관리	영업일지 보안	다른 영업사원 영업일지 조회 불가(관리자 가능)	신규	시스템 기능	상	정보화사업팀, 영업지원팀
5	RQ-EM-002-1	영업비용 정산	영업비용 결재	영업사원은 영업비용 목록조회, 결재상신, 회수 관리자는 영업비용 목록조회, 결재반려, 승인	신규	시스템 기능	상	정보화사업팀, 영업지원팀, 재무팀
6	RQ-EM-002-2	영업비용 정산	재무시스템 연계	영업비용 결재완료 후 재무시스템으로 데이터 전송 재무시스템에서 최종 처리 후 영업지원시스템으로 결과 전송	신규	시스템 기능	상	정보화사업팀, 영업지원팀, 재무팀
7	RQ-EM-002-3	영업비용 정산	처리현황조회	영업사원 및 관리자 비용 정산 처리 현황 조회 (재무시스템 연동)	신규	시스템 기능	상	정보화사업팀, 영업지원팀, 재무팀
8	RQ-EM-002-4	영업비용 정산	영업비용 결재 알림	영업비용 처리 단계별(상신/회수/반려/승인/정산) 알림 기능 개발	신규	시스템 기능	상	정보화사업팀, 영업지원팀, 재무팀
9	RQ-EM-003-1	근태관리	근태정보 생성	영업사원이 영업일지에서 시작 및 종료 버튼 클릭 시 위치 정보 전송	신규	시스템 기능	상	정보화사업팀, 영업지원팀, 인사팀
10	RQ-EM-003-2	근태관리	네이버 지도 연동	네이버 지도와 연동하여 위치정보 기반 영업위치 표시	신규	시스템 기능	상	정보화사업팀, 영업지원팀, 인사팀
11	RQ-EM-003-3	근태관리	근태이상자 등록	업체 방문시간 합계가 하루 3시간 이하인 경우 근태 이상자 등록	신규	시스템 기능	상	정보화사업팀, 영업지원팀, 인사팀
12	RQ-EM-003-4	근태관리	근태이상자 관리	관리자 근태오류 수정요청 조회 및 처리 관리자는 근태 이상자 상세 이동현황을 확인 후 최종 확정	신규	시스템 기능	상	정보화사업팀, 영업지원팀, 인사팀
13	RQ-EM-003-5	근태관리	근태오류 처리	영업사원 근태조회, 근태오류 수정 요청 관리자 근태오류 수정요청 조회 및 처리	신규	시스템 기능	상	정보화사업팀, 영업지원팀, 인사팀
14	RQ-EM-004-1	영업정보 관리	고객민원시스템 연동	영업사원 고객민원시스템 연동기능 조회, 검색 기능 조회된 고객민원정보 별도 저장 기능	신규	시스템 기능	상	정보화사업팀, 영업지원팀
15	RQ-EM-004-2	영업정보 관리	영업정보 연동	영업사원은 기 작성된 영업정보 조회, 검색 기능 조회된 영업정보 별도 저장 기능	신규	시스템 기능	상	정보화사업팀, 영업지원팀
16	RQ-EM-004-3	영업정보 관리	영업정보 생성	영업사원 영업정보 신규 생성 기능	신규	시스템 기능	상	정보화사업팀, 영업지원팀
17	RQ-EM-004-4	영업정보 관리	영업일지 연동	영업정보는 영업일지 화면에서 조회 가능	신규	시스템 기능	상	정보화사업팀, 영업지원팀
18	RQ-EM-005-1	고객사 관리	고객사 정보 생성	영업사원 고객사 추가, 검색, 조회	신규	시스템 기능	상	정보화사업팀, 영업지원팀
19	RQ-EM-005-2	고객사 관리	고객 정보 생성	고객사 소속 고객 추가, 검색, 조회	신규	시스템 기능	상	정보화사업팀, 영업지원팀
20	RQ-EM-005-3	고객사 관리	경조사 알림	고객 경조사 정보 자동 알림	신규	시스템 기능	상	정보화사업팀, 영업지원팀
21	RQ-EM-006-1	로그인	인사시스템 연동	인사시스템에 등록된 사번과 비밀번호를 통해 로그인	신규	시스템 기능	상	정보화사업팀, 영업지원팀
22	RQ-EM-006-2	로그인	비밀번호 변경	비밀번호 변경은 인사시스템에서 가능	신규	시스템 기능	상	정보화사업팀, 영업지원팀
23	RQ-EM-006-3	로그인	영업활동 통계	영업활동 통계는 일자별 영업/이동시간(영업사원 평균, 본인)	신규	시스템 기능	상	정보화사업팀, 영업지원팀
24	RQ-EM-007-1	관리자 기능	자동권한 부여	인사시스템에서 연동한 보직 코드 기반으로 자동 권한 부여 기능 개발	신규	시스템 기능	상	정보화사업팀, 영업지원팀
25	RQ-EM-007-2	관리자 기능	메뉴관리	2단계 메뉴 관리	신규	시스템 기능	상	정보화사업팀, 영업지원팀
26	RQ-EM-007-3	관리자 기능	코드관리	그룹코드, 세부코드로 관리	신규	시스템 기능	상	정보화사업팀, 영업지원팀
27	RQ-EM-007-4	관리자 기능	메뉴별 권한 관리	2단계 권한(조회, 저장)으로 분리	신규	시스템 기능	상	정보화사업팀, 영업지원팀
28	RQ-EM-007-5	관리자 기능	관리자 메뉴 보안기능	관리자 메뉴는 PC에서만 접속 가능(모바일 접속 불가) 관리자 메뉴 등록된 IP만 접속 가능(승인 아이피 접속 불가)	신규	시스템 기능	상	정보화사업팀, 영업지원팀

그림 4-16 스마트 영업지원 시스템 요구사항 명세서 사례

요구사항 검증

요구사항 명세서가 완료됐으면 작성이 잘 됐는지 고객과 확인해 봐야 한다. 요구사항 명세서는 프로젝트 개발 범위를 결정하는 아주 중요한 문서이므로 고객과 최종 합의 후 요구사항 베이스라인을 결정해야 한다. 요구사항 베이스라인이 결정되면 이후에 추가되거나 변경되는 요구사항은 고객사와 개발사 간의 공식적인 협상을 통해 변경관리를 수행해야 한다.

앞 장에서 언급한 폭포수 모델에 따르면 요구 분석이 끝나면 요구사항 도출이 완료되고 이후 이것을 바탕으로 설계가 이루어진다. 따라서 설계 단계에서 요구사항 추가와 수정을 고려하지 않으면 변경이 발생하더라도 절차가 굉장히 까다롭다. 하지만, 현실적으로 볼 때 사람이 하는 일이 완벽할 수 없으므로 요구사항은 프로젝트 전 생명주기에 걸쳐 계속 변화하고 추가된다.

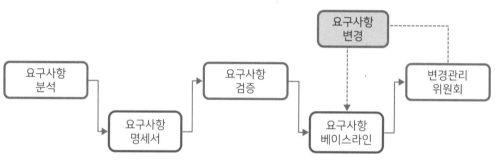

그림 4-17 요구사항 변경관리

요구사항 베이스라인을 결정하고 변경되는 요구사항은 공식적인 변경관리 프로세스를 따라야 한다는 이론과 요구사항은 프로젝트 진행 과정 중에 계속 변경될 수밖에 없다는 현실을 조화롭게 관리하면서 프로젝트를 수행해야 하는 문제에 직면하게 된다.

이 문제에 대한 완벽한 솔루션은 없다. 다만, 고객사와 개발사가 각자 반드시 해야 할 일이 있다.

첫째 고객사는 프로젝트 발주 전에 명확한 범위를 설정해야 한다. 반복적인 업무 분석을 통해 우리 회사가 구축하고자 하는 시스템의 기능과 특성을 구체적으로 도출해야 한다. 과거 정부에서 기능점수 기반으로 규모 산정을 해야 한다고 강조하던 때가 있었다. 기능점수를 산출할 수 있다는 것은 시스템에 대한 개념 설계가 완료됐다는 의미이므로 이 과정에서 고객사는 충분히 업무 분석을 할 수 있다는 생각에서였다. 하지만, 업무 분석을 중요한 업무로 생각하지 않는 한국 사회의 특성 때문에 이런 시도는 실패하고 말았다. 많은 프로젝트에서 투입 인력 기반으로 산출한 비용을 역산해서 기능점수를 산출했기 때문이다.

둘째 개발사는 요구 분석 과정에서 고객의 참여를 유도하고 철저한 분석을 통해 요구사항을 도출해야 한다. 이 과정에서 프로토타입과 같은 도구를 사용하는 것도 고객의 이해를 돕기 위한 중요한 수단이 될 수 있다. 또한, 유사한 프로젝트 경험이 있는 숙련된 설계자를 투입해야 한다. 그래야 고객이 요구하는 기능을 명확하게 도출하고 고객이 프로젝트 초반에 생각하지 못하는 잠재된 요구사항을 도출할 수 있다.

이제 요구사항 분석을 통해 설계와 개발에 필요한 요구사항 명세서를 도출했다. 하지만 명심해야 할 것은 요구사항 명세서가 완성된 것이 아니라는 것이다. 물론 가장 좋은 것은 지금 최종적인 요구사항을 가지고 있는 것이지만 너무나도 유연한 소프트웨어 프로젝트 특성상 어느 정도 요구사항이 변경되고 추가된다는 것은 가정해야 한다.

프로젝트 전체 구조를 흔들거나 터무니없는 요구사항을 수주사 입장에서 받아들이기 힘들겠지만, 해석의 차이에서 발생하는 수준의 간단한 추가 요구사항이나 제안 요청서에 대한 요구사항 변경은 적극적으로 대응해야 한다. 하지만, 요구사항을 분석하는 시점에는 고객의 모든 요구사항을 도출해내야겠다는 생각으로 정해진 기간 최선을 다해야 한다. 그래야지만 프로젝트 후반부에 고생하지 않고 좋은 고품질의 소프트웨어를 개발할 수 있다.

05

프로젝트 설계하기

신은 디테일에 있다.
God is in the detail

루트비히 미스 반데어로에 Ludwig Mies van der Rohe

건축에서도 건물을 세우기 전에 설계를 먼저 한다. 표준화된 용어, 치수, 도구를 사용해 세울 건물의 건설 순서와 완공될 모습을 아주 자세하게 계획하고 설계한다. 고객의 이해를 돕기 위해 설계 후에 모형을 만들어 보여주기도 한다. 이 모형 또한 실물을 정확한 비율로 축소한 형태로 만든다. 이것이 가능한 이유는 몇천 년 동안 건축 기술이 발전해 온 것도 있지만, 결국 눈에 보이는 실물을 만드는 작업이기 때문이다.

하지만, 시스템을 구축하는 것은 추상적인 개념을 눈에 보이지 않는 프로세스와 데이터로 만들고 극히 일부분인 인터페이스 부분만을 고객이 알 수 있는 실물로 만들기 때문에 설계가 훨씬 어렵다. 복잡하다기보다는 논리적인 개념을 다루다 보니 요구사항 도출이 쉽지 않고 잦은 요구사항 변경 때문에 작업량이 늘어나는 측면이 있다.

프로젝트 설계에서는 추상적 개념을 구체화하는 프로세스를 살펴보고 어떻게 하면 구조를 보다 유연하게 만들 수 있는지 알아보도록 하자.

프로젝트 설계란?

프로젝트 설계란 요구사항 명세서를 기반으로 시스템이 제공하는 기능, 인터페이스, 데이터를 정의하고 제어와 연결을 명확히 하여 개발자가 시스템을 구축할 수 있는 수준의 문서를 만드는 작업이다. 결국, 프로젝트 설계의 결과물은 문서 형태로 나오게 된다.

설계는 여러 단계 작업으로 구성되는데 대표적으로 '프로세스 설계', '인터페이스 설계', '데이터 설계'로 나눌 수 있다. 각 단계는 차례대로 진행되지만, 현재 단계가 완료되면 이전 단계의 산출물이 지속해서 수정된다. 분석 단계에서 생각하지 못했던 요구사항이 설계 단계에서 도출될 수 있기 때문이다.

프로젝트 설계 과정은 앞에서 설명한 3단계 이외에 세부적으로 여러 가지 과정을 거쳐야 한다. 요구 분석이 완료되면 먼저 아키텍처를 설계해 시스템 전체적인 그림을 먼저 그린다. 인터페이스 설계가 완료되면 애플리케이션 밑그림을 그리는 애플리케이션 설계서를 만든다. 이외에도 애플리케이션에서 데이터가 어떻게 사용되는지 알려주는 CRUD^{Create Read Update Delete} 매트릭스를 만들고 기존에 있던 데이터를 새로운 데이터베이스에 어떻게 입력할지 계획하는 데이터 전환 설계를 하게 된다.

> **CRUD 매트릭스**란, 프로세스와 데이터의 사용 관계를 표 형태로 나타낸 산출물이다. 정보공학 방법론에서는 데이터와 프로세스가 따로 설계되기 때문에 각각의 데이터가 시스템에서 어떻게 사용되는지 알 수 있는 종합 상황표가 필요한데 이를 매트릭스 형태로 나타낸 것이 CRUD 매트릭스이다.

사용자 요구사항이 시스템 전반에서 어떻게 구현되는지 알려주는 요구사항 추적표를 만들어 검수할 때 사용하기도 한다.

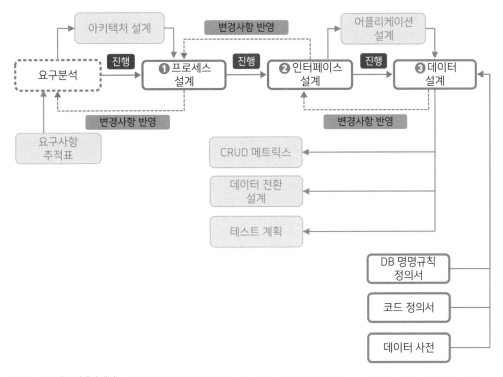

그림 5-1 프로젝트 설계의 개념

프로젝트 설계 단계는 다양한 프로세스가 있고 많은 산출물이 생산되지만, 중소 규모 프로젝트에서 가장 많이 사용하고 핵심적인 3단계 과정의 산출물을 중심으로 설계 단계를 설명하도록 하겠다.

프로세스 설계

프로세스 설계란?

프로세스 설계를 알아보기 전, 먼저 비즈니스 프로세스 개념을 알아보자. 비즈니스 프로세스는 고객에게 가치를 제공하기 위한 활동을 말한다. 비즈니스 프로세스는 일반적으로 ISP 과정에서 구체적으로 정의되며 제안요청서상에 보다 구체적으로 나와 있다.

비즈니스를 시스템으로 구현하는 프로세스의 정의는 입력한 데이터에 자신이 제공하는 기능과 가치를 부여해 새로운 결과물을 출력하는 일련의 과정을 말한다. 프로세스를 설계한다는 것은 데이터의 흐름인 입력과 출력 그리고 프로세스가 제공하는 기능을 시각화 도구를 활용해 업무 흐름에 맞게 배치하는 것이다.

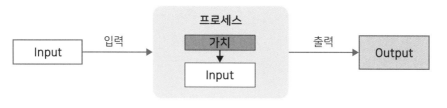

그림 5-2 프로세스의 개념

프로세스 설계 도구에는 대표적으로 프로세스 맵Process Map과 DFDData Flow Diagram가 있다. 프로세스 맵은 컨설팅 과정에서 비즈니스 프로세스를 정리하는 도구로 많이 활용되며 DFD는 과거 구조적 프로그램 설계 과정에서 많이 사용되었던 도구로써 데이터의 변화를 도식화할 수 있다.

프로세스 맵

프로세스 맵은 업무 흐름을 시각적으로 표현하는 그림으로써 결과를 출력하는 일련의 이벤트로 구성된다. 프로세스 맵을 사용하면 프로세스와 관련된 사람과 데이터를 모두 확인할 수 있어서 비즈니스 컨설팅과 IT 프로젝트에서 프로세스 설계 작업에 자주 사용되고 있다.

그림 5-3 프로세스 맵의 표현법

프로세스 맵은 대표적으로 4가지 도구로 구성된다.

- 이벤트: 업무의 시작과 끝을 나타낸다.

- 활동: 프로세스 맵은 활동을 사용해 업무가 구체적으로 어떻게 수행되는지 표현한다.

- 분기점: 의사결정이나 업무 속성에 의해 업무 내용이 달라질 때 사용되며 프로그램에서 많이 사용하는 if 문 역할을 한다고 생각하면 이해가 쉽다.

- 업무 흐름: 이벤트, 활동, 분기점을 화살표로 서로 연결해서 업무가 어떻게 흘러가는지 표현한다.

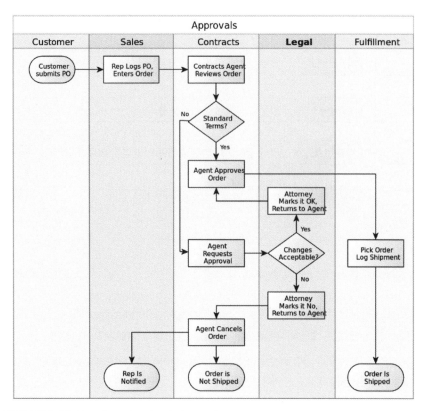

그림 5-4 프로세스 맵 사례(출처: http://www.wikiwand.com/en/Swim_lane)

인터넷에서 프로세스 맵으로 검색하면 다양한 사례를 살펴볼 수 있다. **그림 5-4**와 같이 프로세스 맵은 상단에 프로세스 사용 주체가 표시되고 사용 주체 별로 영역이 구분되어 각각의 프로세스를 표현하고 있다.

DFD

DFD^{Date Flow Diagram}는 데이터가 프로세스 흐름에 따라 변화하는 모습을 그림으로 표현하는 다이어그램이다. DFD는 시스템을 모형화할 때 유용한 도구로써 데이터와 프로세스를 함께 다룰 수 있는 장점이 있다.

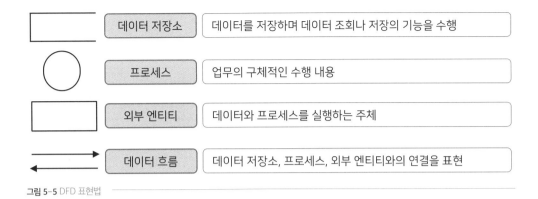

그림 5-5 DFD 표현법

DFD도 프로세스 맵과 유사한 표현법을 가지고 있다.

- 데이터 저장소: 데이터를 저장하고 조회하는 기능을 담당하며 나중에 데이터 저장소는 데이터 설계할 때 테이블로 많이 설계된다.

- 프로세스: 구체적으로 업무를 수행하는 역할을 담당한다.

- 외부 엔티티: 데이터와 프로세스를 실행하는 주체가 된다. 프로세스 맵 상단에 표현되는 실행 주체와 같은 역할을 한다. 데이터

- 데이터 흐름: 앞에서 열거한 세 가지 요소를 서로 연결하는 역할을 한다.

DFD를 작성하려면 먼저 비즈니스를 분석하고 프로세스를 도출해야 한다. 요구사항 명세서에 기술된 내용 중 동사(動詞, Verb)를 유심히 관찰하면 프로세스를 찾아낼 수 있다. 그리고 프로세스 입출력을 찾아내서 프로세스 기능을 정의한다. 다음으로 데이터를 도출하는데 요구사항 명세서에 있는 명사를 활용하면 데이터를 더욱 쉽게 도출할 수 있다. 데이터의 흐름을 식별해서 프로세스와 데이터를 매핑하고 업무를 잘 설명할 수 있는 명칭을 부여하면 DFD가 완성된다.

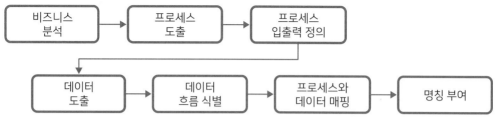

그림 5-6 DFD 작성법

DFD를 작성하기 위해서는 지켜야 하는 몇 가지 원칙이 있다.

- 첫 번째 프로세스는 반드시 하나 이상의 입력과 출력을 하도록 설계해야 한다. 입력이 없거나 출력이 없는 독립적인 프로세스가 있다면 프로세스를 좀 더 세분화할 수 있는지 아니면 잘못 설계된 것인지 다시 한번 살펴볼 필요가 있다.

- 두 번째 데이터 저장소는 적어도 하나 이상의 입력과 출력을 하도록 설계해야 한다. 데이터 저장소에 입력이 없다는 것은 데이터를 저장하지 않는다는 의미이고 출력이 없다는 것은 데이터를 사용하지 않는 것이기 때문에 데이터 저장소와 관련된 프로세스가 무엇인지 좀 더 고민해 봐야 한다.

- 세 번째 데이터 저장소는 프로세스를 통해서만 접근할 수 있도록 설계해야 한다. 데이터 저장소 간에 직접 연결이 되거나 외부 엔티티가 직접 데이터 저장소를 접근 한다면 이와 관련된 프로세스가 누락된 것이기 때문에 다시 한번 어떤 프로세스가 누락된 것인지 살펴봐야 한다.

- 마지막으로 DFD에 있는 모든 프로세스는 다른 프로세스 또는 데이터 저장소로 향하는 흐름이 존재해야 한다. 만일 특정 프로세스에서 처리 흐름이 끊겨있다면 프로세스에 대한 분할, 삭제 또는 변경을 고려해 봐야 한다.

프로세스는 적어도 하나 이상의 입력과 출력을 가진다

데이터 저장소는 적어도 하나 이상의 입력과 출력을 가진다

데이터 저장소는 프로세스를 통해서만 접근이 가능하다

DFD에 있는 모든 프로세스는 다른 프로세스 또는 데이터 저장소로 향하는 흐름이 존재한다

그림 5-7 DFD 작성 원칙 (출처: https://www.lucidchart.com/pages/data-flow-diagram)

앞에서 설명한 4가지 원칙을 잘 생각하면서 작성한다면 프로세스가 누락되거나 오류 없는 깔끔한 DFD를 설계할 수 있다. DFD에서 공식적으로 사용하는 표현법 외에 DFD를 좀 더 잘 표현할 수 있는 도형을 추가해도 좋다. DFD는 프로세스의 흐름을 잘 설명하기 위한 도구이지 반드시 지켜야 하는 규칙은 아니기 때문이다.

프로세스 설계 실무사례

스마트 영업지원 시스템의 '영업일지 관리 업무' DFD 사례를 살펴보자. 영업일지 작성 업무는 영업일지를 신규로 작성하거나 업무 미팅을 시작하고 종료할 때 시간을 기록해 근태 정보를 생성하는 역할을 수행한다.

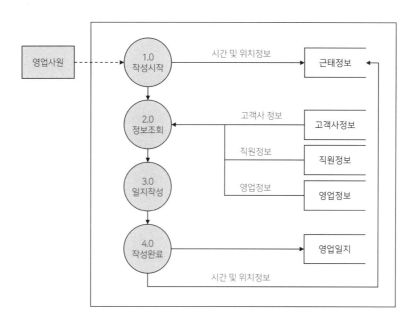

그림 5-8 스마트 영업지원 시스템 영업일지 작성

'작성시작 프로세스'는 근태정보 관리를 위해 미팅 시작 전, 시간과 위치 정보를 근태정보 저장소로 전송한다. 작성시작 버튼을 누르는 주체는 영업사원 엔티티가 된다(그림의 숫자는 업무

순서이다).

'정보조회 프로세스'는 영업에 필요한 정보를 조회한다. 고객사 정보 저장소에서는 고객사 정보를 직원정보 저장소에서는 고객사에 근무하는 직원정보를 영업정보 저장소에서는 기존에 작성했던 영업정보를 가져온다. 업무 흐름을 보면 영업일지 작성을 시작하면 바로 영업에 필요한 정보가 조회되는 것을 확인할 수 있다.

'일지작성 프로세스'는 영업사원이 고객과 미팅을 하면서 정보를 기록하는 프로세스이다. 업무 흐름을 보면 일지작성 전에 관련 정보를 먼저 조회한다는 것을 알 수 있다.

'작성완료 프로세스'는 일지작성 프로세스를 통해 작성된 영업정보를 영업일지 저장소에 저장하며 영업시간 및 위치 정보를 근태정보 저장소에 저장하는 역할을 한다. 업무 흐름을 보면 정보조회 후에 바로 작성완료 버튼을 누르지 않고 반드시 일지에 어떤 내용을 입력해야 한다는 것을 알 수 있다. 영업일지에는 널 값이 들어갈 수 없다는 것을 유추할 수 있다.

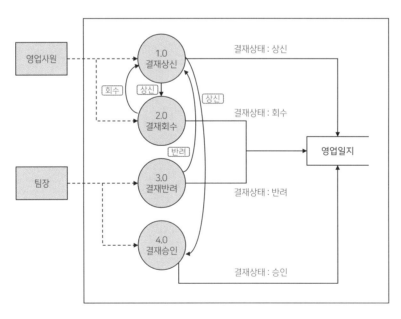

그림 5-9 스마트 영업지원 시스템 영업일지 결재

'영업일지 결재업무'는 영업일지에 대한 결재처리를 담당한다. 먼저 영업사원은 결재를 상신하고 결재 상신한 내역을 회수할 수 있다. 단계마다 결재 상태가 변경되며 영업일지 저장소에 데이터를 갱신하게 된다.

팀장은 결재 상신된 내역을 반려하거나 승인할 수 있다. 앞 상황과 같이 팀장이 결재 처리할 때마다 영업일지 저장소에 데이터가 갱신된다.

앞에 DFD에서 업무 프로세스를 확인할 수 있는데 결재상신 후 결재회수나 결재반려 과정 없이 바로 결재승인이 가능하다. 영업사원이 결재를 회수하면 다시 결재상신 프로세스로 이동해서 다음 동작을 기다리게 된다. 팀장이 결재를 반려해도 역시 결재상신 프로세스로 이동하게 된다.

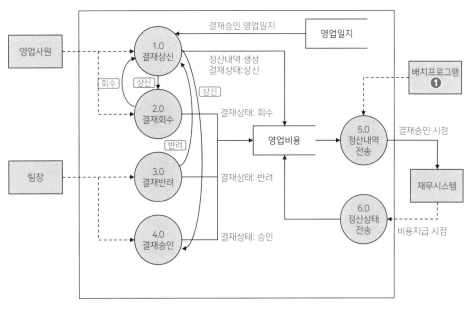

그림 5-10 스마트 영업지원 시스템 영업비용 정산

'영업비용 정산 업무'는 영업사원이 영업비용을 신청하고 신청 내역을 결재하면 재무 시스템과 연계해서 비용정산을 처리한다. 영업비용 정산은 결재 승인된 영업일지를 대상으로 진행

되므로 '결재상신 프로세스'에서는 '영업일지 저장소'에서 결재승인이 완료된 영업일지를 가져오게 된다.

'결재회수 프로세스'는 영업사원이 영업비용 정산을 다시 하기 위해 결재상신 했던 내용을 회수하는 역할을 담당한다. 결재가 회수되면 다시 '결재상신 프로세스'로 이동하게 된다.

팀장은 '결재반려 프로세스'를 통해 결재 상신된 건을 반려할 수 있다. 결재가 반려되면 결재상신 프로세스로 이동해서 영업사원을 내역을 수정해서 다시 결재를 상신하게 된다.

'결재승인 프로세스'는 영업사원이 결재 상신한 건을 팀장이 승인 처리하는 프로세스이다. 결재가 승인되면 '영업 비용 저장소'에 상태가 갱신되며 '정산 내역 전송 프로세스'를 통해 관련 내용을 '재무 시스템'으로 전송하게 된다.

'정산 내역 전송 프로세스'의 특이한 점은 '배치 프로그램'이라는 외부 엔티티가 작업을 지시한다는 것이다. '배치 프로그램'①은 일반적으로 시스템에서 스스로 정해진 일정에 따라 동작하는 데몬 형태의 프로그램이거나 데이터베이스에서 제공하는 트리거 방식으로 구현된다.

> **배치 프로그램**이란, 정해진 시간에 실행하는 프로그램을 말한다. 반면에 일반적으로 사용하는 기능들은 온라인 프로그램이라 한다. 뉴스 조회, 로그인, 상품 구매와 같은 기능은 사용자가 능동적으로 화면을 누르거나 데이터를 입력해서 동작하므로 온라인 프로그램에 해당한다. 데이터를 백업하거나 사용자가 많이 없는 새벽 시간에 통계 데이터를 만드는 등 시간을 정해 놓고 자동으로 동작하게 만들어 놓은 프로그램을 배치 프로그램이라 한다.

마지막으로 '재무 시스템'에서 비용 지급 처리가 완료되면 '정산상태 전송 프로세스'를 통해 스마트 영업지원 시스템으로 데이터를 전송해준다. 다른 프로세스와 차이점이 있다면 프로세스를 사용하는 주체가 다른 시스템이란 점이다. 따라서 정산상태 전송 프로세스는 시스템 인터페이스 형태로 개발될 가능성이 크다.

> **시스템 인터페이스** 혹은 **시스템 간 인터페이스**란, 시스템과 시스템 간에 정보를 주고 받을 수 있는 기능을 말한다. 예를 들어 신용카드로 편의점에서 물건을 샀는데 스마트폰으로 구매 문자를 받는 경우를 생각해보자. 편의점 구매 시스템과 신용카드사 결재 시스템 그리고 통신사 문자전송 시스템간에 유기적으로 정보를 주고 받아야 한다. 이때 필요한 것인 시스템 인터페이스이다.

시스템 인터페이스의 형태는 TCP/IP, 웹, 데이터베이스 링크 등 다양한 방식이 있을 수 있으며 어떤 기술을 사용할 지는 업무의 형태, 데이터 종류, 보안, 기술 여건 등 다양한 상황을 고려해 결정된다.

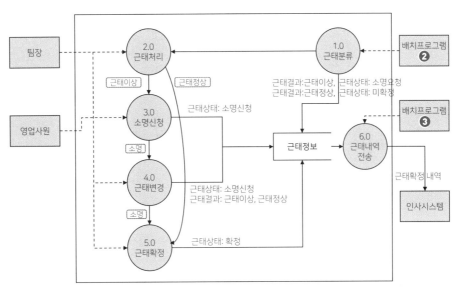

그림 5-11 스마트 영업지원 시스템 근태 처리

근태 처리 업무는 배치 프로그램으로 처리되는 근태 분류 프로세스부터 작업이 시작된다. 요구사항 명세서를 보면 "업체 방문시간 합계가 하루 3시간 이하일 때 근태 이상자 등록"이라는 요구사항이 있다. 이것을 구현하려면 배치 프로그램❷ 형태로 근태 분류 프로세스를 만들고 영업일지 작성 시점에 기록된 시간과 위치 정보를 기반으로 근태를 분류하게 된다.

- 팀장은 분류된 근태 내역을 기반으로 근태처리를 하게 되는데 근태가 정상일 경우 바로 근태를 확정하고 근태에 이상이 있다면 영업사원에게 소명 신청하도록 한다.

- 영업사원은 근태가 정상일 경우 별도의 작업을 하지 않지만, 소명 신청해야 할 내역이 있다면 사유를 입력하고 팀장에서 소명 신청해야 한다.

- 팀장은 영업사원의 소명 신청 내역을 확인하고 근태가 정상인지 아니면 근태에 진짜 이상이 있는지 판단해서 근태 내역을 변경한다.

- 마지막으로 팀장이 근태를 확정하게 되면 근태 처리가 완료된다. 배치 프로그램❸은 근태 처리가 완료되면 확정 내역을 인사 시스템으로 전송하게 된다.

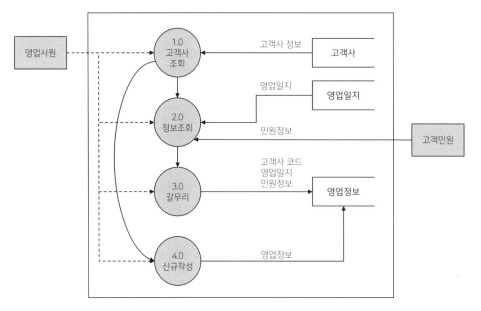

그림 5-12 스마트 영업지원 시스템 영업정보 생성

영업정보 생성 업무는 고객과의 미팅에 사용할 사전 영업정보를 생성하고 관리하는 역할을 담당한다. 영업사원은 고객사 조회 프로세스를 통해 고객사 저장소로부터 고객사 정보를 조회해서 영업정보 생성 업무를 시작한다. 프로세스의 흐름을 보면 모든 영업정보 생성 업무는 고객사 조회 프로세스를 반드시 거쳐야 한다. 이것은 앞으로 진행할 인터페이스 설계에 영향을 미치는 사항이다. 영업정보 생성 화면으로 들어가기 전에 고객사 조회 화면을 배치해야 한다. 가장 일반적으로 사용하는 방법은 고객사 목록을 조회해서 이름을 클릭하면 정보 생성 화면으로 들어가도록 인터페이스를 설계하는 것이다.

정보조회 프로세스를 통해 영업일지 저장소와 고객민원 시스템으로부터 기존에 작성했던 영업일지 정보와 민원정보를 각각 가져올 수 있다. 고객민원 시스템은 스마트 영업지원 시스템과 별도로 존재하는 시스템이므로 중간에 인터페이스를 만들어 데이터를 연동해야 한다. 일반적인 연동방법은 고객민원 시스템에서 필요한 정보만을 조회할 수 있는 뷰View를 만들어주고 뷰에 대한 조회 권한만을 가진 새로운 데이터베이스 접속 아이디를 발급해주는 것이다.

갈무리 프로세스를 통해 영업일지와 민원정보 중 필요한 정보만 별도로 저장해 영업정보 저장소에 저장하면 영업정보 생성이 마무리된다. 데이터 흐름 상에 고객사 코드, 영업일지, 민원정보를 표시했는데 이것은 영업정보 저장소에서 데이터를 저장하는 기준이 된다. 영업정보는 고객사 코드 기반으로 관리된다는 것을 알 수 있다.

영업사원은 기존 정보를 갈무리하는 것 외에 신규작성 프로세스를 통해 새로운 영업정보를 만들 수도 있다. 신규로 작성하는 것 또한 고객사 조회 프로세스를 통해야만 가능하다.

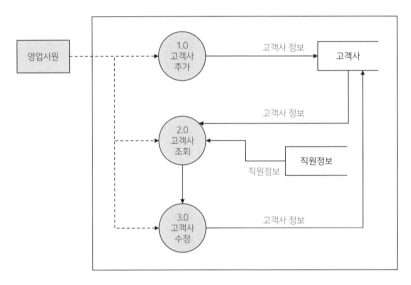

그림 5-13 스마트 영업지원 시스템 고객사 정보 관리

고객사 정보 관리 업무는 '고객사 추가', '조회', '수정' 3개의 프로세스로 구성된다. 고객사 추가 프로세스는 고객사 저장소에 고객사 정보를 추가하는 역할을 수행한다.

고객사 조회 프로세스는 고객사 저장소에서 고객사 정보를 조회하고 직원정보 저장소에서 직원정보를 조회한다. 영업사원은 고객사 조회 프로세스를 통해 고객사와 관련된 모든 정보를 조회할 수 있다.

고객사 수정 프로세스를 고객사 조회 프로세스를 통해 진행되는데 조회한 고객사 관련 정보

중 고객사 정보만을 수정하는 역할을 한다. 직원정보는 조회만 하고 수정할 수 없으며 직원
정보 관리 업무에서 수정할 수 있다.

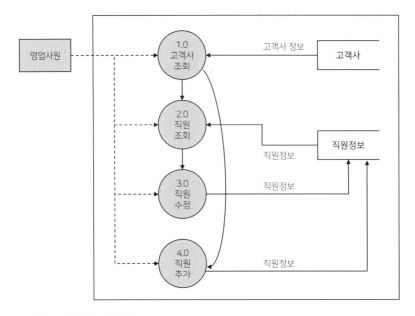

그림 5-14 스마트 영업지원 시스템 직원 정보 관리

직원 정보 관리 프로세스는 '고객사 조회', '직원 조회', '직원 수정', '직원 추가' 모두 4개의 프
로세스로 구성된다. 모든 프로세스는 고객사 조회 프로세스가 시작점이 된다. 따라서 화면을
설계할 때도 고객사를 조회하는 화면이 가장 먼저 나오고 그 화면에서 다른 화면으로 이동
하는 인터페이스를 설계해야 한다.

영업사원은 고객사 조회 프로세스를 통해 고객사 저장소로부터 고객사 정보를 조회할 수 있
다. 다음으로 직원정보 저장소에서 직원정보를 조회할 때 새로운 정보를 추가하거나 정보 갱
신이 필요하면 직원정보를 수정할 수 있다. 고객사 정보를 수정할 수 없으며 다른 업무 화면
을 통해 정보를 수정할 수 있다.

인터페이스 설계

인터페이스 설계란?

인터페이스는 사용자와 시스템이 상호작용 할 수 있도록 입력과 출력을 제공하는 창구 기능을 한다. 웹 프로그래밍 관점에서 인터페이스를 바라보면 브라우저를 사용할 때 우리가 자주 보는 웹사이트 화면이 바로 인터페이스에 해당한다. 물건을 구매할 때 구매 버튼을 클릭하면 인터페이스는 사용자의 요청을 웹 서버로 전달하고 웹 서버에 있는 프로세스는 입력 값에 알맞은 동작을 수행한다. 이러한 데이터를 조회/수정/저장한 후 결과를 다시 인터페이스인 브라우저에 전달한다. 브라우저는 웹 서버가 보내 준 결과를 사용자가 이해할 수 있도록 변경해 화면에 보여준다.

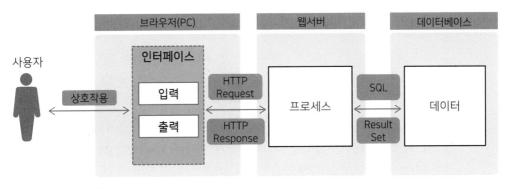

그림 5-15 인터페이스 개념

인터페이스 설계를 시작하기 전 시스템이 제공하는 기능과 데이터를 정의해야 한다. 앞서 살펴봤던 프로세스 설계가 이에 해당한다. 이 단계에서 정의되는 기능과 데이터는 개념적인 수준이다. 설계자는 개념적인 설계도를 머릿속에 가지고 인터페이스 설계를 시작해야 한다. 인터페이스 설계 과정에서 프로세스 설계도DFD 또한 점점 구체화하고 처음 작성했던 것에서 많이 수정되고 개선된다.

인터페이스 설계가 진행되면서 설계자는 논리적 데이터와 물리적 데이터 설계 방향을 머릿속으로 점점 구체화 한다. 설계자는 인터페이스를 만들지만, 인터페이스 안쪽에 있는 프로세스와 데이터가 어떻게 동작하는지를 항상 생각하고 있으므로 인터페이스 설계 과정에서 프로세스와 데이터 설계가 동시에 구체화된다.

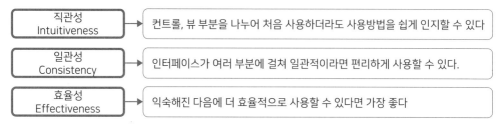

그림 5-16 인터페이스 설계 원칙 (출처: http://www.welshgeek.com/services/prototyping)

인터페이스 설계할 때 일반적으로 많이 고려되는 세 가지 원칙을 살펴보자.

- 첫 번째 인터페이스는 직관적으로 설계되어야 한다. 설명서를 보지 않아도 사용자가 쉽게 사용법을 알수 있도록 설계하는 것이 무엇보다 중요하다. 사용자가 쉽게 사용할 수 있도록 설계하고자 가장 많이 사용하는 방법은 사람들이 많이 사용하고 있는 상용 프로그램들을 참조하는 것이다. 사람들이 익숙한 패턴으로 설계하는 것이 쉽게 이해할 수 있는 인터페이스를 만드는 지름길이다.

- 두 번째 인터페이스는 일관되게 설계되어야 한다. A 화면과 B 화면의 시선 흐름이 서로 다르다면 사용자는 프로그램 이용에 많은 불편을 느낄 수 있다. A 화면에 왼쪽에서 오른쪽으로 위에서 아래로 시각의 흐름이 흘러간다고 하면 다른 프로그램도 같은 흐름의 화면을 만들어야 한다.

- 세 번째 인터페이스는 효율적으로 설계되어야 한다. 구매하기 위해 여러 화면을 오가면서 여러 버튼을 눌러야 하는 인터넷 쇼핑몰이 있다면 사용자는 찾지 않을 것이다. 시간도 오래 걸리고 사용하기도 불편하기 때문이다. 인터페이스를 설계할 때 직관적이고 일관적으로 설계하는 것도 중요하지만 사용자의 클릭 수를 줄여주는 효율성 또한 인터페이스 설계에서 반드시 고려해야 할 특성 중 하나이다.

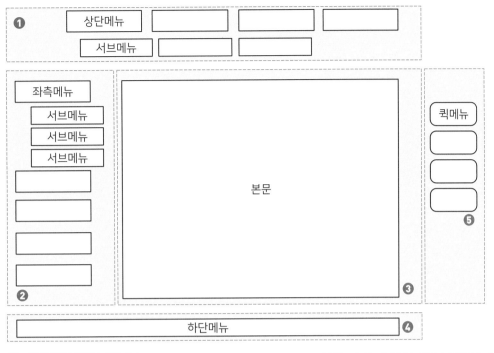

그림 5-17 대표적 인터페이스 설계 방식

인터페이스는 대표적으로 5개의 영역으로 구성된다.

① 상단 메뉴: 대부분 프로그램에서 메뉴가 위치하는 대표적인 영역이다. 상단 메뉴는 보통 메인 메뉴와 서브 메뉴 2단으로 구성되며 메뉴의 종류가 적으면 1단으로도 구성된다.

② 좌측 메뉴: 상단 메뉴와 함께 많이 사용되며 상단 메뉴의 하위 메뉴가 위치한다. 프로그램 종류가 많은 경우 상단 메뉴와 좌측 메뉴 두 개로 구성하며 좌측 메뉴 또한 2단 구성으로 많이 구성된다. 좌측 메뉴의 단점은 본문 공간 일부를 사용한다는 것이다. 프로그램 내용을 보여줄 공간이 줄어들기 때문에 공간이 상대적으로 협소한 모바일 프로그램에서는 좌측 메뉴보다는 상단 메뉴가 많이 선호된다.

③ 본문: 사용자가 요구하는 기능을 표현하는 영역이다. 본문에 복잡한 내용이 많이 들어간

다면 상단 메뉴와 좌측 메뉴 중 하나를 포기하고 본문 영역을 넓히는 경우가 있다. 모바일 화면의 경우 좌우보다는 상하에 많은 공간을 쓸 수 있고 PC 화면의 경우 좌우 공간을 여유롭게 사용할 수 있으므로 어떤 디바이스device를 타깃으로 할지에 따라 설계 패턴이 좌우된다.

④ 하단 메뉴: 웹페이지에서는 주소, 연락처, 관련 사이트를 보여주는 영역으로 많이 사용되고 업무 화면에서 열려있는 페이지 정보를 표현하는 공간으로 많이 활용된다.

⑤ 퀵 메뉴: 자주 사용하는 프로그램을 모아 놓은 공간이다. PC 화면에서는 화면이 스크롤됨에 따라 같이 움직이는 플로팅 방식으로 많이 설계된다.

대부분 프로그램은 5가지 영역을 모두 사용하는 것이 아니라 꼭 필요한 부분만 선택되어 인터페이스가 설계되어 있다. 5가지 영역 중 어떤 영역을 사용해 화면을 설계할지 결정하는 것은 사용하는 디바이스 프로그램의 종류와 사용자의 특성에 따라 많이 좌우된다. 만일 고령층의 대상자가 많다면 메뉴와 본문의 폰트를 크게 하는 게 좋으므로 메뉴 영역을 줄이고 본문 영역을 넓히는 것이 좋다. 업무용으로 PC를 사용하고 다양한 기능을 제공하는 시스템이라면 5개 영역을 모두 활용해 화면을 설계하는 것이 유리하다.

인터페이스 설계 도구는 일반적으로 파워포인트가 많이 사용된다. 하지만 그리드(엑셀의 셀과 같은) 위주의 화면이라면 파워포인트 보다는 엑셀을 사용하는 것이 더 효율적이다.

인터페이스 구성은 프로세스 설계에서 도출한 업무 분류를 많이 따라간다. 프로세스 설계서는 업무 분류가 있고 분류 별 세부 프로세스가 있는데, 이 프로세스들이 서로 어우러져 하나의 업무를 완성한다. 따라서 세부 프로세스를 하나의 업무 분류로 묶었기 때문에 인터페이스를 설계할 때 업무 분류가 '대 메뉴'가 되고 세부 프로세스가 '소 메뉴'로 분류될 수 있다.

하지만, 내부적으로 이루어지는 프로세스와 달리 사용자와 상호작용하는 인터페이스는 약간 성격이 다르므로 인터페이스로 구현되는 화면의 종류는 세부 프로세스와 설계 방식이 조금 다르다. 예를 들어 영업일지를 관리하는 프로세스는 목록조회 프로세스와 세부화면 조회 프로세스가 따로 들어갈 필요가 없다. 모두 정보조회 성격이기 때문이다. 반면 인터페이스의 경우 목록과 세부화면은 엄연히 다른 성격이므로 별도의 화면으로 구성해야 한다.

인터페이스는 프로세스 설계서를 기준으로 작성하지만, 인터페이스의 특성을 반영해 화면이 분할되기도 하고 하나로 합쳐지기도 한다. 인터페이스 설계는 백그라운드에서 실행되는 프로세스와 데이터를 모두 고려해야 하므로 어느 정도 프로그램 개발 경험이 있어야 가능하다. 인터페이스 설계 과정에서 데이터 설계의 윤곽이 그려지며 이를 바탕으로 논리적/물리적 데이터를 설계할 수 있다.

인터페이스 설계 실무사례

스마트 영업지원 시스템 인터페이스는 '대 메뉴', '소 메뉴', '네비게이션', '검색', '본문'으로 구성되어 있다.

'대 메뉴' 부분은 전체적인 업무 흐름을 알 수 있도록 구성했다. 메뉴 왼쪽부터 업무가 시작되고 메뉴 맨 오른쪽으로 갈수록 업무가 종료되는 구조로 되어 있다. 로그인했을 때 처음으로 나오는 화면이 나의 메뉴이고 영업일지 관리부터 시작해 관리자가 사용하는 시스템 순으로 '대 메뉴가' 배치되어 있다.

'소 메뉴' 부분은 대 메뉴를 세부적인 업무로 나누어 구성했다. 왼쪽부터 가장 많이 사용하거나 업무 순서가 가장 빠른 화면으로 배치했다. 영업일지 관리는 날짜별 목록, 고객사별 목록, 영업일지 관리, 결재관리로 구성된다.

'네비게이션'은 전체 시스템에서 현재 내가 보고 있는 화면이 어디에 해당하는지 알려주고 상위 메뉴로 갈 수 있는 링크를 제공한다. 현재 보고 있는 화면이 날짜별 목록이라면 네비게이션은 상위 메뉴인 영업일지 관리와 하위 메뉴인 날짜별 목록으로 구성된다.

'검색'은 목록에 있는 항목에서 사용자가 원하는 내용을 검색할 수 있는 기능을 제공한다. 모든 리스트를 보여주는 메뉴에서 검색 기능을 제공한다.

'본문'은 화면에서 제공하는 기능을 보여주는 부분이다. 목록을 제공하는 화면에서는 본문에 리스트를 보여주며 상세 내역을 보여주는 화면에서는 본문에 구체적인 내용과 각 항목을 수정 또는 변경할 수 있는 기능을 제공한다. 목록을 보여주는 화면에서는 하단에 화면이 페이징 될 수 있도록 구성했다.

▌나의 메뉴

먼저 인터페이스 설계 문서의 구성을 살펴보면 왼쪽에는 인터페이스가 있고 오른쪽에는 인터페이스에 대한 자세한 설명이 있다. 오른쪽 설명란에는 데이터베이스 설계나 프로그램 코딩할 때 의사결정에 필요한 많은 내용이 들어있다.

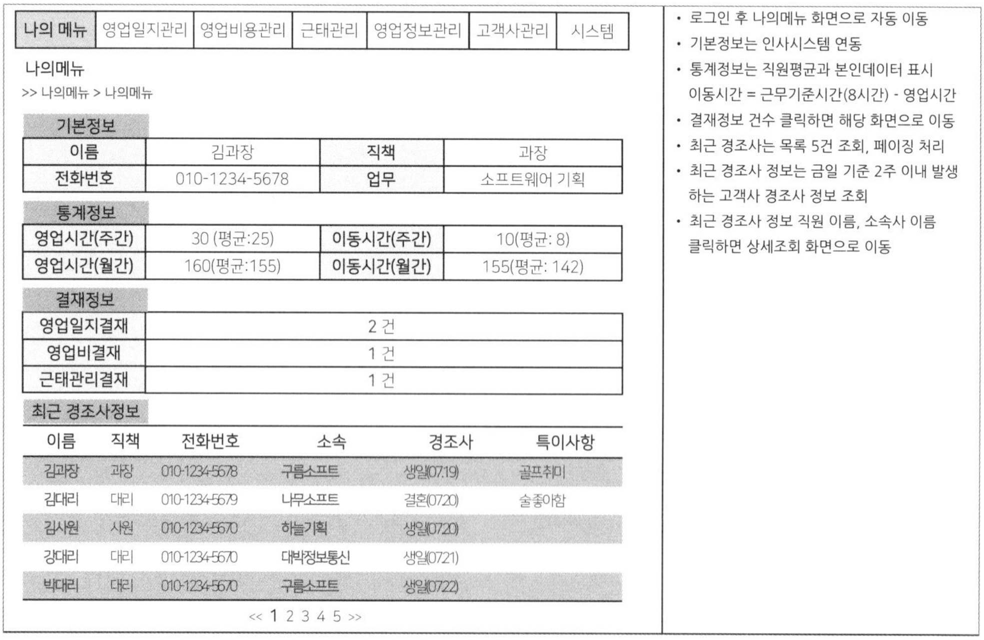

나의 메뉴	영업일지관리	영업비용관리	근태관리	영업정보관리	고객사관리	시스템

나의메뉴
>> 나의메뉴 > 나의메뉴

기본정보

이름	김과장	직책	과장
전화번호	010-1234-5678	업무	소프트웨어 기획

통계정보

영업시간(주간)	30 (평균:25)	이동시간(주간)	10(평균: 8)
영업시간(월간)	160(평균:155)	이동시간(월간)	155(평균: 142)

결재정보

영업일지결재	2 건
영업비결재	1 건
근태관리결재	1 건

최근 경조사정보

이름	직책	전화번호	소속	경조사	특이사항
김과장	과장	010-1234-5678	구름소프트	생일(07.19)	골프취미
김대리	대리	010-1234-5679	나무소프트	결혼(07.20)	술종아함
김사원	사원	010-1234-5670	하늘기획	생일(07.20)	
강대리	대리	010-1234-5670	대박정보통신	생일(07.21)	
박대리	대리	010-1234-5670	구름소프트	생일(07.22)	

<< 1 2 3 4 5 >>

- 로그인 후 나의메뉴 화면으로 자동 이동
- 기본정보는 인사시스템 연동
- 통계정보는 직원평균과 본인데이터 표시
  이동시간 = 근무기준시간(8시간) - 영업시간
- 결재정보 건수 클릭하면 해당 화면으로 이동
- 최근 경조사는 목록 5건 조회, 페이징 처리
- 최근 경조사 정보는 금일 기준 2주 이내 발생하는 고객사 경조사 정보 조회
- 최근 경조사 정보 직원 이름, 소속사 이름 클릭하면 상세조회 화면으로 이동

그림 5-18 나의 메뉴

나의 메뉴는 로그인했을 때 처음으로 나오는 화면이다. 기본정보, 통계정보, 결재정보, 최근 경조사 정보로 구성된다. 먼저 '기본정보'는 로그인한 사용자의 기본 인사정보를 보여준다. 사용자와 관련된 정보가 있지만, 고객과 협의를 거쳐 좁은 스마트폰 화면에서 봐야 하는 필

수 정보만을 화면에 배치했다.

'통계정보'는 영업 활동에 대한 통계정보를 보여준다. 화면 설계서 오른쪽에는 통계정보를 작성하기 위한 기준들이 설명되어 있다. 이를 기반으로 데이터를 뽑아 통계정보를 보여줄 수 있도록 화면을 구성했다. 이 기준 또한 고객과의 협의를 거쳐 결정된다. 인터페이스 설계 과정에서도 고객과의 긴밀한 협의는 필수적이다. 고객이 가장 잘 이해할 수 있는 산출물이 인터페이스 설계서이다. 따라서 설계 과정에서 설계자와 고객 사이에 가장 많은 의사소통이 이루어지는 부분이 인터페이스 설계서 작성 단계이다. 설계자 또한 인터페이스 설계하면서 시스템을 가장 많이 구체화할 수 있다.

'결재정보'는 현재 결재 중인 내역을 숫자로 보여준다. 스마트 영업지원 시스템에서 결재업무는 모두 세 종류가 있으며 각각의 업무에 몇 건의 결재가 진행 중인지 표시해주며 숫자를 클릭하면 해당 결재 목록 화면으로 이동하게 된다.

마지막으로 '최근 경조사 정보'가 나온다. 요구사항 명세서에 나오는 경조사 알람 기능을 구현한 화면인데 영업사원에서 별도의 문자 메시지나 이메일을 보내지 않고 스마트 영업지원 시스템에 로그인했을 때 첫 화면에서 확인할 수 있도록 구현했다. 이름과 소속을 클릭하면 상세화면으로 이동하도록 설계했다.

영업일지 관리

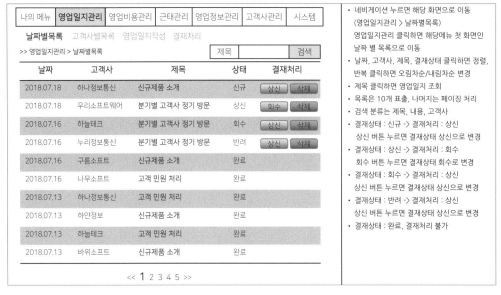

그림 5-19 영업일지 관리 날짜별 목록

날짜별 목록 화면은 작성된 모든 영업일지 목록을 일자별로 보여주는 기능을 제공한다. 목록 화면은 날짜, 고객사, 제목, 상태, 결재처리 항목으로 구성된다. 상단 제목(날짜, 고객사, 제목, 상태)을 클릭하면 오름차순, 내림차순으로 화면이 각각 정렬된다. 목록에 보여주는 내용역시 일차적으로 설계자가 선택하고 고객과의 인터뷰를 통해 최종 확정된다.

영업사원이 결재 처리하는 부분은 별도의 화면을 구성하지 않고 영업일지 목록 화면에서 바로 처리할 수 있도록 구성했다. 결재처리에 결재자 지정, 결재 서식 등 많은 기능이 들어가 있지 않고 팀장에게 단순히 결재만 올리면 된다는 상황을 가정했다. 처리 상태에 따라 결재처리 항목에 나오는 버튼의 종류가 다르며 버튼 클릭만으로 영업사원 결재처리가 완료될 수 있도록 구성했다.

제목을 클릭하면 영업일지에 대한 상세 내역을 볼 수 있으며 결제처리 항목 오른쪽에 있는 삭제 버튼을 누르면 작성된 영업일지를 바로 삭제할 수 있다.

| 나의 메뉴 | **영업일지관리** | 영업비용관리 | 근태관리 | 영업정보관리 | 고객사관리 | 시스템 |

날짜별목록　**고객사별목록**　영업일지작성　결재처리

>> 영업일지관리 > 고객사별목록　　　　　　　　　제목 [   ]　[검색]

고객사	최종방문일	제목	상태	결재처리
구름소프트	2018.07.16	고객 민원 처리	신규	[상신] [삭제]
나무소프트	2018.06.12	고객 민원 처리	상신	[회수] [삭제]
누리정보통신	2018.04.16	분기별 고객사 정기 방문	회수	[상신] [삭제]
바위소프트	2018.02.13	분기별 고객사 정기 방문	반려	[상신] [삭제]
우리소프트웨어	2017.12.18	신규제품 소개	완료	
하나정보통신	2017.11.13	고객 민원 처리	완료	
하늘테크	2017.08.16	고객 민원 처리	완료	
하얀정보	2017.07.13	신규제품 소개	완료	
하안정보통신	2017.06.28	고객 민원 처리	완료	
하중소프트	2017.02.28	신규제품 소개	완료	

<< 1 2 3 4 5 >>

- 영업일지 고객사별 목록 조회
- 날짜, 고객사, 제목, 결재상태 클릭하면 정렬, 반복 클릭하면 오림차순/내림차순 변경
- 고객사 클릭하면 영업일지 목록이 조회 2단계 리스트
- 제목 클릭하면 영업일지 조회
- 영업일지 목록 10개 표출, 나머지 페이징
- 고객사 목록 10개 표출, 나머지는 페이징 처리
- 검색 분류는 제목, 내용, 고객사
- 결재상태, 결재처리는 날짜별목록과 동일

그림 5-20 영업일지 관리 고객사별 목록

고객사별 목록 화면은 영업일지 목록을 고객사 중심으로 보여주는 기능을 제공한다. 목록은 이중으로 구성되어 있는데 맨 바깥쪽에 있는 목록은 고객사를 보여준다. 아래에 있는 페이징 처리 항목을 클릭하면 다음 목록의 고객사를 보여준다. 안쪽에 있는 목록은 바깥쪽에 선택한 고객사와 관련해서 작성된 영업일지 목록을 보여준다. 아래쪽 두 번째 페이징 처리 항목을 클릭하면 다른 날짜에 작성된 영업일지를 조회할 수 있다. 상태와 결재처리 항목의 기능은 날짜별 목록과 같다.

고객사별 목록 화면을 이중 목록으로 구성한 것은 설계자의 경험에서 나온 것이다. 목록을 이중으로 구성하게 되면 화면 구성이 복잡해질 수 있지만 맨 바깥쪽 목록 즉, 고객사 중심으로 영업일지 목록을 조회할 수 있는 장점이 있다. 인터페이스를 구조화해 기능성을 향상한 것이다.

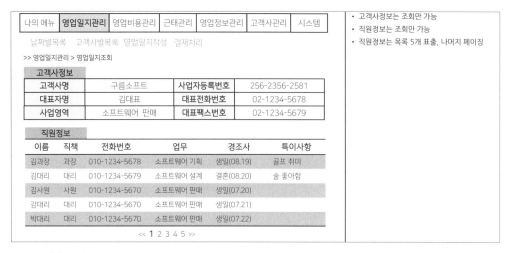

그림 5-21 영업일지 관리 영업일지 조회 1/3

영업일지 조회 화면은 작성된 영업일지를 조회하고 내용을 수정할 수 있는 기능을 제공한다. 앞에서 설명한 목록조회 화면에서 제목을 클릭하면 영업일지 조회 화면으로 이동한다. 영업일지 조회 화면은 '고객사 정보', '직원정보', '영업일지 작성', '영업정보', '영업위치' 5개 항목으로 구성된다.

'고객사 정보' 항목은 고객사에 대한 고객사명, 사업자등록번호, 대표자명, 연락처와 같은 기본 정보를 보여준다. 정보를 조회할 수 있지만 수정은 불가능 하다. 영업일지 조회에서는 영업일지와 관련된 기능에 초점을 맞추고 있으며 고객사 정보와 직원정보는 다른 화면에서 수정할 수 있다.

'직원정보' 항목은 고객사에서 근무하는 직원에 대한 정보를 보여준다. 한 고객사에 여러 명의 직원이 근무할 수 있기 때문에 목록 형태로 보여주며 정보 내용이 간단하기 때문에 별도의 상세 페이지를 구성하지 않았다. 만일 직원의 정보양이 많다면 상세 페이지를 구성해야 하지만 핵심적인 것은 연락처, 업무, 경조사, 특이사항 정도이기 때문에 별도의 페이지를 구성하지 않았다.

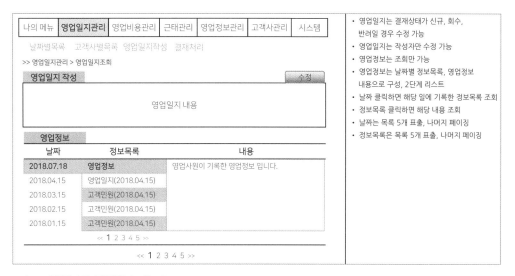

그림 5-22 영업일지 관리 영업일지 조회 2/3

'영업일지 작성' 항목은 기존에 작성된 내용을 보여주고 영업일지 결재 상태가 신규, 회수, 반려일 경우에는 수정할 수 있다. 인터페이스 명세서에 간단한 보안 기능도 적어 놓았는데 작성자만 수정할 수 있다는 제약조건이 있다. 이처럼 인터페이스 설계할 때 설계 당시에 알 수 있는 정보는 같이 기록해 두는 것이 좋다.

'영업정보' 항목은 날짜별 고객사별로 작성된 영업정보를 보여준다. 영업일지 작성하는 시점에 참고한 자료를 보여줌으로써 영업일지 내용에 대한 이해도를 향상할 수 있다.

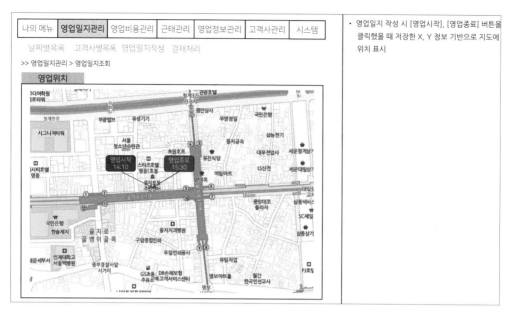

그림 5-23 영업일지 관리 영업일지 조회 3/3

'영업 위치 정보'는 영업일지 작성할 때 입력된 위치 정보를 네이버 지도와 연동해 시각적으로 표현해 주는 역할을 한다. 근태 처리를 할 때 근태 이상으로 기록된 경우 관리자는 영업 위치를 참고해서 근태 처리를 어떻게 할지 결정할 수 있다.

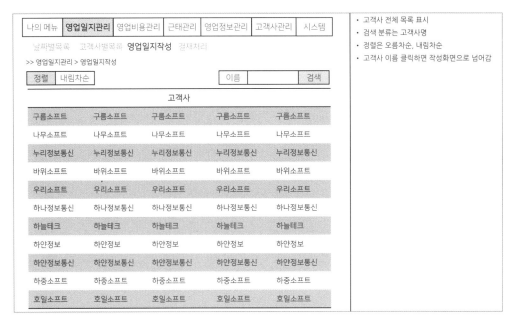

나의 메뉴 **영업일지관리** 영업비용관리 근태관리 영업정보관리 고객사관리 시스템

날짜별목록 고객사별목록 **영업일지작성** 결재처리

>> 영업일지관리 > 영업일지작성

| 정렬 | 내림차순 | | 이름 | | 검색 |

고객사

구름소프트	구름소프트	구름소프트	구름소프트	구름소프트
나무소프트	나무소프트	나무소프트	나무소프트	나무소프트
누리정보통신	누리정보통신	누리정보통신	누리정보통신	누리정보통신
바위소프트	바위소프트	바위소프트	바위소프트	바위소프트
우리소프트	우리소프트	우리소프트	우리소프트	우리소프트
하나정보통신	하나정보통신	하나정보통신	하나정보통신	하나정보통신
하늘테크	하늘테크	하늘테크	하늘테크	하늘테크
하얀정보	하얀정보	하얀정보	하얀정보	하얀정보
하얀정보통신	하얀정보통신	하얀정보통신	하얀정보통신	하얀정보통신
하중소프트	하중소프트	하중소프트	하중소프트	하중소프트
호일소프트	호일소프트	호일소프트	호일소프트	호일소프트

- 고객사 전체 목록 표시
- 검색 분류는 고객사명
- 정렬은 오름차순, 내림차순
- 고객사 이름 클릭하면 작성화면으로 넘어감

그림 5-24 영업일지 관리 영업일지 작성 1/3

영업일지 작성 화면은 고객사별로 영업일지를 새로 만들 수 있는 기능을 제공한다. 상단에 영업일 작성 소메뉴를 클릭하면 본문에는 고객사 목록이 나온다. 영업일지를 작성할 때 고객사 기준으로 만들기 때문에 고객사 목록이 보이며 고객사 이름을 클릭하면 작성 화면으로 넘어가게 된다.

고객사 목록은 별도의 페이징 처리 없이 하나의 화면에 모두 보여준다. 고객사가 백 개 이내이기 때문에 페이징 처리 없이 한 화면으로 처리하는 것이 업무에 유리하다는 가정을 했다. 이것 또한 고객과 업무협의를 거쳐 결정해야 한다.

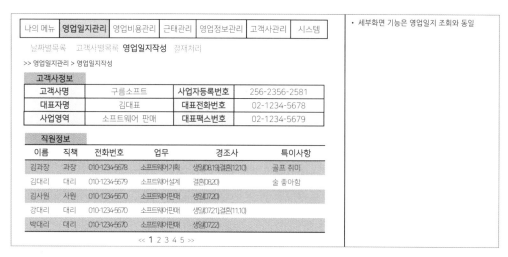

| | 세부화면 기능은 영업일지 조회와 동일 |

그림 5-25 영업일지 관리 영업일지 작성 2/3

영업일지 작성 화면은 고객사 정보, 직원정보, 영업일지 작성, 영업정보 4개 항목으로 구성된다. 고객사 정보와 직원정보 항목은 영업일지 조회 화면과 기능이 같다.

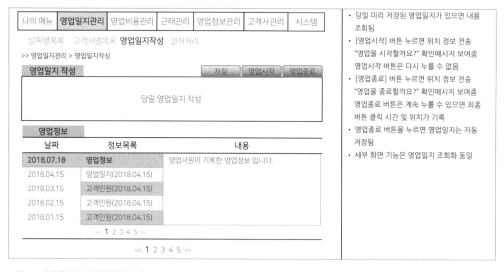

그림 5-26 영업일지 관리 영업일지 작성 3/3

영업일지 작성 항목은 새로운 영업일지를 입력하고 저장하는 기능을 제공하며 영업 시작과 영업 종료 버튼을 제공해 영업 시작 전 시작 버튼을 누르고, 영업이 끝났을 때 종료 버튼을 누르면 시간과 위치 정보가 서버로 전송된다.

인터페이스 설계서에 버튼을 눌렀을 때 나오는 팝업창 메시지 내용까지 기록하면 개발 시점에 고객과 의사소통 해야 하는 횟수를 줄일 수 있다. 아래에 나오는 영업정보 항목은 영업일지 조회 화면과 기능이 같다.

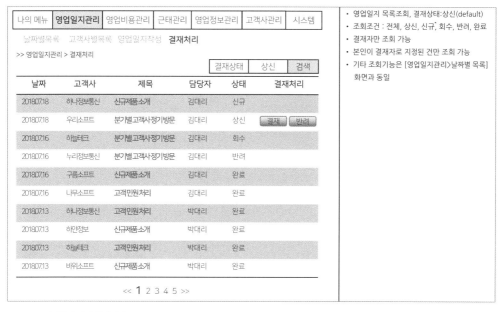

그림 5-27 영업일지 관리 결재처리

'결재처리' 화면은 관리자가 사용하는 화면으로써 영업사원이 결재 올린 영업일지를 결재완료 처리하거나 반려할 수 있는 기능을 제공한다. 결재하기 전에 관리자는 영업일지 내용을 확인할 수 있어야 하므로 제목을 클릭하면 영업일지 조회 화면으로 이동할 수 있다. 결재처리 항목에는 결재와 반려 버튼이 모두 활성화되어 있으며 결재완료 된 영업일지 목록에는 버튼이 제거되어 있다. 결재처리 화면 또한 결재와 관련된 다양한 기능을 제공하기보다는 결재와 반려라는 단순한 기능을 제공함으로써 영업일지와 영업비용 업무 외 부가적인 기능을 최소화하고 있다.

┃영업비용 관리

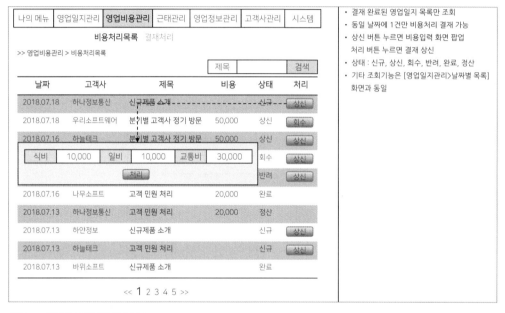

영업비용관리 > 비용처리목록					
날짜	고객사	제목	비용	상태	처리
2018.07.18	하나정보통신	신규제품 소개		신규	상신
2018.07.18	우리소프트웨어	분기별 고객사 정기 방문	50,000	상신	회수
2018.07.16	하늘테크	분기별 고객사 정기 방문	50,000	상신	상신

- 결재 완료된 영업일지 목록만 조회
- 동일 날짜에 1건만 비용처리 결재 가능
- 상신 버튼 누르면 비용입력 화면 팝업
  처리 버튼 누르면 결재 상신
- 상태 : 신규, 상신, 회수, 반려, 완료, 정산
- 기타 조회기능은 [영업일지관리]날짜별 목록]
  화면과 동일

그림 5-28 영업비용 관리 비용처리 목록

비용처리 목록은 기본적으로 결재 완료된 영업일지 목록을 보여주게 설계했다. 영업비용 결재를 상신하려면 상신 버튼을 클릭하고 팝업으로 나오는 화면에 식비, 일비, 교통비를 숫자로 입력하면 된다. 목록 화면에서 결재 과정에 필요한 모든 기능을 제공하고 있다.

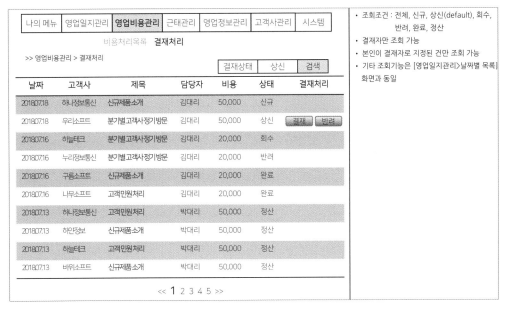

그림 5-29 영업비용 관리 결재처리

결재처리 화면은 관리자가 사용하는 화면으로 영업사원이 영업비용 결재 올린 내역을 검토하고 결재하거나 반려하는 기능을 제공한다. 영업내역을 확인해야 하므로 제목을 클릭하면 관련 사항을 확인할 수 있는 화면으로 이동한다.

▮ 근태관리

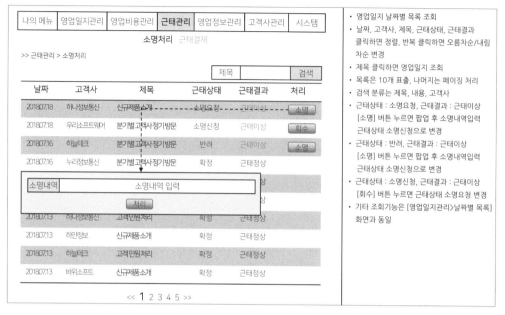

그림 5-30 근태관리 소명처리

소명처리 인터페이스 설계서를 확인하기 전에 먼저 프로세스 설계서의 근태처리를 살펴봐야 한다. 프로세스 설계서에는 배치 프로그램에서 근태가 분류된 후 팀장은 근태가 정상이면 근태를 확정하고 근태가 이상이 있다면 영업사원에게 소명신청을 요청하는 것으로 설계되어 있다.

하지만 인터페이스 설계 과정에서 고객과의 협의를 통해 근태 이상일 경우 영업사원에게 팀장이 소명을 요청하는 것이 아니라 배치 프로그램에서 근태 이상으로 분류되면 자동으로 소명을 요청하는 것으로 변경했다. 이럴 때 프로세스 설계도에 변경 내역을 반영해서 내용을 갱신해야 한다. 이 부분은 독자의 몫으로 남겨두도록 하겠다.

배치 프로그램에서 근태에 이상이 있다고 판단하면 근태 상태를 소명요청으로 설정하고 근태 결과를 근태 이상으로 설정해 영업사원에게 소명을 요청한다. 영업사원은 오른쪽에 있는 소명 버튼을 누르고 팝업창에 소명 내역을 입력한 다음 처리 버튼을 눌러 근태 소명신청 한다. 그러면 근태 상태는 소명신청으로 바뀌게 된다.

소명 신청한 내역을 다시 작성하고 싶다면 회수를 할 수 있고 결재자가 반려하면 영업사원은 다시 소명신청을 할 수 있다.

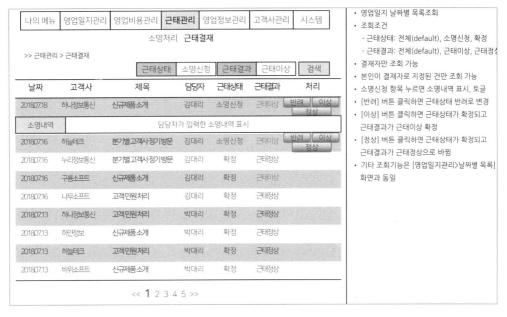

그림 5-31 근태관리 근태결재

근태결재는 관리자가 사용하는 화면이다. 영업일지를 날짜별로 조회해서 근태결재를 할 수 있는데 근태 결과가 정상인 건은 조회만 가능하고 근태 상태가 소명신청일 경우 관리자는 영업사원이 소명 신청한 내역을 '반려' 버튼을 눌러 반려처리 하거나 소명이 근거가 없다고 판단되는 경우 '이상' 버튼을 눌러 근태 이상으로 확정할 수 있다. 또한, 소명 내역이 타당할 경우 '정상' 버튼을 눌러 근태를 정상으로 변경할 수 있다.

▌영업정보관리

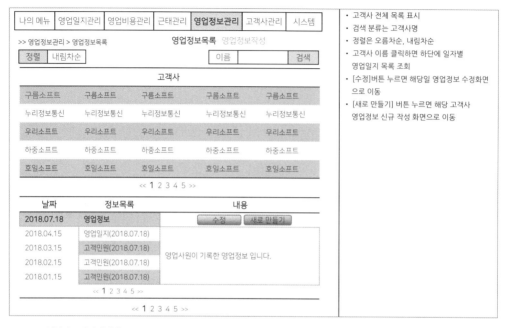

| 나의 메뉴 | 영업일지관리 | 영업비용관리 | 근태관리 | **영업정보관리** | 고객사관리 | 시스템 |

>> 영업정보관리 > 영업정보목록   **영업정보목록** 영업정보작성

| 정렬 | 내림차순 | 이름 [   ] [검색]

고객사

구름소프트	구름소프트	구름소프트	구름소프트	구름소프트
누리정보통신	누리정보통신	누리정보통신	누리정보통신	누리정보통신
우리소프트	우리소프트	우리소프트	우리소프트	우리소프트
하중소프트	하중소프트	하중소프트	하중소프트	하중소프트
호일소프트	호일소프트	호일소프트	호일소프트	호일소프트

<< 1 2 3 4 5 >>

날짜	정보목록	내용
2018.07.18	**영업정보**	[수정] [새로 만들기]
2018.04.15	영업일지(2018.07.18)	
2018.03.15	고객민원(2018.07.18)	영업사원이 기록한 영업정보 입니다.
2018.02.15	고객민원(2018.07.18)	
2018.01.15	고객민원(2018.07.18)	

<< 1 2 3 4 5 >>

<< 1 2 3 4 5 >>

- 고객사 전체 목록 표시
- 검색 분류는 고객사명
- 정렬은 오름차순, 내림차순
- 고객사 이름 클릭하면 하단에 일자별 영업일지 목록 조회
- [수정]버튼 누르면 해당일 영업정보 수정화면으로 이동
- [새로 만들기] 버튼 누르면 해당 고객사 영업정보 신규 작성 화면으로 이동

그림 5-32 영업정보 관리 영업정보 목록

영업정보 목록 화면을 살펴보자. 영업정보 목록은 상단에 모든 고객사 목록이 보이고, 고객사를 누르면 아래는 고객사와 관련된 영업정보 목록이 날짜별로 조회된다. 고객사 목록은 사용할 수 있는 공간이 작기 때문에 5줄만 보여주고 나머지는 페이징 처리된다. 원하는 고객사를 쉽게 검색할 수 있게 화면 상단에 검색 기능을 추가했다.

화면 아래에 날짜별 영업정보 목록은 이중으로 표시되는데 가장 바깥에는 영업정보가 저장된 날짜가 표시되고 날짜를 클릭하면 해당 날짜에 갈무리되고 만들어진 영업정보 목록이 표시된다. 영업일지 또는 고객민원을 클릭하면 화면 오른쪽에 300자 정도의 내용을 볼 수 있다. 위에 있는 '수정' 버튼을 클릭하면 해당 날짜의 영업정보를 수정할 수 있으며 '새로 만들기'버튼을 누르면 해당 고객사에 새로운 영업정보를 생성할 수 있다.

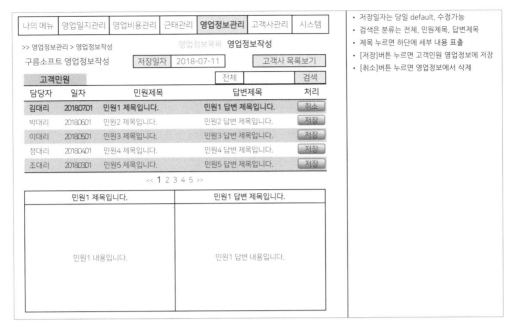

그림 5-33 영업정보 관리 영업정보 작성 1/3

영업정보 작성 화면을 살펴보자. 화면에 들어가는 내용이 많기 때문에 인터페이스 설계서를 모두 3장으로 구성했다. 고객민원 부분을 살펴보면 선택한 고객사와 관련된 민원 정보를 민원 시스템에서 가져와 담당자, 일자, 제목을 간단하게 보여준다. '저장' 버튼을 누르면 해당 민원이 영업정보로 저장되며, 저장된 민원은 오른쪽에 '취소' 버튼이 나오게 된다. '취소' 버튼을 누르면 영업정보에 저장된 민원은 삭제된다.

화면 아래는 고객 민원과 답변 내용을 볼 수 있는 화면이 들어가 있다. 위에 있는 민원 목록을 누르면 전체 민원 내용과 답변 내용을 볼 수 있으며 내용이 많을 경우 화면에 스크롤이 생겨 아래로 이동하면서 모든 내용을 확인할 수 있다.

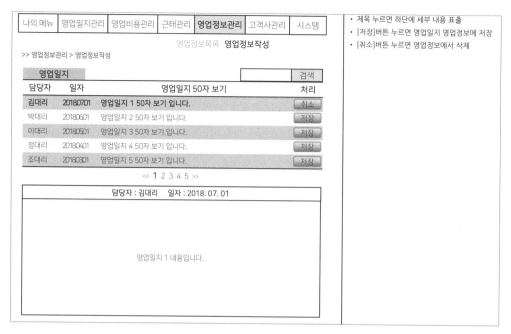

그림 5-34 영업정보 관리 영업정보 작성 2/3

다음으로 과거에 작성한 영업일지를 조회할 수 있는 화면이 나온다. 위에는 영업일지 목록이 나오지만, 특이한 점은 일자 옆에 영업일지 내용 중 앞부분 50자만 잘라서 보여주는 부분이 있다. 본문 내용을 읽지 않고 필요한 영업일지인지 판단하는 용도로 활용할 수 있다. 오른쪽에 있는 처리 버튼을 누르면 영업일지가 영업정보로 저장되거나 영업정보에서 삭제된다. 목록을 클릭하면 앞서 설명한 화면과 마찬가지로 내용이 표시 된다.

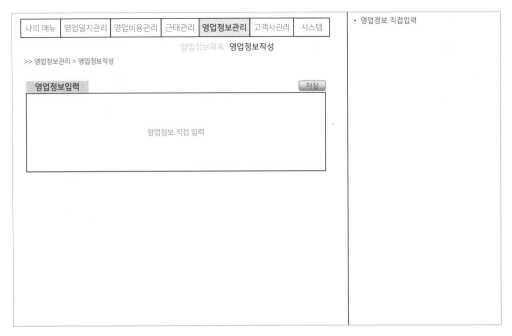

그림 5-35 영업정보 관리 영업정보 작성 3/3

마지막으로 영업정보를 영업사원이 직접 입력하는 화면이다. 내용을 텍스트로 입력하고 저장 버튼을 누르면 저장이 완료된다. 이미지를 넣고 파일을 첨부하는 기능은 고려하지 않았다. 이 부분은 독자의 몫으로 남기겠다. 본문에 이미지를 넣고 파일을 첨부할 수 있는 화면을 만들어보고 관련해서 테이블 설계서도 같이 변경해 보도록 하자.

고객사관리

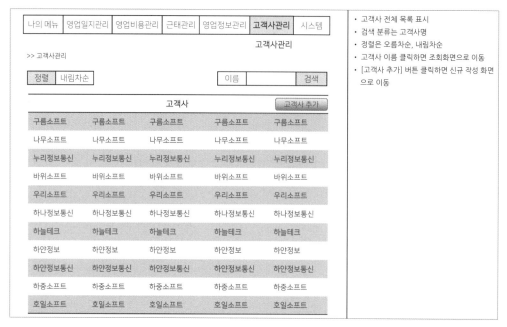

그림 5-36 영업정보 관리 고객사 조회

고객사 관리 첫 화면에는 모든 고객사 목록이 표시된다. 고객사가 100개 이하라고 가정했으므로 별도로 페이징 처리를 하지 않는다. 고객사 이름을 클릭하면 고객사 정보 조회 화면으로 이동하고 '고객사 추가' 버튼을 클릭하면 고객사 정보를 새로 입력할 수 있는 화면으로 이동한다.

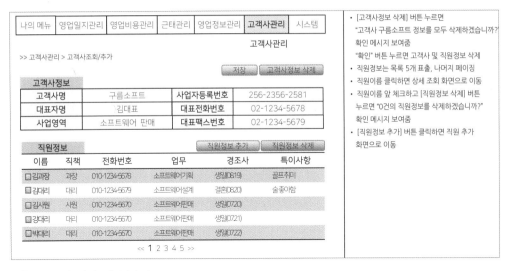

그림 5-37 영업정보관리 고객사관리 1/2

고객사 조회 화면과 추가 화면의 구성은 동일하다. 고객사 정보 항목에서는 고객사 일반 정보를 간단하게 입력할 수 있다. 위에 '저장' 버튼을 누르면 고객사 정보를 저장할 수 있고 '고객사 정보 삭제' 버튼을 누르면 고객사 관련 정보가 모두 삭제된다. 삭제하기 전 "고객사 구름소프트 정보를 모두 삭제하겠습니까?"라는 확인 창을 반드시 보여주도록 한다.

직원정보 항목에서는 직원정보를 목록 형태로 보여주고 직원이 5명 이상 등록되어 있으면 페이징 처리가 된다. '직원정보 추가'나 직원 이름을 클릭하면 직원정보 조회/추가 화면으로 이동한다. 삭제할 직원 이름을 체크하고 '직원정보 삭제' 버튼을 클릭하면 선택한 직원정보가 삭제된다. 삭제하기 전 삭제 여부를 묻는 창을 반드시 보여준다.

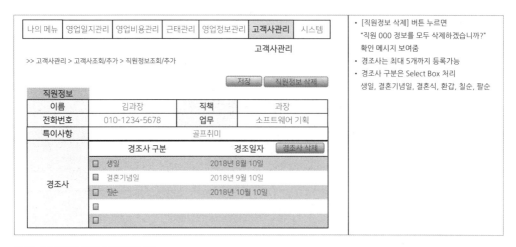

그림 5-38 영업정보관리 고객사관리 2/2

직원정보 조회/추가 화면에서는 직원정보를 조회하고 삭제하거나 추가할 수 있다. 아래 경조사 부분에서는 모두 5건의 경조사를 입력할 수 있고 삭제가 필요한 경조사는 체크하고 '경조사 삭제' 버튼을 눌러 삭제할 수 있다. 위에 있는 '직원정보 삭제' 버튼을 누르면 화면에서 조회하고 있는 직원 정보가 삭제된다. 삭제하기 전 확인 창을 반드시 보여줘야 한다.

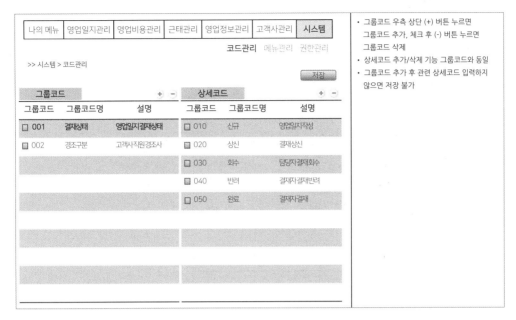

그림 5-39 시스템 코드관리

프로세스 설계서에는 없지만 시스템을 운영하기 위해 반드시 필요한 시스템 관리 기능을 살펴보자. 코드관리 화면은 그룹코드와 그룹코드에 딸린 상세코드 부분으로 구성된다. 예를 들어 결재상태의 코드를 등록한다고 할 때, '결재상태'를 하나의 그룹으로 관리하고 신규/상신/회수/반려/완료 등의 결재 상태를 단계별로 각각의 코드로 관리한다. 그룹코드와 상세코드를 등록할 때 이해하기 쉽도록 반드시 설명을 붙여줘야 한다.

그림 5-40 시스템 메뉴관리

메뉴관리 화면은 메뉴그룹과 메뉴 리스트로 관리된다. 스마트 영업지원 시스템은 2단계 메뉴 구조를 가지고 있다. 따라서 최상위 메뉴 - 상위 메뉴 - 하위 메뉴 방식으로 메뉴가 구성된다. 최상위 메뉴의 경우 DB에 미리 입력되어 있다고 가정하고 별도로 등록하는 기능을 만들지 않았다.

상위 메뉴는 나의 메뉴, 영업일지 관리, 영업비용 관리, 근태관리 등 화면 상단에 나오는 메뉴로 구성되는데 최상위 메뉴를 선택하고 레벨 1로 등록하면 된다. 메뉴 상세 정보에는 메뉴를 식별하는 메뉴 ID와 메뉴 레벨, 메뉴 명, 메뉴의 정렬 순서를 나타내는 메뉴 순서, 상위 메뉴 아이디 그리고 브라우저에서 접근 가능한 메뉴 주소로 구성된다.

하위 메뉴는 상위 메뉴를 선택하고 메뉴 리스트 영역에 입력하면 되는데 레벨을 2로 등록하면 된다. 다른 사항은 상위 메뉴 등록하는 것과 동일하다.

| 나의 메뉴 | 영업일지관리 | 영업비용관리 | 근태관리 | 영업정보관리 | 고객사관리 | **시스템** |

코드관리　메뉴관리　**권한관리**

>> 시스템 > 권한관리

[저장]

- 메뉴리스트에서 메뉴를 선택하면 사용자리스트에 직원 목록 표출
- 조회, 저장 항목에 있는 체크 박스를 선택하고 [저장] 버튼을 누르면 권한 부여

메뉴리스트

메뉴 그룹	메뉴 리스트
나의 메뉴	**나의 메뉴**
영업일지관리	나의메뉴
영업일지관리	날짜별목록
	고객사별목록
	영업일지작성
	결재처리
영어비용관리	비용처리목록
	결재처리

사용자리스트

부서명	사원번호	이름	조회	저장
영업팀	08001	김영업	☑	☑
영업팀	07002	김관리	☑	☑
영업팀	07002	김관리	☐	☐
영업팀	07002	김관리	☐	☐
영업팀	07002	김관리	☐	☐
영업팀	07002	김관리	☐	☐
영업팀	07002	김관리	☐	☐

그림 5-41 시스템 권한관리

권한관리 화면은 메뉴 리스트와 사용자 리스트로 구성된다. 권한을 부여할 메뉴를 메뉴 리스트에서 선택하고 사용자 리스트에서 누구에게 어떤 권한(조회, 저장)을 부여할지 선택하면 된다. 사용자는 인사 시스템과 연동해서 데이터베이스에 자동으로 추가되어 별도로 관리하지 않으므로 권한관리 화면에서 추가나 삭제 버튼이 존재하지 않는다.

5.4 데이터 설계

데이터 설계란?

데이터 설계란 시스템에서 사용하는 데이터를 찾아내 데이터베이스에 저장할 테이블의 구조를 디자인하고 기본키, 외래키, 인덱스 등의 관리 요소를 계획하는 작업이다. 재무적으로 기

업은 직원, 부동산, 유가증권, 법인등록증 등으로 구성되지만, 시스템적으로 기업은 데이터로 이루어져 있다. 기업이 가지고 있는 데이터베이스에 부동산, 직원정보, 영업비밀, 거래처 정보 등 영업 활동과 기업 존재에 관한 모든 정보가 들어있기 때문이다. 엔터프라이즈 시스템의 핵심은 바로 이러한 데이터를 어떻게 잘 관리하고 활용하느냐에 있다.

그림 5-42 데이터 설계 절차

데이터 설계는 '요구사항 분석'부터 시작한다. 시스템을 구축하기 위해 필요한 데이터가 무엇이고 이것을 어떻게 관리해야 할지 요구사항 명세서, 프로세스 설계서, 인터페이스 설계서를 참고한다.

'개념 데이터 설계'는 관리하고자 하는 정보와 그 정보간에 어떤 관계가 있는지 설계하는 단계이다. 세부적인 속성을 정의하지 않으며 단지 어떤 데이터가 있고 다른 데이터와 어떤 관계가 있는지 정도만 정의한다.

'논리 데이터 설계'는 개념 단계에서 도출한 정보의 속성을 정의하고, 식별자Primary Key를 확정하고 데이터의 일관성과 정확성을 향상하기 위한 정규화를 수행하는 단계다. 논리 데이터 설계 단계에서는 이해하기 쉽게 한글로 된 속성명을 사용해 데이터를 설계한다. 이를 기반으로 데이터 사전을 정의하고 앞으로 물리 데이터 설계에서 같은 개념을 같은 이름으로 표현할 수 있도록 준비한다.

물리 데이터 설계는 상용 데이터베이스에 이식할 수 있도록 속성을 구체적으로 정의한다. 타입과 크기 그리고 제약사항을 정의한다. 전 단계에서 수행한 정규화가 데이터의 일관성과 정확성에 초점을 맞췄다면, 현 단계에서는 데이터 관리의 효율성과 속도에 초점을 맞춰 비정규화를 일부 수행한다.

마지막으로 물리 데이터 설계가 완료 됐으면 테이블 정의서를 작성해 물리 데이터베이스에 이식할 준비를 한다. 테이블 정의서는 보통 엑셀로 작성하며 데이터 사전을 미리 작성하고 일관성 있는 컬럼명과 데이터 타입을 사용할 수 있도록 한다.

정규화와 비정규화

정규화란 관계형 데이터 모델에서 데이터 중복성을 제거하여 이상 현상을 방지하고 데이터의 일관성과 정확성을 유지하기 위한 과정을 말한다. 이와 반대로 비정규화란 데이터의 중복성을 추가해 데이터의 일관성과 정확성을 해치지 않는 범위에서 처리의 편의성과 성능을 향상시키는 기술이다.

데이터 설계 과정에서 원칙적으로 정규화를 적용하고 업무적 필요에 의해 부분적으로 비정규화를 적용한다.

데이터 설계도구 ERD

ERD Entity Relationship Diagram(개체 관계 다이어그램)는 데이터의 구조와 그에 수반하는 제약 조건들을 설계하고 표현하기 위한 표시법이다. 처음 ERD는 개념적 데이터 모델링 도구로 사용했지만, 지금은 다양한 ERD 도구가 데이터 타입과 제약사항까지 포함해 물리 데이터와 연계될 수 있도록 하는 방식으로 설계와 개발을 연계하고 있다.

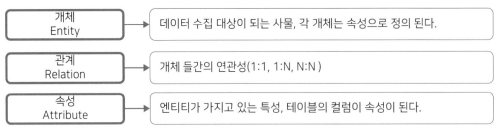

그림 5-43 ERD 구성 요소

ERD는 크게 개체Entity, 관계Relation, 속성Attribute으로 구성된다. '개체'는 데이터 수집 대상이 되는 사물로써 각 개체는 속성으로 정의된다. 일반적으로 개체는 테이블로 변환된다. '관계' 는 개체들간의 연관성을 나타낸다. 대학교에서 사용하는 강의관리 시스템을 만든다고 할 때 학생과 강의 개체를 도출할 수 있다. 학생은 강의를 신청하기 때문에 학생 개체와 강의 개체 는 서로 관계가 있다고 할 수 있다. 하나의 강의에 여러 학생이 등록할 수 있기 때문에 강의 와 학생은 1:N 관계가 있다고 할 수 있다. '속성'은 개체가 가지고 있는 특성을 말한다. 개체 는 테이블로 변환되고 속성은 테이블에 가지고 있는 컬럼으로 변환할 수 있다.

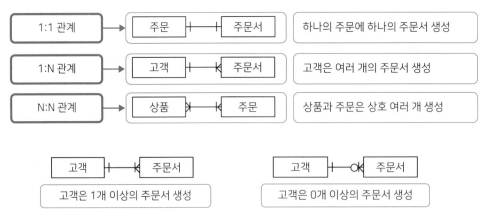

그림 5-44 ERD 관계

ERD에서는 세 가지 관계를 정의하고 있는데 물건을 구매하는 회사의 고객, 주문, 주문서, 상품의 관계를 통해 ERD 관계를 알아보자. 1:1 관계는 하나의 주문에 하나의 주문서를 생성하는 관계를 말한다. 주문에는 주문번호가 있고 주문번호는 하나의 주문서를 가리키게 된다. 1:N 관계는 고객 한 명이 여러 개 주문서를 생성하는 관계를 말한다. N:N 관계는 상품과 주문이 있을 때 하나의 상품은 여러 개의 주문 테이블에 있을 수 있고 하나의 주문서에 여러 개의 같은 상품을 담을 수 있는 관계를 말한다.

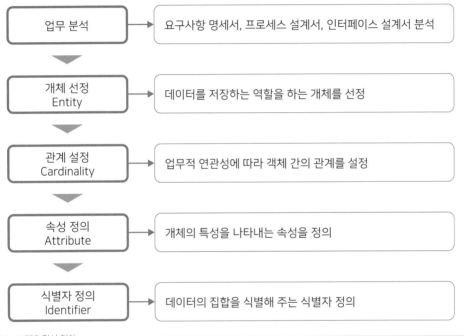

그림 5-45 ERD 작성 절차

ERD 작성 절차를 알아보자. 먼저 ERD를 작성하려면 업무를 분석해야 한다. 데이터 설계 절차의 분석 과정과 유사하게 요구사항 명세서, 프로세스 설계서, 인터페이스 설계서를 분석해 업무에서 데이터를 도출한다. 다음으로 개체를 선정해야 하는데 프로세스 설계서에 있는 데이터 저장소를 중심으로 개체를 도출하고 이를 보완해서 최종적으로 개체를 선정한다. 개체가 선정됐으면 개체 간의 관계를 설정해야 한다. 업무적 연관성에 따라 객체 간의 관계를 설정한다. 마지막으로 개체의 특성을 나타내는 속성을 정의하고 속성 중 개체를 식별해 주는 식별자를 정의하게 된다.

데이터 설계 실무사례

스마트 영업지원 시스템을 통해 실무에서 데이터 설계가 어떻게 진행되는지 알아보자. 데이터 설계에서 가장 먼저 하는 것은 개념 데이터를 설계하는 것이다. ERD를 사용해 개념 데이터 부터 물리 데이터까지 설계를 진행하도록 하겠다. ERWin 같은 상용 데이터 설계 도구를 사용하면 편리하게 설계를 진행할 수 있고 상용 데이터 베이스까지 연계가 가능하지만, 구입 비용이 만만치 않기 때문에 소규모 프로젝트에서는 무료 ERD 툴을 사용해 ERD를 설계하기도 한다.

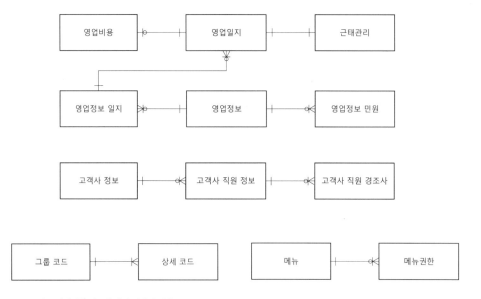

그림 5-46 스마트 영업지원 시스템 개념 설계서 사례

먼저 개념 설계서를 보면 프로세스 설계에서 도출한 엔티티를 대부분 그대로 사용했지만, 코드와 메뉴 관련 엔티티는 새로 추가됐다. 각각 엔티티가 가지는 관계를 정의했다. 인사 시스템과 재무 시스템 같은 외부 엔티티는 개념 설계서 상에서 제외했다. 프로젝트에 따라서는 외부 엔티티를 개념 설계서 상에 표현하기도 한다.

영업일지와 영업비용은 1:1 관계인데 영업일지에 따라서 영업비용을 신청하지 않을 수도 있기 때문에 영업비용에 ○ 표시를 추가해 데이터가 없을 수도 있다는 것을 명시적으로 표현했다. 영업일지에는 반드시 하나의 근태관리 데이터가 생성되어야 하기 때문에 1:1 관계로 표현했다.

영업정보는 다수의 민원정보와 영업일지 정보를 포함할 수 있기 때문에 1:N 관계로 표현했다. 영업정보를 만들 때 과거에 작성한 여러 개의 영업정보를 저장할 수 있으므로 영업정보일지와 영업일지는 1:N 관계로 표현했다.

고객사 정보는 다수의 고객사 직원정보를 가지고 있고 고객사 직원 정보는 다시 다수의 경조사 정보를 가지고 있을 수 있기 때문에 모두 1:N 관계로 표현했다.

그룹 코드는 다수의 상세 코드로 구성되어 있지만, 화면 상에서 상세 코드가 없으면 그룹 코드가 생성되지 않으므로 관계 설정에서 ○ 표시를 생략했다. 하나의 메뉴는 다수의 직원에게 권한이 할당되므로 이 역시 1:N 관계로 표현 했다.

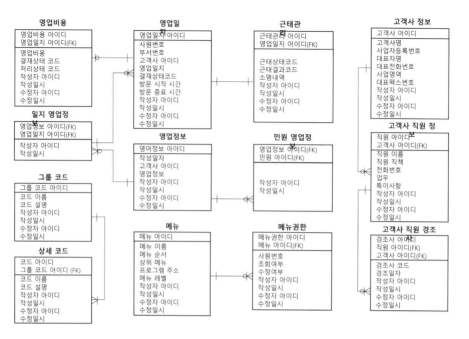

영업비용
| 영업비용 아이디 |
| 영업일지 아이디(FK) |
| 영업비용 |
| 결재상태 코드 |
| 처리상태 코드 |
| 작성자 아이디 |
| 작성일시 |
| 수정자 아이디 |
| 수정일시 |

영업일
| 영업일지 아이디 |
| 사원번호 |
| 부서번호 |
| 고객사 아이디 |
| 영업일지 |
| 결재상태코드 |
| 방문 시작 시간 |
| 방문 종료 시간 |
| 작성자 아이디 |
| 작성일시 |
| 수정자 아이디 |
| 수정일시 |

근태관
| 근태관 아이디 |
| 영업일지 아이디(FK) |
| 근태상태코드 |
| 근태결과코드 |
| 소명내역 |
| 작성자 아이디 |
| 작성일시 |
| 수정자 아이디 |
| 수정일시 |

고객사 정보
| 고객사 아이디 |
| 고객사명 |
| 사업자등록번호 |
| 대표자명 |
| 대표전화번호 |
| 사업영역 |
| 대표팩스번호 |
| 작성자 아이디 |
| 작성일시 |
| 수정자 아이디 |
| 수정일시 |

일지 영업정
| 영업봉보 아이디(FK) |
| 영업일지 아이디(FK) |
| 작성자 아이디 |
| 작성일시 |

영업정보
| 영어정보 아이디 |
| 작성일자 |
| 고객사 아이디 |
| 영업정보 |
| 작성자 아이디 |
| 작성일시 |
| 수정자 아이디 |
| 수정일시 |

민원 영업정
| 영업정보 아이디(FK) |
| 민원 아이디(FK) |
| 작성자 아이디 |
| 작성일시 |

고객사 직원 정
| 직원 아이디 |
| 고객사 아이디(FK) |
| 직원 이름 |
| 직원 직책 |
| 전화번호 |
| 업무 |
| 특이사항 |
| 작성자 아이디 |
| 작성일시 |
| 수정자 아이디 |
| 수정일시 |

그룹 코드
| 그룹 코드 아이디 |
| 코드 이름 |
| 코드 설명 |
| 작성자 아이디 |
| 작성일시 |
| 수정자 아이디 |
| 수정일시 |

메뉴
| 메뉴 아이디 |
| 메뉴 이름 |
| 메뉴 순서 |
| 상위 메뉴 |
| 프로그램 주소 |
| 메뉴 레벨 |
| 작성자 아이디 |
| 작성일시 |
| 수정자 아이디 |
| 수정일시 |

메뉴권한
| 메뉴권한 아이디 |
| 메뉴 아이디(FK) |
| 사원번호 |
| 조회여부 |
| 수정여부 |
| 작성자 아이디 |
| 작성일시 |
| 수정자 아이디 |
| 수정일시 |

고객사 직원 경조
| 경조사 아이디 |
| 직원 아이디(FK) |
| 고객사 아이디(FK) |
| 경조사 코드 |
| 경조일자 |
| 작성자 아이디 |
| 작성일시 |
| 수정자 아이디 |
| 수정일시 |

상세 코드
| 코드 아이디 |
| 그룹 코드 아이디 (FK) |
| 코드 이름 |
| 코드 설명 |
| 작성자 아이디 |
| 작성일시 |
| 수정자 아이디 |
| 수정일시 |

그림 5-47 스마트 영업지원 시스템 논리 설계서 사례

논리 설계서는 개념 설계서 기반으로 속성을 정의하고 식별자를 정의해야 한다. 영업비용 엔티티를 살펴보면 모두 9개의 속성을 도출했고 영업비용을 대표하는 식별자로 영업비용 아이디와 영업일지 아이디를 도출했다. 영업비용 데이터가 생성될 때 고유한 값인 영업비용 아이디가 새롭게 만들어지고 영업비용을 발생시키는 영업일지 정보를 참조하기 위해 영업일지 아이디가 외래키로 지정된다.

고객사 정보, 고객사 직원 정보, 고객사 직원 경조사 엔티티도 동일한 관계를 가지고 있다. 하나의 고객사에는 여러 명의 직원이 등록될 수 있기 때문에 고객사 직원 정보 엔티티는 직원 아이디와 고객사 아이디가 조합된 키를 가지고 있으면 고객사 아이디를 외래키로 가지고 있어 고객사 정보와 관계가 설정된다. 고객사 직원 정보 엔티티와 고객사 직원 경조사 엔티티도 동일한 구조를 가진다. N개가 생성되는 엔티티에서 1개가 생성되는 엔티티의 키 값을 외래키로 가진다.

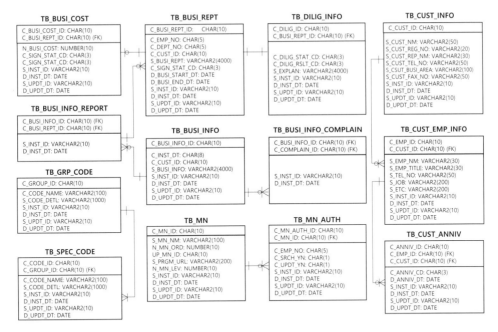

TB_BUSI_COST

C_BUSI_COST_ID: CHAR(10)
C_BUSI_REPT_ID: CHAR(10) (FK)

N_BUSI_COST: NUMBER(10)
C_SIGN_STAT_CD: CHAR(3)
C_SIGN_STAT_CD: CHAR(3)
S_INST_ID: VARCHAR2(10)
D_INST_DT: DATE
S_UPDT_ID: VARCHAR2(10)
D_UPDT_DT: DATE

TB_BUSI_INFO_REPORT

C_BUSI_INFO_ID: CHAR(10) (FK)
C_BUSI_REPT_ID: CHAR(10) (FK)

S_INST_ID: VARCHAR2(10)
D_INST_DT: DATE

TB_GRP_CODE

C_GROUP_ID: CHAR(10)

C_CODE_NAME: VARCHAR2(100)
S_CODE_DETL: VARCHAR2(1000)
S_INST_ID: VARCHAR2(10)
D_INST_DT: DATE
S_UPDT_ID: VARCHAR2(10)
D_UPDT_DT: DATE

TB_SPEC_CODE

C_CODE_ID: CHAR(10)
C_GROUP_ID: CHAR(10) (FK)

C_CODE_NAME: VARCHAR2(100)
S_CODE_DETL: VARCHAR2(1000)
S_INST_ID: VARCHAR2(10)
D_INST_DT: DATE
S_UPDT_ID: VARCHAR2(10)
D_UPDT_DT: DATE

TB_BUSI_REPT

C_BUSI_REPT_ID: CHAR(10)

C_EMP_NO: CHAR(5)
C_DEPT_NO: CHAR(5)
C_CUST_ID: CHAR(10)
S_BUSI_REPT: VARCHAR2(4000)
C_SIGN_STAT_CD: CHAR(3)
D_BUSI_START_DT: DATE
D_BUSI_END_DT: DATE
S_INST_ID: VARCHAR2(10)
D_INST_DT: DATE
S_UPDT_ID: VARCHAR2(10)
D_UPDT_DT: DATE

TB_BUSI_INFO

C_BUSI_INFO_ID: CHAR(10)

C_INST_DT: CHAR(8)
C_CUST_ID: CHAR(10)
S_BUSI_INFO: VARCHAR2(4000)
S_INST_ID: VARCHAR2(10)
D_INST_DT: DATE
S_UPDT_ID: VARCHAR2(10)
D_UPDT_DT: DATE

TB_MN

C_MN_ID: CHAR(10)

S_MN_NM: VARCHAR2(100)
N_MN_ORD: NUMBER(10)
UP_MN_ID: CHAR(10)
S_PRGM_URL: VARCHAR2(200)
N_MN_LEV: NUMBER(10)
S_INST_ID: VARCHAR2(10)
D_INST_DT: DATE
S_UPDT_ID: VARCHAR2(10)
D_UPDT_DT: DATE

TB_DILIG_INFO

C_DILIG_ID: CHAR(10)
C_BUSI_REPT_ID: CHAR(10) (FK)

C_DILIG_STAT_CD: CHAR(3)
C_DILIG_RSLT_CD: CHAR(3)
S_EXPLAN: VARCHAR2(4000)
S_INST_ID: VARCHAR2(10)
D_INST_DT: DATE
S_UPDT_ID: VARCHAR2(10)
D_UPDT_DT: DATE

TB_BUSI_INFO_COMPLAIN

C_BUSI_INFO_ID: CHAR(10) (FK)
C_COMPLAIN_ID: CHAR(10) (FK)

S_INST_ID: VARCHAR2(10)
D_INST_DT: DATE

TB_MN_AUTH

C_MN_AUTH_ID: CHAR(10)
C_MN_ID: CHAR(10) (FK)

C_EMP_NO: CHAR(5)
C_SRCH_YN: CHAR(1)
C_UPDT_YN: CHAR(1)
S_INST_ID: VARCHAR2(10)
D_INST_DT: DATE
S_UPDT_ID: VARCHAR2(10)
D_UPDT_DT: DATE

TB_CUST_INFO

C_CUST_ID: CHAR(10)

S_CUST_NM: VARCHAR2(50)
S_CUST_REG_NO: VARCHAR2(20)
S_CUST_REP_NM: VARCHAR2(30)
S_CUST_TEL_NO: VARCHAR2(50)
S_CSUT_BUSI_AREA: VARCHAR2(100)
S_CUST_FAX_NO: VARCHAR2(50)
S_INST_ID: VARCHAR2(10)
D_INST_DT: DATE
S_UPDT_ID: VARCHAR2(10)
D_UPDT_DT: DATE

TB_CUST_EMP_INFO

C_EMP_ID: CHAR(10)
C_CUST_ID: CHAR(10) (FK)

S_EMP_NM: VARCHAR2(30)
S_EMP_TITLE: VARCHAR2(30)
S_TEL_NO: VARCHAR2(50)
S_JOB: VARCHAR2(200)
S_ETC: VARCHAR2(200)
S_INST_ID: VARCHAR2(10)
D_INST_DT: DATE
S_UPDT_ID: VARCHAR2(10)
D_UPDT_DT: DATE

TB_CUST_ANNIV

C_ANNIV_ID: CHAR(10)
C_EMP_ID: CHAR(10) (FK)
C_CUST_ID: CHAR(10) (FK)

C_ANNIV_CD: CHAR(3)
D_ANNIV_DT: DATE
S_INST_ID: VARCHAR2(10)
D_INST_DT: DATE
S_UPDT_ID: VARCHAR2(10)
D_UPDT_DT: DATE

그림 5-48 스마트 영업지원 시스템 물리 설계서 사례

물리 설계서는 실제 데이터베이스에 이식할 수 있는 수준의 상세한 속성을 정의하는 단계다. 우선 논리 설계서에서 도출한 속성을 영문 약자의 조합으로 변경하고 데이터 타입과 크기를 선언해야 한다. 테이블명 또한 시스템에 저장할 수 있는 영문 약어로 변경한다. 데이터베이스 관리와 사용의 편의성을 더하기 위해 테이블을 분할 또는 병합하거나 새로운 컬럼을 테이블에 추가하기도 한다.

영업일지 엔티티를 나타내는 TB_BUSI_REPT 테이블을 살펴보자. 고유키인 영업일지 아이디 C_BUSI_REPT_ID 속성은 10자리 문자열로 선언했다. CHAR 타입은 9자리 문자가 입력되면 나머지 자리는 공백으로 채워서 물리적으로 10자리를 유지하는 특성을 가지고 있다. 주로 코드 형태로 사용되는 속성을 CHAR 타입으로 선언한다.

사원번호C_EMP_NO과 부서번호C_DEPT_NO, 고객사 아이디C_CUST_ID 속성도 고정된 형식의 데이터를 가지고 있기 때문에 CHAR 타입으로 선언했다.

영업일지S_BUSI_REPT 속성은 다양한 길이의 데이터가 들어올 수 있기 때문에 VARCHAR2로 선언했다. VARCHAR2는 4000 바이트로 선언해도 100 바이트만 입력된다면 물리적으로 100바이트 길이만 차지하는 가변적인 속성을 가지고 있다.

결재상태 코드C_SIGN_STAT_CD 속성 또한 고정 길이의 데이터가 입력되는 코드 데이터의 특성 때문에 CHAR 타입으로 선언했다.

시스템 개선사항 (1) - 일 단위 근태관리와 영업비용 정산

영업비용과 근태관리 그리고 영업일지 정보를 살펴보면 개선점을 발견할 수 있다. 근태 관리와 영업비용 정산은 일 단위로 하는 것이 정상이다. 하지만 테이블 설계서를 보면 영업비용과 영업일지 그리고 근태관리가 1대1 관계로 설정되어있다. 영업비용을 신청할 때 하루에 5건의 영업일지를 작성했다면 일비와 식비를 5로 나누어서 신청해야 한다는 의미이다. 이를 개선하기 위해서는 인터페이스 설계서와 데이터 설계서 모두를 수정해 야 한다. 이는 독자의 몫으로 남기겠다. 이 책에서 제공하는 설계서를 기반으로 좀 더 완벽한 설계서를 만들어 보기 바란다. 더 나아가서 간단한 웹 프로그램을 개발해 보면 전체 시스템 개발의 라이프사이클을 경험해 볼 수 있을 것이다.

시스템 개선사항 (2) - 일 단위 영업일지 관리

논리 설계에서 영업일지에는 영업일에 대한 속성이 별도로 존재하지 않는다. 아래에 작 성일시 속성만 있을 뿐이다. 인터페이스 설계서를 보면 날짜별로 여러 개의 영업일지를 보는 화면이 존재한다. 테이블 설계서 상에서 보면 작성일시 속성은 DATA 타입이기 때문에 우리가 일반적으로 화면에서 볼 수 있는 YYYYMMDD 형식의 날짜가 아니다. 화면에 데이터를 보여주기 위해서 일일이 형식을 변환해야 한다는 의미가 된다. 독자는 논리와 물리 데이터 설계서에 영업일자를 추가해야 할지를 고민해 봐야 한다. 만일 추 가하는 것이 유리하다고 판단이 되면 설계서를 수정하기 바란다.

마지막으로 작성일시D_INST_DT와 수정일시D_UPDT_DT 속성을 살펴보자. 작성일시는 영업일지 처음으로 작성한 시간을 기록하는 것이다. 시간 정보를 다루는 DATE 타입으로 선언했다.

DATE 타입은 시간을 사용자가 원하는 형식으로 쉽게 가공하게 사용할 수 있도록 지원하는 데이터 타입입니다.

0. 공통사항
 · 명명규칙 : 항목별 10 단어 이하의 영문 대문자 사용
 · 항목별 연결은 _ 사용

1. Table
 · 조합규칙 : TB + 업무구분약어 + 세부 업무 구분
 · ex) TB_BUSI_REPORT : 영업 일지 테이블

2. Column
 · 조합규칙 : 변수타입 + 항목명 구분1 + 항목명 구분2 + 항목명 구분3 + ..
 · 변수타입 : Number(N), Char(C), Varchar2(S), Date(D)
 · ex) C_EMP_NO : 사번

3. Primary Key
 · 조합규칙 : PK + 테이블명
 · ex) PK_TB_BUSI_REPORT : 영업 일지 테이블 Primary Key

4. Foreign Key
 · 조합규칙 : FK + 테이블명 + 순번
 · ex) FK_TB_BUSI_REPORT_1 : 영업 일지 테이블 Foreign Key

5. View
 · 조합규칙 : VW + 업무구분약어 + 세부 업무 구분
 · ex) VW_BUSI_REPORT : 영업 일지 테이블 뷰

6. Index
 · 조합규칙 : IX + 테이블명 + 순번
 · ex) IX_TB_BUSI_REPORT_1 : 영업 일지 테이블 Index

7. Stored Procedure
 · 조합규칙 : SP + 동사 + 명사1 + 명사2 + ..
 · ex) SP_MAKE_DILIGENCE : 근태 정보 생성

8. Function
 · 조합규칙 : FN + 동사 + 명사1 + 명사2 + ..
 · ex) FN_GET_CODE_NM : 코드정보 가져 오기

그림 5-49 스마트 영업지원 시스템 DB 명명규칙 정의서 사례

물리적 설계를 하기 전에 어떤 규칙으로 테이블과 속성 이름을 정할지 규칙을 만드는 것이 좋다. 테이블관 관련된 것 외에 데이터베이스에서 사용할 뷰, 인덱스, 프로시저, 함수와 같은 요소도 명명규칙을 정해야 한다. 설계와 개발은 여러 사람이 같이 진행하므로 미리 규칙을 정하지 않으면 자기만의 방식으로 이름을 정하기 때문에 시스템 유지보수 효율성이 굉장히 많이 떨어지게 된다.

컬럼에 대한 명명규칙을 살펴보자. 맨 앞에는 컬럼 타입을 구분할 수 있는 구분자가 온다.

숫자는 N, 문자열은 C, 가변길이 문자열은 S 그리고 날짜는 D로 시작한다.

구분자를 사용하면 쿼리문을 만들 때 약어로 된 컬럼명 외에 구분자를 더 입력해야 하기 때문에 다소 불편하지만 스키마를 조회하지 않고 컬럼 이름만 가지고도 데이터 타입을 알 수 있다는 장점이 있기 때문에 많은 프로젝트에서 구분자를 사용하고 있다.

용어사전		작성자	김설계	승인자	김관리
		작성일	2018.08.30	버전	1.0
단계	설계	업무명	스마트영업지원시스템	페이지수	2
순번	컬럼명	컬럼ID	타입/길이	비고	
1	영업일지 아이디	C_BUSI_REPT_ID	CHAR(10)		
2	사원번호	C_EMP_NO	CHAR(5)		
3	부서번호	C_DEPT_NO	CHAR(5)		
4	고객사 아이디	C_CUST_ID	CHAR(10)		
5	영업일지	S_BUSI_REPT	VARCHAR2(4000)		
6	결재상태코드	C_SIGN_STAT_CD	CHAR(3)		
7	방문 시작 시간	D_BUSI_START_DT	DATE		
8	방문 종료 시간	D_BUSI_END_DT	DATE		
9	방문 위치 X좌표	N_VISIT_LOC_X	NUMBER(10,2)		
10	방문 위치 Y좌표	N_VISIT_LOC_Y	NUMBER(10,2)		
11	작성자 아이디	S_INST_ID	VARCHAR2(10)		
12	작성일시	D_INST_DT	DATE		
13	수정자 아이디	S_UPDT_ID	VARCHAR2(10)		
14	수정일시	D_UPDT_DT	DATE		
15	영업비용 아이디	C_BUSI_COST_ID	CHAR(10)		
16	영업비용	N_BUSI_COST	NUMBER(10)		
17	결재상태코드	C_SIGN_STAT_CD	CHAR(3)		
18	처리상태코드	C_SIGN_STAT_CD	CHAR(3)		
19	근태관리 아이디	C_DILIG_ID	CHAR(10)		
20	근태상태코드	C_DILIG_STAT_CD	CHAR(3)		
21	근태결과코드	C_DILIG_RSLT_CD	CHAR(3)		
22	소명내역	S_EXPLAN	VARCHAR2(4000)		
23	고객사 아이디	C_CUST_ID	CHAR(10)		
24	영업정보	S_BUSI_INFO	VARCHAR2(4000)		
25	영업정보 아이디	C_BUSI_INFO_ID	CHAR(10)		
26	민원 아이디	C_COMPLAIN_ID	CHAR(10)		

27	고객사 아이디	C_CUST_ID	CHAR(10)		
28	고객사명	S_CUST_NM	VARCHAR2(50)		
29	사업자등록번호	S_CUST_REG_NO	VARCHAR2(20)		
30	대표자명	S_CUST_REP_NM	VARCHAR2(30)		
31	대표전화번호	S_CUST_TEL_NO	VARCHAR2(50)		
32	사업영역	S_CSUT_BUSI_AREA	VARCHAR2(100)		
33	대표팩스번호	S_CUST_FAX_NO	VARCHAR2(50)		
34	직원 아이디	C_EMP_ID	CHAR(10)		
35	직원 이름	S_EMP_NM	VARCHAR2(30)		
36	직원 직책	S_EMP_TITLE	VARCHAR2(30)		
37	전화번호	S_TEL_NO	VARCHAR2(50)		
38	업무	S_JOB	VARCHAR2(200)		
39	특이사항	S_ETC	VARCHAR2(200)		
40	경조사 아이디	C_ANNIV_ID	CHAR(10)		
41	경조사 코드	C_ANNIV_CD	CHAR(3)		
42	경조일자	D_ANNIV_DT	DATE		
43	그룹 코드	C_GROUP_CD	CHAR(3)		
44	상세 코드	C_CODE_CD	CHAR(3)		
45	코드 이름	C_CODE_NM	VARCHAR2(100)		
46	코드 설명	S_CODE_DETL	VARCHAR2(1000)		
47	메뉴 아이디	C_MN_ID	CHAR(10)		
48	메뉴 이름	S_NM_NM	VARCHAR2(100)		
49	메뉴 순서	N_MN_ORD	NUMBER(10)		
50	상위 메뉴	UP_MN_ID	CHAR(10)		
51	프로그램 주소	S_PRGM_URL	VARCHAR2(200)		
52	메뉴 레벨	N_MN_LEV	NUMBER(10)		
53	메뉴권한 아이디	C_MN_AUTH_ID	CHAR(10)		
54	조회여부	C_SRCH_YN	CHAR(1)		
55	수정여부	C_UPDT_YN	CHAR(1)		

그림 5-50 스마트 영업지원 시스템 용어사전 사례

DB 용어사전은 물리 데이터 설계 초반에 작성한다. 초기 단계에서 사용하는 용어를 모아 놓고 시스템 설계 후반부에는 용어사전을 검색해서 같은 이름의 컬럼을 찾아 사용한다. 같은 한글 이름을 가지고 있는 컬럼인데 영문 이름과 데이터 타입, 길이가 다르다면 시스템 개발과 유지보수 과정에서 많은 혼란을 줄 수 있기 때문에 용어의 통일을 위해 용어사전은 반드시 작성해서 개발 팀 전체가 공유해야 한다.

코드 정의서		작성자	김설계	승인자	김관리
		작성일	2018.08.30	버전	1.0
단계	설계	업무명	스마트영업지원시스템	페이지수	/

그룹코드명	그룹코드	코드	코드명	비고
결재	001	010	신규	영업일지 작성
결재	001	020	상신	영업일지 결재상신
결재	001	030	회수	영업일지 담당자 결재 회수
결재	001	040	반려	영업일지 결재자 반려
결재	001	050	완료	영업일지 결재자 결재
영업비용 결재	002	010	신규	영업비용 결재 작성
영업비용 결재	002	020	상신	영업비용 결재상신
영업비용 결재	002	030	회수	영업비용 담당자 결재 회수
영업비용 결재	002	040	반려	영업비용 결재자 반려
영업비용 결재	002	050	완료	영업비용 결재자 결재
영업비용 결재	002	060	정산	영업비용 재무시스템 결재
근태상태	003	010	소명요청	근태결과가 근태이상일 경우 소명요청
근태상태	003	020	소명신청	영업사원이 소명요청 건을 소명신청
근태상태	003	030	회수	영업사원이 소명신청 건을 회수
근태상태	003	040	반려	결재자가 소명이 미흡하여 반려
근태상태	003	050	확정	결재자가 근태내역 확정
근태상태	003	060	미확정	배치 결과 근태가 정상일 경우 미확정
근태결과	004	010	근태정상	
근태결과	004	020	근태이상	
경조사	002	010	생일	
경조사	002	020	결혼	
경조사	002	030	결혼기념일	
경조사	002	040	고희	

그림 5-51 스마트 영업지원 시스템 코드 정의서 사례

코드 정의서에는 시스템에서 사용하는 코드가 들어있다. 인터페이스 설계와 데이터 설계 과정에서 도출된 코드를 코드 정의서에 기록하고 앞으로 개발 과정에서 참조한다. 코드는 업무와 프로세스 진행에 핵심적인 역할을 한다. 예를 들어 결재 진행상황과 근태상태는 모두 코드로 표현하며 코드 변화에 따라 프로세스 진행 상황도 변하게 된다. 프로그램 과정에서 정확한 코드를 이해하고 사용하는 것이 무엇보다 중요하기 때문에 시스템에서 사용하는 코드를 코드 정의서에 모아 놓고 공유해야 한다.

테이블 정의서			작성자		김설계		승인자		김관리
			작성일		2018.08.30		버전		1.0
단계	설계		업무명		스마트영업지원시스템		페이지수		4
순번	테이블명	테이블ID	컬럼명	컬럼ID	타입/길이	PK여부	FK여부	NULL여부	비고
1	영업일지	TB_BUSI_REPT	영업일지 아이디	C_BUSI_REPT_ID	CHAR(10)	Yes	No	NOT NULL	
2	영업일지	TB_BUSI_REPT	사원번호	C_EMP_NO	CHAR(5)	Yes	No	NOT NULL	
3	영업일지	TB_BUSI_REPT	부서번호	C_DEPT_NO	CHAR(5)	Yes	No	NOT NULL	
4	영업일지	TB_BUSI_REPT	고객사 아이디	C_CUST_ID	CHAR(10)	No	No	NOT NULL	
5	영업일지	TB_BUSI_REPT	영업일지	S_BUSI_REPT	VARCHAR2(4000)	No	No	NULL	
6	영업일지	TB_BUSI_REPT	결재상태코드	C_SIGN_STAT_CD	CHAR(3)	No	No	NULL	
7	영업일지	TB_BUSI_REPT	방문 시작 시간	D_BUSI_START_DT	DATE	No	No	NULL	
8	영업일지	TB_BUSI_REPT	방문 종료 시간	D_BUSI_END_DT	DATE	No	No	NULL	
9	영업일지	TB_BUSI_REPT	방문 위치 X좌표	N_VISIT_LOC_X	NUMBER(10,2)	No	No	NULL	
10	영업일지	TB_BUSI_REPT	방문 위치 Y좌표	N_VISIT_LOC_Y	NUMBER(10,2)	No	No	NULL	
11	영업일지	TB_BUSI_REPT	작성자 아이디	S_INST_ID	VARCHAR2(10)	No	No	NULL	
12	영업일지	TB_BUSI_REPT	작성일시	D_INST_DT	DATE	No	No	NULL	
13	영업일지	TB_BUSI_REPT	수정자 아이디	S_UPDT_ID	VARCHAR2(10)	No	No	NULL	
14	영업일지	TB_BUSI_REPT	수정일시	D_UPDT_DT	DATE	No	No	NULL	
1	영업비용	TB_BUSI_COST	영업비용 아이디	C_BUSI_COST_ID	CHAR(10)	Yes	No	NOT NULL	
2	영업비용	TB_BUSI_COST	영업일지 아이디	C_BUSI_REPT_ID	CHAR(10)	Yes	Yes	NOT NULL	
3	영업비용	TB_BUSI_COST	영업비용	N_BUSI_COST	NUMBER(10)	No	No	NOT NULL	
4	영업비용	TB_BUSI_COST	결재상태코드	C_SIGN_STAT_CD	CHAR(3)	No	No	NULL	
5	영업비용	TB_BUSI_COST	처리상태코드	C_SIGN_STAT_CD	CHAR(3)	No	No	NULL	
6	영업비용	TB_BUSI_COST	작성자 아이디	S_INST_ID	VARCHAR2(10)	No	No	NULL	
7	영업비용	TB_BUSI_COST	작성일시	D_INST_DT	DATE	No	No	NULL	

그림 5-52 스마트 영업지원 시스템 테이블 정의서 사례

이제 데이터 설계가 완료됐다면 테이블 정의서를 만들어야 한다. 테이블 정의서는 물리 데이터 설계를 엑셀 파일로 옮겨서 만들게 된다. ERD에 모든 내용이 정의되어 있는데 별도로 테이블 정의서를 만드는 이유는 프로그램 과정에서 참조하기 쉽기 때문이다. 개발자에게 익숙한 도구인 엑셀에 모든 테이블과 컬럼을 모아 놓으면 검색과 복사가 쉽기 때문에 개발 생산성을 향상 시킬 수 있다.

이제 시스템 개발에 필요한 모든 설계 문서를 만들었다. 물론 규모가 큰 프로젝트에서는 이보다 정교하고 다양한 설계 문서를 필요로 한다. 하지만 중소규모 프로젝트는 이 책에서 소개하는 정도의 문서를 만들고 나머지 문서들은 프로젝트 완료시점에 만드는 것이 일반적인 실제 개발 과정이다.

지금 시점에서 모두에게 가장 좋은 것은 완벽한 설계 문서를 가지고 있는 것이다. 요구사항도 추가되지 않고 모든 요구사항을 만족하는 완벽한 설계 문서 말이다. 하지만 사람이 하는 일에 완벽이란 있을 수 없다. 요구사항도 추가될 것이고 설계 문서에 허점도 있을 것이다. 이것들은 개발과정에서 지속적으로 보완해야 할 사항들이다.

하지만 설계 단계에서 설계자는 반드시 완벽한 설계문서를 만들어야 한다는 생각으로 작업을 해야 한다. 내가 문서만 던져주고 가도 개발에 지장이 없을 수준의 설계도 말이다. 물론 계획된 시간 안에 이 임무를 완수해야 한다. 비용과 시간이 한정된 프로젝트이기 때문이다.

06

시스템 개발하기

한 번의 패배를 최후의 패배로
혼동하지 말라.
Never confuse a single defeat
with a final defeat

F. 스콧 피츠제럴드 F. Scott Key Fitzgerald

설계문서가 나왔다면 이제 본격적으로 코딩에 들어가는 시스템 개발단계이다. 시스템 개발을 잘하려면 구성원 하나하나의 프로그램 실력도 중요하지만, 어떻게 협력해서 프로그램을 만들지에 대한 고민이 필요하다.

아무리 효율적으로 프로그램을 잘 만든다고 해도 자신만의 독특한 방식으로 만든다면 절대로 훌륭한 프로그램이 아니다. 프로젝트는 여러 사람이 같이 개발하고 개발한 사람이 아닌 유지보수 인력이 시스템을 운영하기 때문에 통일된 코딩 스타일과 누구나 알기 쉬운 방식으로 개발해야 한다.

이번 장에서는 효율적으로 협업을 하고 개발한 프로그램을 최소한의 비용으로 최대의 효과를 발휘할 수 있도록 테스트하는 방법을 살펴보도록 한다.

개발 표준 정하기

개발 표준 구성

개발 표준은 모든 개발자가 같은 형태의 소스코드를 만들기 위해 필요하다. 소스코드가 같은 형태로 만들어지면 다른 사람이 개발한 소스를 쉽게 이해할 수 있어 프로그램을 쉽게 수정할 수 있다. 개발 표준은 프로그램 개발 생산성 향상뿐 아니라 프로그램 유지보수를 쉽게 하는 역할을 한다.

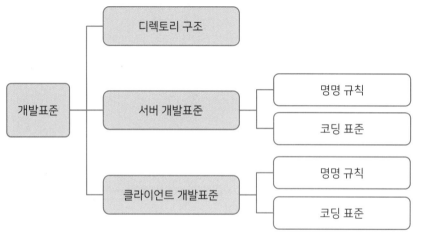

그림 6-1 프로젝트 설계의 개념

일반적으로 개발 표준은 디렉터리 구조와 서버 및 클라이언트 개발표준으로 나뉜다.

- 디렉터리 구조: 서버에 프로그램을 어떤 구조로 저장할 지 규칙을 정하는 것이다.

- 서버 개발 표준: 서버에서 동작하는 자바, php와 같은 프로그램의 프로그램 구조를 정의하는 것이다.

- 클라이언트 개발 표준: 사용자 화면을 구성하는 HTML와 CSS, 자바스크립트에 대한 프로그램 구조를 정의한다.

UI 디렉터리 구조

UI 디렉터리 구조를 간단히 살펴보자. 디렉터리는 3 레벨로 구성된다.

Level 1	Level 2	Level 3	설명
smartbusi	ui	업무명	업무별 화면 저장
	images		공통으로 사용하는 이미지 저장
	scripts		공통으로 사용하는 javascript 저장
	reports	업무명	업무별 리포트 저장
	upload	업무명	업무별로 업로드 된 파일 저장

그림 6-2 UI 디렉터리 구조

- 1레벨: 웹의 루트 디렉터리를 지정한다. 서버 구성에 따라 http://URL/smartbusi/index.html과 같이 호출될 수도 있고 http://URL/index.html과 같이 호출될 수도 있다.

- 2레벨: 프로그램 종류별로 저장되는 디렉터리를 지정한다. 사용자 화면을 구성하는 jsp나 HTML은 ui 디렉터리 아래에 저장되고 이미지는 images 디렉터리 아래에 저장된다. 자바스크립트 파일은 scripts 디렉터리 아래에 저장되며 화면에서 출력하는 리포트 파일은 reports 디렉터리 아래 저장된다. 증빙자료와 같은 파일이 서버로 업로드 된다면 upload 디렉터리 아래에 저장된다.

- 3레벨: 업무명으로 구분되는데 ui 디렉터리 아래에 영업일지 작성, 영업지원 관리 등 각각 업무별로 별도의 디렉터리가 생성되어 저장된다. 자바 기반의 프로젝트에서는 UI와는 별개로 비즈니스 로직이 smartbusi/WEB-INF 디렉터리 아래에 따로 저장되는데 선택한 프레임워크에 따라 디렉터리 구성이 달라진다. 채택한 기술 구조에 알맞은 디렉터리 구조를 사전에 정의하는 것이 좋다.

UI 코딩 표준

클라이언트 프로그램의 코딩 표준을 정의하는 UI 코딩 표준은 일반적으로 명명규칙, 주석규칙, 소스코드 구조로 구성된다.

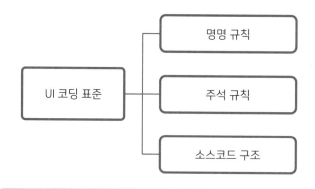

그림 6-3 UI 코딩 표준

- 명명규칙: 변수나 함수 이름을 지을 때 사용할 규칙을 정의하는 것이다.

- 주석규칙: 프로그램 맨 위에 프로그램을 간단하게 설명하는 주석을 어떤 형태로 만들지를 정의하는 것이다.

- 소스코드 구조: 프로그램의 가독성을 높이기 위해 메타태그, 외부파일 링크, 자체 스크립트 그리고 HTML 파일을 어떤 구조로 구성할지 정의하는 것이다.

객체 명명 규칙

HTML에서 사용하는 컴포넌트에 대한 명명 규칙을 알아보자.

컴포넌트	접두어	사례
Button	btn	btnSearch, btnSave, btnDelete
Check Box	cb	cbAnniv, cbEmp
Combo Box	cbo	cboAnniv, cboEmp
Image	img	imgEmp, imgComp
List	lst	lstName, listEmp
Form	frm	frmSend, frmImp
Input	In	inID, InName
Text Area	ta	taReport, taSummary
Radio	rd	rdGubun, rdType

표 6-1 HTML 객체 명명 규칙

버튼을 표시하는 Button 컴포넌트 btn이라는 접두어로 시작해야 한다. 조회 기능을 담당한다면 접두어와 업무를 결합해 btnSearch라고 이름을 짓는다. 저장 기능을 수행하는 버튼은 btnSave라 이름을 지으면 된다. 이와 같이 동일한 패턴으로 컴포넌트 이름을 지으면 다른 사람이 프로그램을 분석할 때 코드를 자세히 분석하지 않아도 이름만으로 대략적인 기능을 유추할 수 있다.

메소드 명명규칙

자주 사용하는 메소스 명명규칙을 살펴보자. 컴포넌트 명명 규칙과 마찬가지고 메소드 명명 규칙 또한 프로그램 가독성 및 개발 생산성을 향상시키기 위해 사용한다. 메소드의 동작을 기준으로 이름을 만들면 소스코드 분석 없이 기능을 쉽게 유추할 수 있다.

동사	설명	사례
Search	서버에서 정보를 조회할 때	searchEmpNo
Save	서버에 신규로 정보를 저장할 때	saveEmpNo
Update	서버에서 조회한 정보를 수정해서 서버에 저장할 때	updateEmpNo
Delete	서버에서 조회한 정보를 삭제할 때	deleteEmpNo
Get	속성을 가지고 올 때	getValue
Set	속성을 설정할 때	setValue
Generate	새로운 속성 값을 생성할 때	generateKey
Calculate	수식을 계산할 때	calculateAge
Is	특성이나 상태의 진위 여부를 판단할 때	isValid

표 6-2 메소드 명명규칙

주석 규칙과 코딩 표준 정하기

주석은 소스코드 안에 적어놓은 프로그램에 대한 설명이다. 주석 규칙을 따로 정하기 보다는 주석에 대한 사례를 정확하게 제시하는 것이 보다 효율적이다.

```
<!-- ****************************************************
 * 프로그램 명     : 영업일지 목록
 * 소스파일 이름 : salesReportList.html
 * 파일설명       : 영업일지 목록을 보여주는 클라이언트 화면
 * 작성자         : 박개발
 * 버전           : 1.0.0
 * 생성일자       : 2018-10-09
 * 최종수정일자   : 2018-10-09
 * 최종수정자     : 김개발
 * 최종수정내용   : 영업일지 목록이 작성 시간을 추가
 **************************************************** -->
```

그림 6-4 주석 규칙 정하기

주석에 들어가는 내용은 이 프로그램의 역할이 무엇이고 누가 처음 개발했으며 나중에 언제 누가 왜 수정했는지 정도이다.

간단한 HTML 파일을 중심으로 코딩 표준을 알아보자. 인터넷에서 코딩 표준에 대한 많은 자료를 쉽게 찾을 수 있다. 많은 자료가 "변수 이름 뒤에 몇 칸 띄우고…", "if문 다음에는 뭐가 오고…" 이런 식으로 자세하게 규칙을 정의하고 있다. 하지만 개발자가 이런 문서를 하나하나 읽어보고 코딩하기는 쉽지 않다. 우선 개발자는 문서와 별로 친하지 않다. 개발자는 코드를 좋아하며 코드를 보고 이해하기를 원한다.

코딩 표준은 코드로 정의해서 주는 것이 좋다. 간단한 구조의 코드를 사례로 기본적인 구조를 어떻게 가져가야 하는지 설명하는 것이 개발자도 이해하기 좋고 프로그램에 복사해서 넣기도 좋다.

```html
<!-- ***************************************************************
주석
*************************************************************** -->
<!DOCTYPE HTML PUBLIC "-//W3C//DTD HTML 4.0 Transitional//EN">
<html>
  <head>
    <meta http-equiv="Content-Type" content="text/html; charset=iso-8859-1">
    <script src="min.js"/>
    <style src="min.css"/>
    <style type="text/css">
      BODY { background-color: white; color: black }
    </style>
    <title> 영업일지 목록</title>
  </head>

  <script>
    getEmpList(a) {
      var f = document.frm;
      if(a==1) {
        alert(1);
      } else {
        alert(2);
      }
      f.submit();
    }
  </script>

  <body>
    <form name="frmSend">
    <input key="1"/>
    <table>
      <tr>
        <td><input id="reportID"/></td>
        <td></td>
      </tr>
    </table>
    </form>
  </body>
</html>
```

그림 6-5 코딩 표준 정하기

개발환경 구축하기

개발환경 구성

일반적인 프로젝트 개발 환경은 '형상관리 서버', '웹 서버' 그리고 'DB 서버'로 구성된다. 프로젝트 규모가 작은 경우에는 세 가지 시스템이 하나의 서버에 설치되기도 하지만 여력이 된다면 서로 기능과 역할이 다르므로 별도의 서버로 구성하는 것이 좋다.

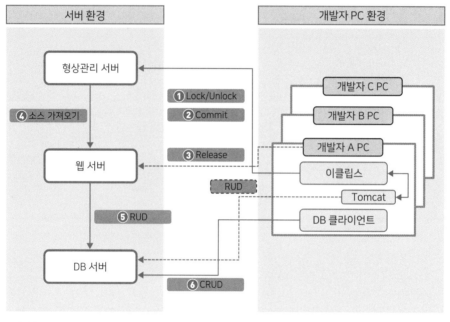

그림 6-6 개발환경 구성

'형상관리 서버'는 여러 명의 프로그래머가 협업을 할 수 있도록 도와주고, 프로그램과 산출물을 시계열적으로 관리하는 역할을 한다. 프로젝트에서는 하나의 프로그램을 한 명이 계속 개발하는 것이 아니라 다른 사람이 수정할 수 있으므로 프로그램에 락Lock과 언락Unlock 기능을 필수로 지원해야 한다. ①공통 기능을 A 개발자가 수정하기 위해서는 먼저 프로그램에 락을 걸어야 한다. 만일 프로그램에 락이 걸렸다면 C와 D 개발자는 프로그램을 수정할 수 없다. ②A 개발자가 프로그램 수정이 끝났다면 커밋Commit을 통해 내가 수정한 내역을 형성관리 서버에 저장해야 한다. ③커밋 후 연락이 되면 B와 C 개발자가 프로그램을 수정할 수 있다. A 개발자는 커밋을 하면서 자신이 어떤 내용을 수정했는지 텍스트로 기록해야 한다. 그래야 다른 개발자가 프로그램의 변경 내역을 확인하고 본인이 수정할 때 참고할 수 있다.

형상관리 서버의 또 다른 역할은 변경을 관리하는 것이다. 요구사항 명세서를 수정하고 형상관리 서버에 커밋하면서 수정 내용을 적어 놓으면 다른 사람이 요구사항 명세서를 참고할 때 변경 내역을 확인할 수 있다. 만일 수정되기 전 요구사항 명세서의 내용을 확인할 필요가 있다면 형성관리 서버(커밋 날짜에 따른 요구사항 명세서를 모두 저장)에서 쉽게 찾아볼 수 있다. 특히 프로그램 같은 경우는 이전 버전과 현재 버전이 어떻게 차이가 나는지 프로그램에서 라인 단위로 비교할 수 있으므로 변경 내용을 아주 쉽게 파악할 수 있다.

형상관리 소프트웨어

CVS (Concurrent Versions System)	가장 오래된 중앙 관리 방식 형상관리 소프트웨어 기능성의 한계 때문에 현재 많이 사용하지 않음
SVN (Subversion)	CVS의 단점을 보완하고 호환성을 유지하는 중앙 관리 방식 형상관리 소프트웨어로 현재 많이 사용되고 있음
Git	기존 방식과 개념이 완전히 다른 분산 관리 방식의 형상관리 소프트웨어

그림 6-7 형상관리 소프트웨어

형상관리는 말 그대로 프로그램이나 문서의 형상을 기억하고 관리하는 것을 말한다. 형상을 기억한다는 것은 문서를 수정하기 전과 후의 버전을 모두 저장하고 있다는 뜻이다. 즉 형상관리를 사용하면 언제든지 과거 버전으로 프로그램을 되돌릴 수 있다.

가장 먼저 만들어진 형상관리 소프트웨어는 CVS이다. 무료이고 쉽게 설치할 수 있지만, 내장된 오류로 인해 SVN으로 빠르게 대체되었다. 최근에는 분산 관리 방식의 Git이 점차 확산되는 추세이다. SVN과 Git은 관리방식과 소프트웨어 동작 방식이 완전히 다르기 때문에 프로젝트에 참여한 개발자의 상황에 알맞은 형상관리 툴을 사용하는 것이 좋다. Git이 유행이라고 SVN에 익숙한 개발자에게 Git을 사용하라고 가용할 필요가 전혀 없다. 형상관리 소프트웨어를 사용하는 목적이 단순히 버전 관리를 위해서라면 SVN로 충분한 기능을 가지고 있기 때문이다.

웹 서버

웹 서버는 정적인 콘텐츠를 처리하는데 특성화되어있다. 정적인 콘텐츠란 한번 만들어지면 변하지 않는 것을 말한다. 예를 들어 이미지, html, css, js 파일 등이 정적인 콘텐츠에 해당한다. 반면 웹 애플리케이션 서버는 동적인 콘텐츠를 주로 처리한다. jsp나 class 파일은 입력 값이 무엇이냐에 따라 동작이 달라지기 때문에 웹 서버 보다는 웹 애플리케이션 서버에서 처리한다. 우리가 가장 많이 사용하는 대표적인 웹 서버로는 아파치가 있고, 웹 애플리케이션 서버로는 톰캣이 있다. 웹 애플리케이션 서버는 다양한 상용 제품이 많이 나와 있지만, 개발 환경에서는 톰캣을 활용해도 큰 문제가 없다. 자바 기반의 웹 애플리케이션 서버는 모두 j2ee 스펙을 지원하게 약속되어 있기 때문이다.

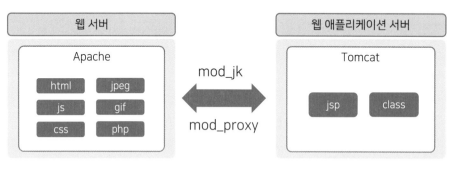

그림 6-8 웹 서버

톰캣이 동적인 콘텐츠만 서비스할 수 있는 건 아니다 html과 이미지와 같은 정적인 콘텐츠 또한 처리할 수 있다. 하지만 웹 서버보다 정적 콘텐츠 처리 성능이 떨어지기 때문에 아파치와 톰켓을 별도로 구성해서 사용하는 것이 좋다. 하지만 10억 이하의 중소규모 프로젝트에서는 개발서버에 톰켓만 설치해도 큰 문제가 되지 않는다.

데이터베이스

데이터베이스는 개발자의 PC 환경에서 전용 클라이언트를 통해 접근하고 톰켓(웹 서버)에서는 JDBC Driver를 통해 접근한다. 데이터베이스는 운영 환경과 같은 제품과 버전을 설치해야 한다. 웹 서버와 달리 제품이 다르면 데이터베이스를 다루기 위한 SQL이 호환되지 않는 경우가 많고 제품이 같더라도 버전에 따라 세부 기능이 다르기 때문이다.

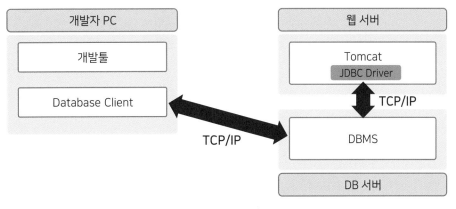

그림 6-9 데이터베이스

팀으로 개발하기

대표적인 형상관리 소프트웨어인 SVN은 파일이 형상을 시계열적으로 관리하는 기능을 제공하지만, 팀 작업을 지원하는 기능도 제공한다. SVN은 서버와 클라이언트 방식으로 동작하는데 대표적인 개발 툴인 이클립스에서도 SVN 클라이언트 플러그인을 지원하고 있다.

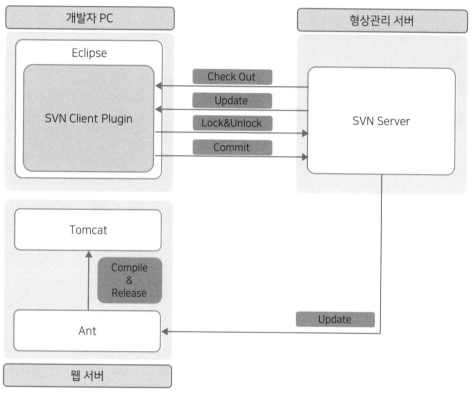

그림 6-10 이클립스와 SVN

체크아웃Check Out으로 서버에 있는 모든 소스를 클라이언트로 가져올 수 있고 업데이트Update를 통해 클라이언트에 있는 소스를 서버 기준으로 최신 버전으로 유지할 수 있다. 팀 작업에서 유용한 것이 바로 락Lock과 언락Unlock인데 여러 명이 작업할 때 자신이 프로그램을 변경할 경우 락을 걸어 다른 사람이 수정하지 못하도록 하는 것이 좋다. 작업이 완료된 후 커밋 Commit을 통해 프로그램을 형상관리 서버에 저장하고 언락해서 다른 사람이 변경할 수 있는 상태로 만들어준다.

또한 SVN은 지속적인 배포Continuous Release 기능을 지원하고 있다. ant나 maven과 같은 툴을 사용해 개발 서버에서 형상관리 서버로부터 소스를 가지고 오고 컴파일하는 과정을 자동화할 수 있다.

> 지속적 배포(Continuous delivery, CD)란, 팀이 짧은 주기로 소프트웨어를 개발하는 소프트웨어 공학적 접근의 하나로, 소프트웨어가 언제든지 신뢰 가능한 수준으로 출시될 수 있도록 보증하기 위한 것이다. 소프트웨어를 더 빠르게, 더 주기적으로 빌드하고 테스트하고 출시하는 것을 목표로 한다. 이러한 접근은 더 많은 증분 업데이트를 업무 애플리케이션에 적용할 수 있게 함으로써 변경사항의 배포에 대한 비용, 시간, 위험을 줄일 수 있게 한다. –출처: 위키피디아

효율적으로 코딩하기

샘플 프로그램 만들기

유지보수가 효율적인 프로그램을 만들려면 코딩 표준을 참조해서 같은 명명 규칙과 코딩 스타일을 적용해야 한다. 하지만 프로그램을 만들 때 개발자는 문서를 잘 읽지 않는 경향이 있다. 읽고 공부하는 것보다 따라 하고 옆 사람에게 물어보는 게 훨씬 수월하기 때문이다. 프로젝트에서는 개발 효율을 높이고 코딩 품질을 높이기 위해 고급 개발자에게 샘플 프로그램을 먼저 개발하게 하는 경우가 많다. 표준을 준수하고 효율적으로 잘 짜인 샘플 프로그램이 주어진다면 다른 개발자들은 고품질의 프로그램을 손쉽게 만들 수 있다.

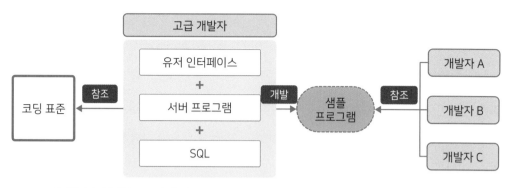

그림 6-11 고급 개발자에 의한 샘플 프로그램 만들기

코드 리뷰

코드 리뷰는 작성자가 여러 사람 앞에서 자신이 만든 코드를 직접 설명하는 방식으로 진행한다. 개발자에 따라서는 다소 부담이 될 수도 있지만, 자신이 보지 못한 개선점을 다른 사람이 발견해 줄 수 있는 아주 좋은 기회이다. 코드 리뷰를 자주 하는 것은 프로젝트 일정상 불가능한 일이므로 1~2회 정도 적당한 시기를 골라 진행해야 한다. 개발이 어느 정도 진행된 다음에 코드 리뷰를 하면 수정해야 할 오류가 많기 때문에 개발 초기에 리뷰를 수행해서 올바른 개발 방향을 설정할 수 있도록 지원하는 것이 좋다.

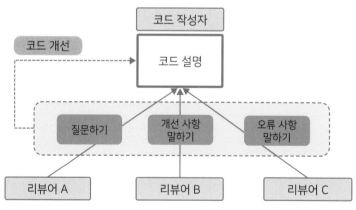

그림 6-12 코드 리뷰

페어 프로그래밍

페어 프로그래밍Pair Programming은 XPeXtreme Programming에서 제시한 개발 방식으로써 2명이 한 쌍으로 개발을 진행하는 방식이다. 주니어 개발자인 '드라이버'는 소스코드를 타이핑하고 시니어 개발자인 '네비게이터'는 실시간으로 코드를 리뷰하고 조언을 해준다. 네비게이터는 드라이버의 작업을 지켜보면서 보다 나은 방법을 제안하며 드라이버는 네비게이터의 의견을 경청하면 건설적으로 응답해야 한다. 네비게이터와 드라이버가 서로의 역할을 이해하고 협력적으로 작업한다면 생산성이 오르고 품질이 향상될 수 있지만, 그렇지 못할 경우 작업의 효율성을 떨어트릴 수 있다.

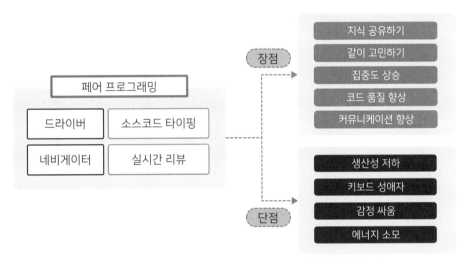

그림 6-13 페어 프로그래밍

페어 프로그래밍은 주니어가 시니어의 지식을 공유할 수 있다는 장점이 있다. 아무래도 경험이 부족한 주니어 개발자보다는 시니어 개발자가 효율적인 알고리즘과 방법론을 알고 있기 때문이다. 혼자 프로그램을 하다 보면 문제가 잘 안 풀릴 경우 많은 스트레스를 받고 해결책을 찾기도 싫지 않다. 하지만 같이 프로그램을 할 경우 서로에게 기댈 수 있고 의견을 나누다 보면 의외로 문제가 쉽게 해결되기도 한다. 컴퓨터만 보고 프로그램을 하다 보면 자칫 쉬는 시간 없이 몇 시간이고 코딩을 하는 경우가 많은데 처음에는 생산성이 높다고 생각할 수 있지만, 이런 일상이 반복되다 보면 집중도가 쉽게 떨어지는 경우가 많다. 시니어 개발자와 같이 대화하면서 코딩하면 개발 중간에 오가는 대화가 피로도를 떨어뜨리고 상대방에게서 듣는 칭찬과 조언이 활력소가 되기도 한다. 시니어의 조언에 따라 개발하다 보면 당연히 코드 품질이 높아지고 개발 중간에 오가는 대화는 팀원들 간 커뮤니케이션을 향상시키게 된다.

하지만, 페어 프로그래밍이 장점만 있는 것이 아니다. 두 명이 같은 일에 투입되다 보니 자연스레 생산성이 떨어질 수 있고 주니어 개발자의 미숙함을 참다못한 시니어 개발자가 직접 개발에 참여하는 일이 잦아질 수 있는 위험도 있다. 마음이 맞지 않는 두 사람이 같이 일하다 보면 서로 감정 상할 수도 있다. 온종일 같이 대화한다는 것은 다양한 장점이 있지만 혼자 일하는 것보다 에너지 소모가 심할 수 있다.

페어 프로그램은 장단점을 모두 가지고 있는 개발 방식이기 때문에 프로젝트 특성에 알맞게 변형해서 사용하는 게 좋다. 페어 프로그래밍을 시스템 개발 전 과정에 적용하기보다는 개발 전반부에 사용해서 코드 품질을 일정 수준 이상으로 높여 놓는 것이 좋다. 주니어 개발자도 후반부에 가면 개발 능력이 향상되고 앞에서 배운 기술을 활용하기 때문에 계속 페어 프로그래밍을 하지 않아도 된다. 페어 프로그래밍을 선택적으로 적용하는 것도 하나의 방법이다. 개발자 중 개발 능력이 떨어지는 사람만 페어로 개발하는 것이다.

6.5

프로그램 단위 테스트

단위 테스트란

단위 테스트는 실행 가능한 최소 단위의 프로그램을 테스트하는 것을 말한다. 중소 규모의 프로젝트에서는 단위 테스트를 개발자와 설계자가 진행하고 큰 규모의 프로젝트에서는 전문 테스터가 참여하기도 한다. 단위 테스트는 모두 5단계로 구성된다. 테스트 일정과 방법 그리고 담당자를 정의하는 '단위 테스트 계획 단계'가 있고 어떤 입력 값을 정해진 절차에 따라 넣어 어떤 결과를 얻어야 하는지를 정하는 '테스트 케이스 작성 단계'가 있다. 단위 테스트는 테스트 케이스를 기반으로 수행하며 테스트가 완료되면 어떤 오류가 발생했는지 결함 보고서에 상세히 기록한다. 개발자는 이를 기반으로 프로그램을 다시 수정하게 된다.

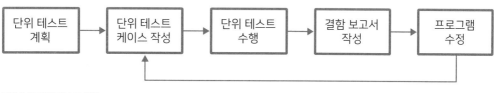

그림 6-14 단위 테스트 절차

프로젝트 일정이 짧고 투입 인력이 적은 국내 프로젝트의 특성 상 단위 테스트 계획과 테스트 케이스 작성 그리고 결함 보고서 작성 과정은 생략하는 경우가 많고 단위 테스트도 프로그램을 개발한 개발자가 직접 수행하는 경우도 많다. 하지만 단위 테스트는 프로젝트 품질 보증 활동의 시작점이고 가장 중요한 단계이다. 시간과 인력이 부족할 경우 테스트 자동화와 같은 효율적인 테스트 기법을 적용해서 단위 테스트 품질을 높이기 위한 노력이 필요하다.

단위 테스트 자동화 도구

단위 테스트 자동화를 위한 정적/동적 도구들이 많이 나와있지만 공개 소프트웨어 포털Open Source Software에서 소개된 테스트 자동화 프레임워크를 중심으로 살펴보자. 기업에서 상용으로 개발한 테스트 자동화 도구는 많은 기능을 제공하지만 비용이 고가이다. 하지만 오픈 소스로 개발된 다양한 테스트 도구들도 단위 테스트에 충분히 활용할 수 있는 수준이기 때문에 상용 소프트웨어를 별도로 구매하지 않아도 된다. 현재 프로젝트에서 가장 많이 사용되고 있는 JUnit과 Selenium을 중심으로 어떻게 테스트를 자동화할지 알아보도록 하자(출처: www.oss.kr).

- xUnit: java(JUnit), C++(Cppunit), .Net(NUnit) 등 다양한 언어를 지원하는 단위 테스트 프레임워크

- STAF: 서비스 호출, 컴포넌트 재사용 등 다양한 환경을 지원하는 테스트 프레임워크

- FitNesse: 웹기반 테스트 케이스 설계/실행/결과 확인 등을 지원하는 테스트 프레임워크

- NTAF NHN: 테스트 자동화 프레임워크이며, STAF와 FitNesse를 통합

- Selenium: 다양한 브라우저 지원 및 개발언어를 지원하는 웹애플리케이션 테스트 프레임워크

- watir Ruby: 기반 웹애플리케이션 테스트 프레임워크

대표적인 단위 테스트 도구 JUnit

JUnit은 이클립스로 개발하는 자바 환경에서 가장 많이 사용하는 단위 테스트 도구이다. 테스트 함수를 단일 패키지로 묶을 수 있으며 다양한 검증 함수를 지원해 프로그램이 반복적으로 수정되는 프로그램 개발 과정에서 테스트 케이스를 반복적으로 적용할 수 있다. 단위 테스트 시간을 획기적으로 줄일 수 있을 뿐만 아니라 테스트 품질도 향상시킬 수 있다.

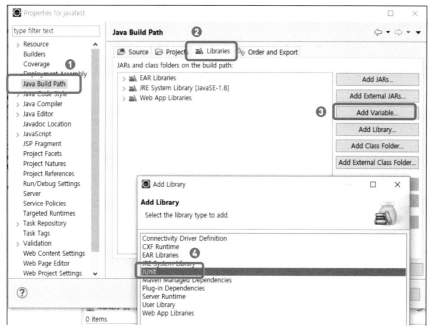

그림 6-15 JUnit, 설정

Junit은 이클립스에 기본적으로 내장되어 있지만, 사용하려면 라이브러리를 추가해야 한다. 이클립스 프로젝트 환경설정에서 ①[Java Build Path] → ②[Library] → ③[Add Library] → ④[Junit]을 추가해주면 된다.

```
Calculator.java

package test;

public class Calculator {

    public int plus(int a, int b) {
        return a+b;
    }

    public int minus(int a, int b) {
        return a-b;
    }

    public int multiple(int a, int b) {
        return a*b;
    }

    public float divide(int a, int b) {
        return a/b;
    }
}
```

그림 6-16 사칙연산 프로그램 개발

본격적으로 JUnit을 사용하기 전에 테스트를 위해 사칙 연산하는 클래스 Calculator.java를 만들어보자. Calculator.java는 plus, minus, multiple, divide 이렇게 모두 4 개의 메소드를 가지고 있다.

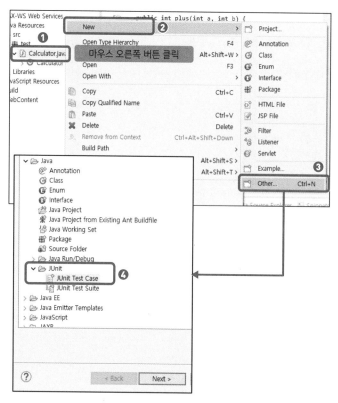

그림 6-17 JUnit 클래스 생성 1/3

이제 JUnit 테스트 클래스를 만들어보자. 왼쪽 [Project Explorer] 영역에서 ❶테스트할 클래스를 선택하고 ❷마우스 오른쪽 버튼을 눌러 [New] → ❸[Other] 메뉴를 선택하면 새로운 팝업 창이 새로 나온다. ❹아래로 스크롤하면 [Junit] 영역이 나오면 한번 더 눌러 [JUnit Test Case]를 선택하자.

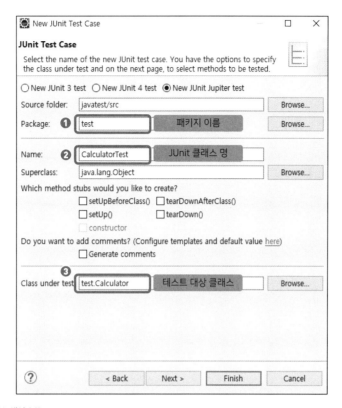

그림 6-18 JUnit 클래스 생성 2/3

JUnit 테스트 케이스 생성화면에서 파일이 생성될 ①패키지 이름, ②클래스 이름 그리고 ③어떤 클래스를 테스트할지 정보를 확인할 수 있다. 실제로 JUnit을 사용할 때는 별도의 패키지를 만들어서 JUnit 테스트 케이스 클래스만 별도로 모아두는 것이 좋다. 운영에 적용할 때 JUnit 테스트 케이스 클래스는 필요가 없으므로 삭제하거나 운영으로 이관이 안 되도록 설정하는 것이 좋다. 별도의 패키지에 파일을 모아 놓으면 이런 설정을 쉽게 할 수 있다. 이 책에서는 편의를 위해 테스트 대상 클래스와 같은 패키지 안에 JUnit 클래스를 만들도록 한다.

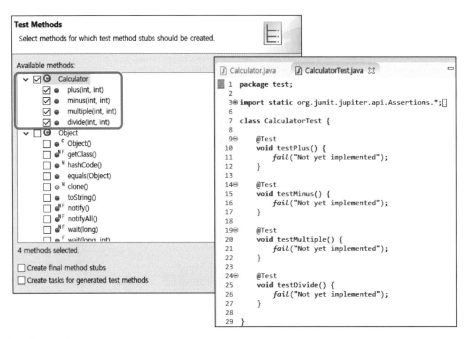

그림 6-19 JUnit 클래스 생성 3/3

다음 버튼을 누르면 테스트할 메소드를 선택할 수 있다. 사칙 연산을 위한 모든 메소드를 선택하자. CalculatorTest.java 클래스가 생성됐고 사칙연산과 관련된 테스트 메소드 4개가 생성된 것을 확인할 수 있다. 아직 세부적인 테스트 케이스가 지정되지 않았기 때문에 "Not yet implemented"라고 지정되어 있다.

```
  Calculator.java      J  CalculatorTest.java  ⊠
 1  package test;
 2
 3⊕ import static org.junit.jupiter.api.Assertions.*;
 6
 7  class CalculatorTest {
 8
 9⊖      @Test
10      void testPlus() {
11          Calculator calculator = new Calculator();
12          assertEquals(3, calculator.plus(1, 2));
13      }
14
15⊖      @Test
16      void testMinus() {
17          Calculator calculator = new Calculator();
18          assertEquals(3, calculator.minus(2, 1));
19      }
20
21⊖      @Test
22      void testMultiple() {
23          Calculator calculator = new Calculator();
24          assertEquals(2, calculator.multiple(2, 1));
25      }
26
27⊖      @Test
28      void testDivide() {
29          Calculator calculator = new Calculator();
30          assertEquals(3, calculator.divide(2, 1));
31      }
32
33  }
34
```

그림 6-20 JUnit 테스트 케이스 생성

이제 테스트 함수에 테스트 케이스를 포함하고 있는 검증 함수를 작성해서 JUnit 클래스를 완성해 보자. assertEqual은 두 개의 인자 결과가 같으면 테스트 성공을 의미한다. JUnit은 다양한 검증 함수를 제공하며 JUnit에서 제공하는 API 문서에 다양한 함수의 설명을 찾을 수 있다. http://JUnit.sourceforge.net/javadoc/org/JUnit/Assert.html 사이트를 참고해 보자.

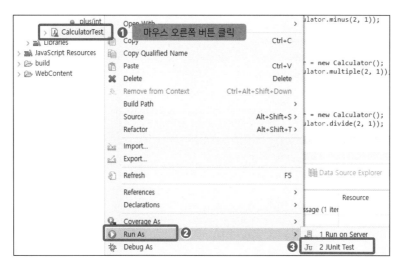

그림 6-21 JUnit 단위 테스트 실행

검증 함수까지 개발이 완료됐으면 이제 단위 테스트를 실행할 차례다. ①JUnit 클래스를 선택하고 마우스 오른쪽 버튼을 누르면 새 창이 나오는데 ②[Run As] → ③[JUnit Test] 를 선택하면 단위 테스트를 실행할 수 있다.

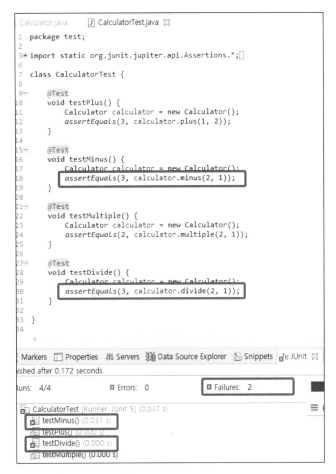

```
Calculator.java      J CalculatorTest.java  ⊠
 1  package test;
 2
 3⊕ import static org.junit.jupiter.api.Assertions.*;□
 6
 7  class CalculatorTest {
 8
 9⊖     @Test
10      void testPlus() {
11          Calculator calculator = new Calculator();
12          assertEquals(3, calculator.plus(1, 2));
13      }
14
15⊖     @Test
16      void testMinus() {
17          Calculator calculator = new Calculator();
18          assertEquals(3, calculator.minus(2, 1));
19      }
20
21⊖     @Test
22      void testMultiple() {
23          Calculator calculator = new Calculator();
24          assertEquals(2, calculator.multiple(2, 1));
25      }
26
27⊖     @Test
28      void testDivide() {
29          Calculator calculator = new Calculator();
30          assertEquals(3, calculator.divide(2, 1));
31      }
32
33  }
34
      ⟨
```

```
 Markers □ Properties ⟨⟩ Servers ▒ Data Source Explorer ▒ Snippets ▯υ JUnit ⊠

ished after 0.172 seconds

Runs: 4/4              ⊠ Errors:  0            ⊠ Failures:  2

▒ CalculatorTest [Runner: JUnit 5] (0.047 s)                              ≡
    ▣ testMinus() (0.031 s)
    ▣ testPlus() (0.000 s)
    ▣ testDivide() (0.000 s)
    ▣ testMultiple() (0.000 s)
```

그림 6-22 JUnit 단위 테스트 결과 분석

단위 테스트를 실행하면 화면 아래에 'Junit'이라는 이름의 탭이 하나 생기고 결과가 표시된 다. 단위 테스트에는 모두 2개의 실패Failures가 나왔는데 아래쪽으로 좀 더 내려와보면 testMinus와 testDivide 함수 앞에 x 표시가 된 것을 확인할 수 있다. 더블 클릭하면 화면 위 에 실패가 발생한 소스코드 위치로 바로 이동한다. 실패가 발생한 코드를 살펴보고 프로그램 을 수정하고 다시 CalculatorTest 클래스를 실행해 오류가 정정됐는지 확인할 수 있다.

JUnit을 사용하는 이유는 테스트 케이스를 함수로 작성해서 관리할 수 있고 별도의 클래스에 테스트 케이스를 보관해 프로그램이 변경 되더라도 기존의 테스트 케이스를 그대로 활용할 수 있기 때문이다. 또한 다양한 검증 함수를 지원하므로 복잡한 테스트 케이스를 적용할 수 있다.

웹 테스트 자동화 도구 셀레니움

셀레니움Selenium은 프로그램을 통해 사람이 사용하는 것처럼 브라우저를 콘트롤 할 수 있는 프로그램이다. 셀레니움은 웹 드라이버와 IDE 형식으로 제공되는데 웹 드라이버Web Driver는 C, 파이썬, 루비와 같은 프로그램 언어와 API 수준의 인터페이스를 제공하는 모듈이다. 웹 드라이버를 사용하면 프로그래밍을 통해 웹 스크롤러와 테스트 자동화 도구를 개발할 수 있다.

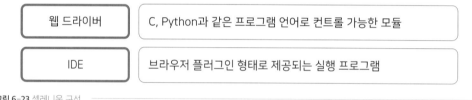

그림 6-23 셀레니움 구성

셀레니움 IDE는 브라우저 플러그인 형태로 제공되는 실행 프로그램이다. 사용자의 브라우저 사용을 기록하고 재현할 수 있다. 간단한 클릭뿐만이 아니라 마우스를 이동하는 것과 로그인까지 사람이 하는 모든 동작을 기록해서 저장하고 나중에 똑같이 재현할 수 있다. 셀레니움 IDE를 통해 Record & Play 방식의 자동화 테스트가 구현할 수 있다. 셀레니움 IDE를 사용해 웹 프로그램 테스트 자동화를 어떻게 구현하는지 간단하게 알아보자.

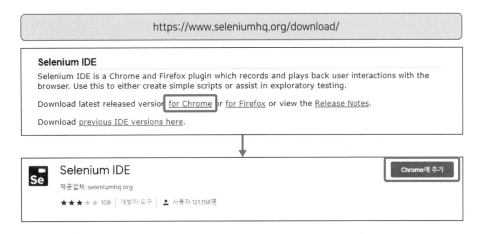

그림 6-24 셀레니움 설치

셀레니움 IDE를 내려받으려면 셀레니움 공식 사이트(https://www.seleniumhq.org/)를 방문해야한다. 화면 중간쯤에 Selenium IDE 항목이 나오고 거기에서 본인이 많이 사용하는 브라우저에 알맞은 프로그램을 선택한다. 프로그램을 내려받는 것이 아니라 브라우저를 지원하는 플러그인을 설치하는 방식이다.

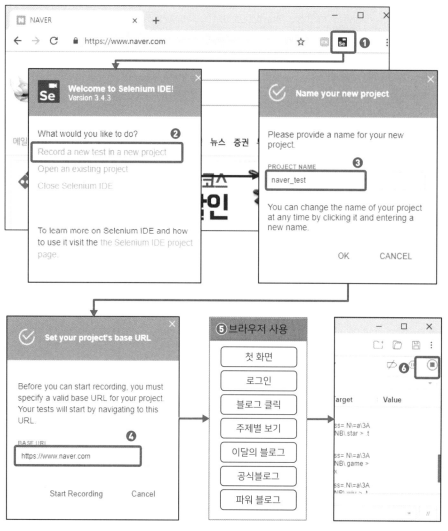

그림 6-25 셀레니움 녹화

셀레니움의 사용법은 생각보다 간단하다. 셀레이움 IDE를 설치하면 브라우저 오른쪽 위에 Se 아이콘을 볼 수 있다. ①아이콘을 클릭하면 셀레니움의 시작 화면이 나타난다. ②시작 방식을 선택한다. 처음 시작하는 것이므로 새로운 프로젝트를 선택해보자. ③프로젝트 이름을 naver_test라하고 ④처음 시작하는 주소를 https://www.naver.com라 입력하자. ⑤ 이제 브라우저가 실행되고 처음 입력한 주소가 실행된다. 로그인해서 블로그로 들어가 주제별 보기부터 하나씩 눌러보자. 이제 테스트가 끝났다면 ❻화면 맨 오른쪽에 있는 정지 버튼을 눌러 화면 녹화를 중지해 보자.

그림 6-26 셀레니움 실행

셀레니움 녹화한 결과를 다시 실행할 때는 왼쪽 위에 있는 ❶플레이 버튼을 눌러주면 된다. 방금 전에 녹화한 내용을 다시 재현할 수 있다. 화면 중간에는 ❷어떤 순서로 브라우저가 실행되는지 순서대로 나와 있다. 로그인한 부분에는 아이디와 비밀번호가 그대로 저장되어 Value 부분에 표시된다. 이 값 역시 서버로 전송되어 인증처리가 된다. 화면 아래에는 ❸단계별로 처리된 결과를 볼 수 있다. 정상 처리되었다면 OK 메시지를 확인할 수 있다. 녹화한 내역을 저장해서 다음에 실행하고 싶다면 ❹화면 오른쪽 위에 있는 저장 버튼을 눌러 파일로 저장할 수 있다.

셀레니움의 장점은 통합 테스트 시점에 테스터가 실행한 내역을 그대로 저장하고 있다가 오류 수정 후 테스터의 참여 없이 자동화 테스트를 수행할 수 있다는 점이다. 고비용의 테스트 작업을 최소화하여 저비용으로 고품질의 소프트웨어를 만들 수 있다.

훌륭한 프로그래머는 최적의 알고리즘으로 효율적인 프로그램을 개발하는 것뿐 아니라 다른 사람과 협력하는 능력을 갖추고 있어야 한다. 공동 작업을 위한 여러 가지 툴과 방법론이 있지만, 중심이 되는 개념은 표준과 공유이다. 개발 표준을 정하고 그것에 맞게 코딩 하고 내가 작업한 내역을 기록하고 그것을 다른 사람과 함께 공유하는 것이다.

프로그램 개발 못지않게 중요한 것이 테스트이다. 하지만 테스트는 반복 작업이 될 수밖에 없다. 개발은 한 번에 끝나는 것이 아니라 오류가 수정되고 추가 요구사항이 추가되기 때문이다. 이를 위해서 테스트 자동화 도구가 도입되고 있으며, 과거보다는 자동화를 통해 소프트웨어의 품질이 획기적으로 개선되고 있다.

07

프로젝트 완료하기

위대한 이들은 목적을 갖고,
그 외의 사람들은 소원을 갖는다.
Great minds have purposes,
others have wishes.

워싱턴 어빙 Washington Irving

분석, 설계, 개발 과정에서는 수주사가 주된 역할을 했지만 프로

젝트 완료 과정에서는 발주사가 주된 역할을 한다. 프로젝트 완

료는 결과물이 요구사항대로 잘 만들어졌는지 확인하고 결과물

에 빠진 것은 없는지 검사하는 과정이다. 남들이 한 일을 확인한

다는 것은 지루한 작업일 수 있다. 하지만 이 과정에서 발주사가

꼼꼼히 확인하지 못한다면 수주 업체가 철수한 이후에 발생하는

문제를 해결하기 위해 많은 시간과 비용을 허비해야 하므로 최선

의 노력을 기울여야 한다.

프로젝트는 어떻게 완료하는가?

이제 6개월에 걸쳐 스마트 영업지원 시스템 구축을 완료했다. 제안서, 제안 요청서, 업무 문서를 분석하고 고객과의 인터뷰를 통해 요구사항을 정의했다. 요구사항 명세서를 기반으로 프로세스, 인터페이스, 데이터를 설계했으며 프로그래머는 설계서를 바탕으로 프로그램을 개발하고 단위 테스트로 자신이 만든 프로그램이 정상적으로 동작하는지 살펴봤다. 이제 고객의 순서이다. 개발된 프로그램이 정상적으로 동작하는지 고객 관점에서 살펴보고 이상 없이 완료됐으면 프로젝트를 마무리하고 비용을 지불해야 한다.

프로젝트 완료 단계는 고객의 입장에서 요구사항에 알맞게 시스템이 구축됐는지 검증하고 문서를 통해 고객사와 개발사 간에 프로젝트의 공식적인 종료를 선언하는 절차이다.

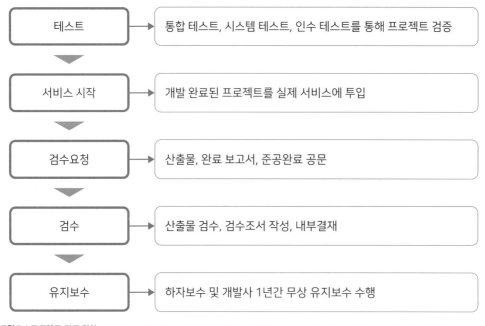

테스트	→ 통합 테스트, 시스템 테스트, 인수 테스트를 통해 프로젝트 검증
서비스 시작	→ 개발 완료된 프로젝트를 실제 서비스에 투입
검수요청	→ 산출물, 완료 보고서, 준공완료 공문
검수	→ 산출물 검수, 검수조서 작성, 내부결재
유지보수	→ 하자보수 및 개발사 1년간 무상 유지보수 수행

그림 7-1 프로젝트 완료 절차

프로젝트 완료 절차를 하나씩 살펴보자. 가정 먼저 해야 하는 것이 고객 입장에서 시스템을 검증하는 것이다. 프로젝트 종료 단계에서는 '통합 테스트', '시스템 테스트', '인수 테스트'를 통해 시스템을 검증한다. 검증이 완료됐다면 개발 완료된 프로젝트를 실제 서비스에 투입해 봐야 한다. 개발 환경과 운영 환경이 다르기 때문에 테스트를 완료한 프로그램도 환경에 따라 오동작을 할 수 있기 때문이다. 운영 환경에서도 프로그램이 정상적으로 동작한다면 개발사는 준공완료 공문을 통해 고객사에게 검수 요청을 한다. 준공완료 공문을 보낼 때 프로젝트 산출물과 완료 보고서를 함께 보낸다. 준공완료 공문을 접수한 고객사는 같이 접수한 산출물을 검증한 다음 검수조서를 만들고 내부 결재를 통해 프로젝트를 공식적으로 종료하고 잔금을 개발사에게 지급한다. 대부분의 프로젝트는 개발 후 1년간 무상 유지보수를 수행하며 추가 요구사항은 비용을 지불해야 하지만, 프로그램 오류로 발생한 사항은 개발사가 무상으로 작업해 줘야 한다.

7.2 프로젝트 완료를 위한 테스트

완료 단계 테스트

시스템 개발 단계에서 개발자와 설계자는 단위 테스트를 사용해 개발이 잘 되었는지를 검증한다. 개발자는 단위 테스트로 자신이 만든 프로그램만을 테스트하며 설계자 또한 단위 테스트를 통해 자신과 같이 일하는 개발자의 프로그래만을 검증한다. 물론 단위 테스트할 때도 입력과 출력을 주고받는 프로그램(다른 개발자가 만든)과 통합해 테스트를 진행하지만, 전체 프로그램이 업무 프로세스상에서 유기적으로 동작하는지 검증하지는 않는다. 다시 말하면 단위 테스트는 개별 프로그램만을 테스트한다고 보면 이해하기 쉽다.

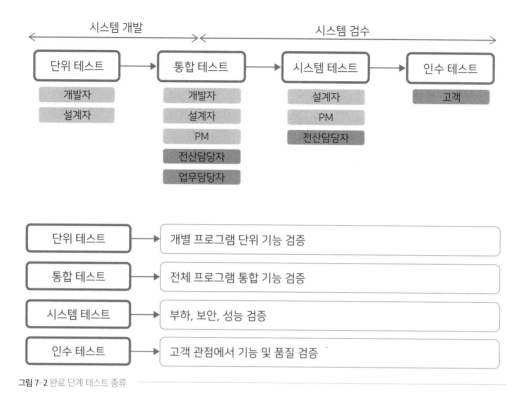

그림 7-2 완료 단계 테스트 종류

통합 테스트는 전체 프로그램을 통합해서 업무를 수행하는데 문제가 없는지 검증하는 절차이다. 통합 테스트에는 개발자, 설계자, PM 뿐만이 아니라 고객사의 전산 담당자와 업무 담당자가 모두 참여해 테스트를 진행한다. 업무관점에서 프로그램 검증이 끝났다면 피크 타임 Peak Time에서 시스템이 얼마나 많은 동시 접속자를 처리할 수 있는지, 보안에는 문제가 없는지 알아보기 위한 시스템 테스트를 진행한다. 시스템 테스트는 개발자보다는 설계자와 PM이 참여하고 고객사에서는 전산 담당자가 테스트 결과를 검증한다. 마지막으로 업무와 시스템 관점에서 모든 검증이 완료되면 실제로 시스템을 사용하는 고객 관점에서 테스트를 진행하는 인수 테스트를 거치게 된다.

통합 테스트

통합 테스트는 단위 프로그램을 결합해 전체 시스템 관점에서 정보의 흐름을 테스트하는 절차로써 테스트를 진행하기 전에 테스트 계획과 시나리오를 먼저 작성해서 철저하게 준비한 후 진행한다. 통합 테스트는 프로그램을 개발한 개발자뿐 아니라 프로젝트와 관련이 있는 고객사의 모든 이해관계자가 참여하게 된다. 고객사의 업무 담당자의 경우 시스템이 익숙하지 않고 무엇을 테스트해야 할 지 잘 모르기 때문에 잘 정리된 테스트 시나리오가 반드시 필요하다.

테스트케이스 ID	테스트케이스 목표	테스트케이스 정의	예상결과
TEST-001	영업비용 결재 상신 확인	사원(00001) 아이디로 영업일지 결재 상신	결재처리 상태 상신으로 변경
TEST-002	영업비용 결재 회수 확인	사원 아이디로 결재한 건을 회수 처리	결재처리 상태 회수로 변경
TEST-003	영업비용 결재 반려 확인	사원(00001) 아이디로 영업일지 결재 상신 후 팀장(00010) 아이디로 로그인 해서 결재 반려 처리	결재처리 상태 반려로 변경
TEST-004	영업비용 결재 완료 확인	사원(00001) 아이디로 영업일지 결재 상신 후 팀장(00010) 아이디로 로그인 해서 결재 처리	결재처리 상태 완료로 변경
TEST-005	영업비용 재무 시스템 처리 확인	결재 완료 처리 후 재무 시스템 테스트 DB 데이터 확인	영업비용 신청 내역 1건 추가
TEST-006	재무 시스템 처리완료 후 영업비용 처리상태 확인	재무 시스템에서 결재 처리	영업지원 시스템 상태 정산으로 변경

표 7-1 통합 테스트 시나리오 사례

일반적인 통합 테스트 시나리오는 테스트 케이스로 구성한다. 테스트 케이스는 특정 요구사항을 준수하고 있는지 확인하기 위해 만들어진 입력 값, 실행조건, 행위 그리고 예상결과의 집합이다. 테스트 케이스는 테스트 케이스ID, 테이스케이스 목표, 테이스트케이스 정의, 예상결과 이렇게 네 부분으로 구성된다. 테스트 케이스ID는 테스트 케이스를 식별하기 위한 식별자이다. 테스트 케이스의 목표는 테스트 케이스를 왜 수행해야 하는지 그 이유를 알려준다. 테스트 케이스 정의는 무엇을 어떻게 테스트해야 하는지 알려주는 구체적인 설명이다. 예상결과는 프로그램이 정상적으로 개발되었을 경우 테스트 케이스를 실행했을 때 나와야 하는 값이다. 예상결과와 실행 결과가 다르게 나온다면 오류로 체크하고 오류 보고서에 테스트 케이스ID와 오류 결과를 적어놔야 한다.

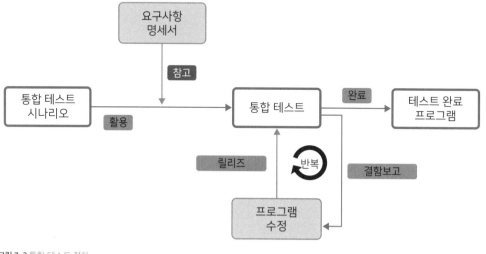

그림 7-3 통합 테스트 절차

통합 테스트 시나리오가 준비됐다면 이제 통합 테스트를 어떻게 진행해야 하는지 알아보자. 통합 테스트는 시나리오만 가지고 하는 것이 아니라 요구사항 명세서를 참고해야 한다. 요구사항 명세서에는 고객의 최종 요구사항이 들어가 있기 때문에 고객의 통합 테스트 시나리오에 누락된 부분이 있는지 살펴봐야 하고 이해가 안 되는 부분 또한 요구사항 명세서를 참고해야 한다. 통합 테스트 결과 오류가 발생하면 결함 보고서를 작성하고 프로그래머에게 전달한다. 프로그래머는 결함 보고서를 살펴보고 관련된 프로그램을 개선해야 한다. 통합 테스트와 프로그램 수정을 반복하면서 오류가 모두 해결되면 통합 테스트는 종료된다.

테스트 시나리오 외에 통합 테스트의 가장 핵심적인 산출물은 결함 보고서이다. 테스터는 결함 보고서를 작성하고 개발자는 결함 보고서에 있는 내용을 확인하면서 프로그램을 수정한다. 테스터 입장에서는 내가 작성한 결함 보고서가 언제까지 조치되는지 궁금할 것이고 내가 발견한 오류가 다른 테스터가 이미 발견한 오류와 겹치지 않는지 확인하고 싶어 한다. 이때 사용하는 것이 테스트 케이스 관리도구이다. 다양한 테스트 케이스 관리 도구가 있지만, 무료로 사용할 수 있는 레드케이스RedCase를 소개하고자 한다.

레드케이스는 대표적인 오픈 소스 프로젝트 관리 도구인 레드마인RedMine의 플러그인으로써 테스트 케이스를 등록하고 진행상황을 관리할 수 있는 테스트 케이스 관리도구이다. 레드케이스를 사용하려면 먼저 레드마인을 설치해야 한다. 다양한 프로젝트 관리 도구가 있지만, 프로젝트 일정관리, 이슈관리 등 다양한 기능을 무료로 제공하므로 레드마인을 사용해 프로젝트 관리를 진행하고 통합 테스트 단계에서는 레드케이스를 설치해서 테스트 케이스를 관리하는 것이 좋다. 레드마인은 무료 툴이면서 강력한 기능을 제공하고 있으며 세계적으로 널리 사용되는 프로그램이다.

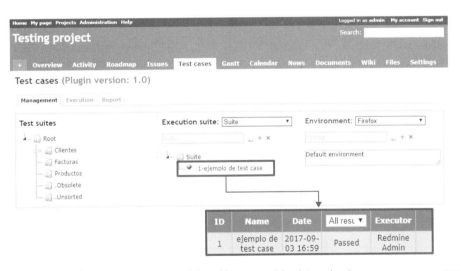

그림 7-4 레드케이스 사용법 (출처: https://www.federico-toledo.com/alternativas-testlink-redmine-redcase/)

레드케이스는 테스트 케이스를 등록하고 등록 일자, 조치 일자, 조치 상태 등을 관리할 수 있다. 전체 등록된 테스트 케이스 중에 성공 건수, 오류 발생 건수, 조치 중인 건수, 조치가 완료된 건수를 그래프와 통계로 보기 쉽게 제공하고 있다.

시스템 테스트 – JMeter 활용

시스템 테스트는 정보 시스템이 완전히 통합되어 구축된 상태에서 정보 시스템의 기능을 총체적으로 검사하는 것이다. 통합된 각 모듈이 원래 계획했던 대로 작동하는지, 시스템의 실제 동작과 원래 의도했던 요구사항과는 차이가 없는지 판단하게 된다. 수행 시간, 파일 저장 및 처리 능력, 최대 부하, 복구 및 재시동 능력, 수작업 절차 등을 점검한다. 시스템 검사는 시스템의 내부적인 구현 방식이나 설계 지식과 관계없이 테스트를 수행하는 블랙박스 테스트의 일종으로 분류된다.

일반적으로 제안 요청서에 많이 나와 있는 "100명이 동시에 사용할 경우 1초 이내 결과 표시"와 같은 요구사항은 시스템 테스트를 통해 검증할 수 있다. 대표적인 시스템 테스트 툴인 JMeter를 활용해서 어떻게 테스트를 진행하는지 알아보자.

JMeter는 시스템 테스트 중에 부하 테스트에 초점을 맞춘 툴이다. 산업계에서는 대표적으로 로드 러너Load Runner를 많이 사용하고 있지만, 가격이 상당히 고가이기 때문에 중소 규모의 프로젝트에서는 활용하기 쉽지 않다. 하지만, JMeter는 아파치 오픈 소스 프로젝트에서 개발한 툴이기 때문에 상업적 또는 비상업적인 프로젝트에서 모두 무료로 사용할 수 있으며, 사용법을 익힐 수 있는 많은 자료를 인터넷에서 쉽게 찾을 수 있어서 다양한 분야에서 활용되고 있다.

Apache JMeter 4.0 (Requires Java 8 or 9.)

Binaries

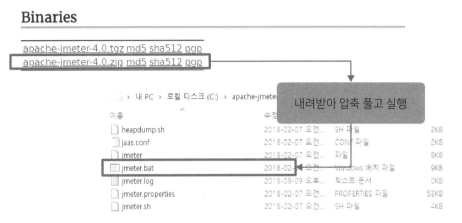

apache-jmeter-4.0.tgz md5 sha512 pgp
apache-jmeter-4.0.zip md5 sha512 pgp

내려받아 압축 풀고 실행

> 내 PC › 로컬 디스크 (C:) › apache-jmete

이름	수정		
heapdump.sh	2018-02-07 오전...	SH 파일	2KB
jaas.conf	2018-02-07 오전...	CONF 파일	2KB
jmeter	2018-02-07 오전...	파일	8KB
jmeter.bat	2018-02... 오전...	Windows 배치 파일	9KB
jmeter.log	2018-09-09 오후...	텍스트 문서	0KB
jmeter.properties	2018-02-07 오전...	PROPERTIES 파일	53KB
jmeter.sh	2018-02-07 오전...	SH 파일	4KB

그림 7-5 Jmeter 설치 (출처: http://jmeter.apache.org/download_jmeter.cgi)

JMeter는 아파치 사이트에서 내려받을 수 있다. 윈도우 환경에서는 파일을 내려받아 압축을
풀면 별도의 설치과정 없이 그대로 사용할 수 있다. 생성된 폴더 안에 있는 'jmeter.bat' 파일
을 클릭하면 JMeter가 실행된다.

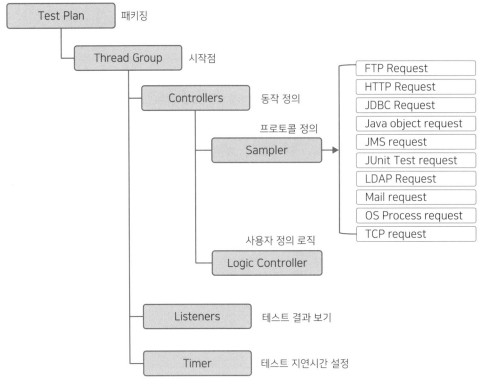

그림 7-6 JMeter 구조

먼저 JMeter 구조를 살펴보자. Test Plan은 JMeter가 수행할 일련의 테스트 단계를 모아 놓은 것이다. 'Thread Group'는 Test Plan의 시작점이 된다. 'Controllers'는 Sampler와 Logical Controller로 구성되는데 'Sampler'는 서버로 전달되는 프로토콜을 정의한다. 이 책에서는 웹 프로젝트에 사용되는 HTTP Request를 사용해서 테스트해본다. 'Logical Controller'는 JMeter가 요청을 전달할 때 사용할 로직을 정의한다. 예를 들어 HTTP Request를 보낼 때 Cookie 정보를 같이 전송할 필요가 있다면 Logical Controller에 관련 내용을 정의할 수 있다.

'Listeners'는 JMeter가 테스트를 수행하면서 수집하는 정보에 접근할 수 있는 수단을 제공한다. 테스트 요약 정보를 보거나 테스트 결과를 그래프로 표현한다. 'Timer'는 Sampler가 수행할 때 지연시간을 정의한다. 예를 들어 사람이 웹사이트를 사용할 때 계속 화면을 누르지 않

고 읽거나 생각할 시간이 필요하다. Timer는 그와 같은 상황을 재현하기 위해 테스트 중간에
잠깐 쉬는 시간을 두는 것이다.

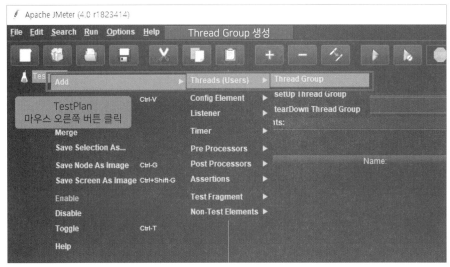

그림 7-7 Thread Group 생성

Thread Group은 TestPlan에서 마우스 오른쪽 버튼을 눌러서 생성할 수 있다. Thread Group
이 생성되면 오른쪽에 설명 화면이 나오는데 ① [Number of Thread users]는 몇 개의 Thread를
생성할지 결정한다. Thread는 테스터에 해당한다. Thread가 2일 경우 2명이 테스트하는 것과

같은 의미이다. ② [Ramp-Up Period]는 모든 Thread가 생성되는 데까지 걸리는 시간을 의미한다. Ramp-Up Period가 2이면 2초안에 2개의 스레드가 모두 생성된다. ③ [Loop Count]는 한 스레드 당 모두 몇 번 테스트를 수행하는지 정의한다. Loop Count가 10이면 모두 10번 테스트가 수행된다.

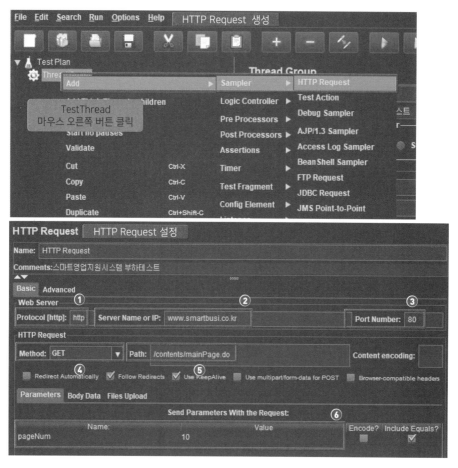

그림 7-8 HTTP Request 생성

HTTP Request 또한 TestPlan에서 마우스 오른쪽 버튼을 눌러 생성할 수 있다. HTTP Request를 위한 환경 설정을 하려면 부하 테스트를 위한 프로토콜과 서비스에 대한 구체적인 정보를 입력해야 한다. ① [Protocol]은 테스트를 위해 사용하는 프로토콜을 지정하는 것이다. 웹 프로젝트이므로 http를 지정한다. ② [Server Name or IP]는 테스트 도메인이나 웹 서버 IP를 지정하면 된다. 서비스 도메인을 www.smartbusi.or.kr으로 지정했다고 가정해 보자. ③ Port Number는 서비스에 사용할 포트 번호를 지정한다. 여기에서는 웹서비스 기본 포트인 80을 지정했다. ④ Method는 웹 서버로 서비스 요청을 보낼 방식을 지정하는 것인데 기본적으로 POST 방식과 GET 방식을 사용한다. 여기에서는 주소 뒤에 구체적인 서비스 내용과 파라미터를 같이 전달하는 GET 방식을 지정했다. ⑤ Path는 웹 서버에서 서비스를 인식할 수 있는 상세한 위치 정보를 표현한다. 여기에서는 /contents/mainPage.do를 사용했다. ⑥마지막으로 Parameters는 서비스를 요청하면 같이 전달할 인수를 지정하는 것이다. 여기에서는 PageNum인수를 전달하고 값으로는 10을 지정했다.

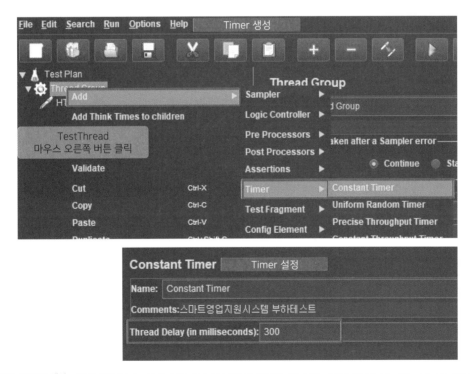

그림 7-9 Timer 생성

Timer 또한 TestPlan에서 마우스 오른쪽 버튼을 눌러 나타나는 Add 버튼으로 생성할 수 있다. 다양한 Timer 유형이 있지만, 가장 많이 사용되고 이해가 쉬운 Constant Timer를 사용해보도록 하자. Timer는 서비스 요청을 발생하기 전에 얼마나 대기할지 결정하는 기능이다. 얼마의 시간을 설정해야 할지 결정하려면 도메인 환경을 먼저 분석해야 한다. 가장 먼저 해야할 것은 고객에게 물어보는 것이다. 간단한 내용을 빨리빨리 봐야 하는지 아니면 화면에서보여주는 정보를 보고 분석을 해야 하는지 업무 특성에 따라서 서비스 지연시간이 결정된다. 또 다른 방법은 웹 서버 접속 로그를 분석하는 것이다. 동일 IP에서 하나의 서비스를 다시 호출하는데 걸리는 시간의 평균을 구해보고, 인터뷰와 로그 분석 결과를 종합해보면 얼마의 시간을 Timer에 입력해야 하는지 결정할 수 있다. 여기에서는 300 milliseconds(1000분의 1초)를 설정했다.

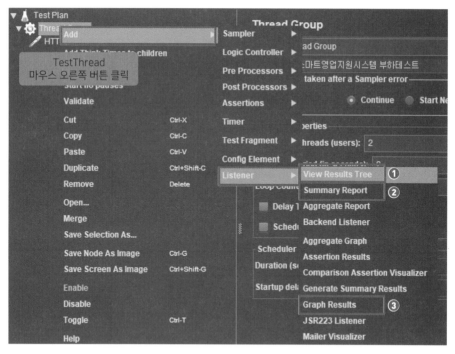

그림 7-10 Listener 생성

앞에서 잠깐 설명했듯이 Listener는 테스트 결과를 표현해주는 기능을 제공한다. ① View Results Tree는 Thread의 모든 테스트 결과와 함께 요청과 응답의 세부 사항을 보여준다. ② Summary Report는 모든 테스트 결과를 종합해서 한눈에 알 수 있도록 통계 데이터를 보여준다. ③ Graph Report는 Thread의 모든 테스트 결과를 시간 별 그래프로 시각화 해서 보여준다.

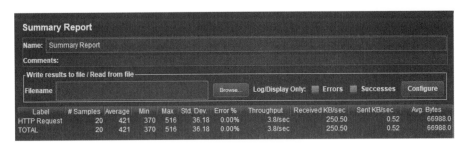

그림 7-11 Summary Report

JMeter 테스트 결과 분석할 때 가장 많이 보는 화면인 Summary Report를 구체적으로 알아보자. Summary Report는 Thread가 수행한 모든 테스트 결과를 종합해서 보여주는 화면인데, 만일 프로젝트 요구사항 중 평균 응답시간을 알아야한다면 Average 항목을 살펴보는 것이 좋다. 앞선 **그림 7-11**에서는 '421'로 나오는데 이는 평균 0.421초 안에 모든 응답을 처리했다는 뜻이다. Min과 Max를 각각 응답 최소 시간과 최대 시간을 나타낸다. 가장 이상적인 것은 Min과 Max가 같은 것이다. 하지만 현실적으로 항상 응답 시간이 같을 수 없으므로 튜닝을 통해 표준 편차(Std. Dev.)가 최소가 되도록 하는 것이 좋다.

시스템 테스트 – 아파치 로그 분석

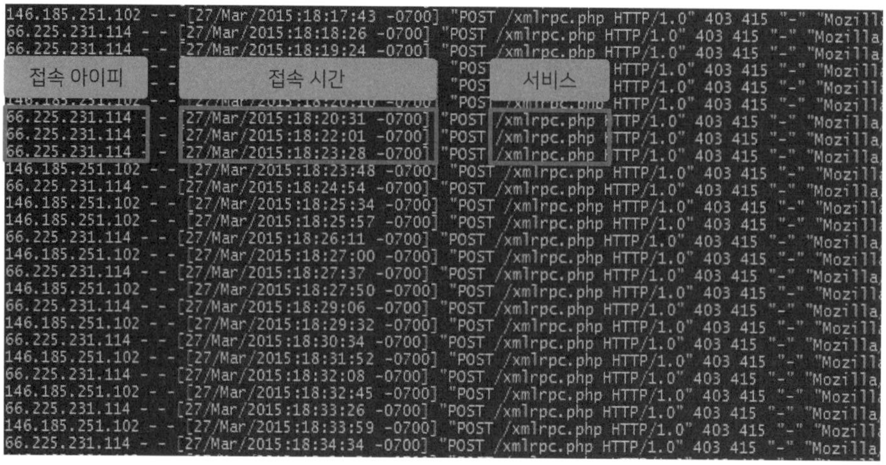

그림 7-12 아파치 접속 로그(출처: http://mergy.org)

아파치 접속 로그 분석하는 방법을 간단히 알아보자. 아파치 접속로그는 access.log 파일에 저장되는데 서버에 HTTP, HTTPS 프로토콜로 접근한 모든 기록이 남게 된다. 맨 처음에 나오는 것이 접속 아이피이다. 사용자가 브라우저를 열어 네이버에 접속하면 사용자 PC 아이피가 접속 아이피가되고 이 아이피가 access.log 파일이 저장된다. 두 번째는 접속 시간이 나온다. 클라이언트가 서버에 접속한 시간은 일/월/년/시/분/초 순서로 표시해 준다. 세 번째는 서비스 이름이다. 화면에서는 xmlrpc.php 서비스를 조회했다. 서비스 이름은 브라우저에서 도메인 이름 뒤에 붙였을 때 웹 서버에서 인식할 수 있는 프로그램 이름과 위치가 나오게 된다.

기존에 사용하던 시스템을 업그레이드하는 프로젝트라면 접속 아이피와 접속시간 그리고 서비스를 조합하면 유저의 사용 패턴을 알 수 있다. 예를 들어 접속아이피 66.225.231.114는 xmlrpc.php 서비스를 30초와 1분 27초 간격으로 사용하고 있다. 접속 아이피 별로 평균 서비스 호출 간격을 구하면 Timer에 얼마를 설정해야 하는지 알 수 있다. 예를 들어 접속 아이피 66.225.231.114는 xmlrpc.php 서비스를 18시 20분 31초, 18시 22분 01초, 18시 23분 28초 이렇게 3번 호출했다. 사용자가 서비스를 호출하는 간격이 1분 27초 인 것을 알 수 있다. 접속 아이피 별로 평균 서비스 호출 간격을 구하면 Timer에 얼마를 설정해야 하는지 알 수 있다.

서비스 시작

운영환경 전환 작업

테스트가 완료됐으면 이제 시스템을 운영환경으로 옮겨야 한다. 얼핏 보기에 테스트 서버에 있는 데이터를 그대로 옮기면 될 것 같지만, 개발 환경과 운영환경은 시스템 소프트의 버전과 제품이 다를 수 있고 서버 사양이 다르기 때문에 생각보다 어려운 작업이 될 수 있다.

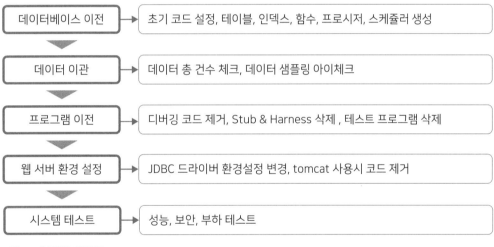

그림 7-13 운영환경 전환절차

일반적인 운영환경 전환 절차는 5단계로 나뉜다. 먼저 데이터베이스를 이전해야 한다. 개발 환경에서 생성한 테이블, 인덱스, 함수, 프로시저, 스케쥴러 등 데이터베이스와 관련된 프로 그램을 운영 환경에 생성한다. 그리고 시스템에서 필요한 코드를 개발서버에서 이관하거나 추 가로 생성해야 한다.

이제 좀 더 시간과 노력이 필요한 데이터의 이관 작업을 준비해야 한다. 데이터는 데이터베이스에 있는 정형 데이터와 파일로 저장된 비정형 데이터로 나눌 수 있다. 정형 데이터의 경우에는 데이터베이스가 제공하는 이관 툴로 작업할 수 있다. 하지만 데이터베이스 버전이 다르거나 인코딩 방식에 차이가 있는 경우 직접 작업하는 것 보다는 데이터베이스 엔지니어를 부르는 것이 좋다. 데이터베이스는 데이터 정합성을 보장하기 위해 다양한 기능을 지원하고 있어 시스템 설정이 매우 복잡하고 구글링을 통해서도 문제를 해결할 수 없는 경우가 많다. 이때 데이터베이스 시스템을 잘 알고 있는 엔지니어의 도움을 받는다면 장애의 위험을 줄이고 시간을 획기적으로 단축시킬 수 있다.

파일로 저장된 비정형 데이터는 용량이 테라바이트가 넘는 경우가 가끔 있다. 이런 경우에는 이관 전용 소프트웨어를 사용하는 것이 가장 좋지만, 고가이므로 고속 전송을 지원하는 외장하드를 활용하는 것도 좋은 방법이 될 수 있다. 데이터 이관이 완료됐으면 테스트를 해서 작업이 정상적으로 진행됐는지 확인해야 한다. 데이터베이스 경우에는 건수와 테이블 용량을 확인하고 샘플링을 통해 테이블의 직접 조회해 봐야 한다. 파일 데이터의 경우 디스크 점유 용량과 파일 건수를 확인해보고 샘플링 한 파일을 직접 열어봐야 한다.

이제 애플리케이션 프로그램을 이관할 차례이다. 가장 먼저 해야 할 것은 프로그램 내부에 있는 디버깅 코드를 제거하는 것이다. UNIX에서 제공하는 find와 grep 등의 명령어를 조합해서 자주 사용되는 디버깅 패턴을 검색해서 제거할 수 있다. 테스트 과정에서 프로그램에 삽입되었던 Stub와 Harness를 제거해야 한다. 프로그램이 다른 시스템과 인터페이스를 할 경우 직접 시스템을 연동할 수 없는 경우가 있기 때문에 테스트를 위한 가상의 코드를 삽입해야 하는데 이것을 Stub와 Harness라고 부른다. Test.php나 TestClass.java와 같이 테스트를 위해 만들었던 임시 프로그램도 모두 삭제해야 한다. 이것 또한 UNIX에서 제공하는 명령어를 통해 쉽게 찾을 수 있다.

> ## 데이터 검색을 위한 유닉스 명령어 find와 grep
>
> find 명령어는 파일 검색 기능을 제공한다. 이름으로 검색할 수도 있고 확장자로 검색할 수 있다. 이 모든 것을 무시하고 모든 파일을 검색할 수도 있다. grep 명령어는 파일에서 특정 단어를 찾아내는 기능을 제공한다. 파일 검색하는 범위가 하나의 파일이나 여러 개의 파일에서 동시에 데이터를 찾을 수 있다. find와 grep 명령어를 결합해서 먼저 파일을 찾고 찾아진 파일에서 특정 문자를 검색할 수 있다.
>
> Ex) find *.java | grep mynanme
>
> 먼저 find 명령어를 사용해 java 확장자를 가진 모든 파일을 찾고 파이프 명령어(|)를 통해 결과를 다음 명령어에 전달한다. grep 명령어로 전달받은 결과에서 myname이란 문자를 검색해 화면에 출력해 준다.

프로그램 이관이 모두 끝났다면 웹 서버 설정을 해야 한다. 엔터프라이즈 환경에서는 별도의 파일을 통해 데이터베이스 연결 설정을 저장한다. 웹 서버나 프레임워크에서 제공하는 환경 파일에 들어있는 데이터베이스 주소와 아이디 그리고 비밀번호 정보를 수정해야 한다. 만일 테스트 환경에서 Tomcat을 사용했고 운영환경에서 제우스를 사용한다고 하면 Tomcat을 연결하기 위한 JDBC 연결 URL에 java:comp와 같은 문자를 넣어주기 때문에 이것을 반드시 제거해야 한다. 또한 로깅Logging 설정 파일에 디렉터리 정보를 입력하는데 PC에서 사용하는 디렉터리 구조, 개발장비의 디렉터리 구조 그리고 운영 서버의 디렉터리 구조가 다를 수 있기 때문에 관련 파일을 모두 수정해야 한다.

개발 환경에서 시스템 테스트를 통해 요구하는 품질을 만족하는지 테스트를 했지만, 운영환경은 개발환경과 많은 면에서 다르기 때문에 운영환경에서도 다시 한번 시스템 테스트를 하는 것이 좋다. 개발환경에서 테스트한 결괏값과 운영환경에서 테스트한 결괏값이 다르다면 운영환경 테스트 결괏값 기준으로 검수를 진행해야 한다.

운영환경 전환 시 고려사항

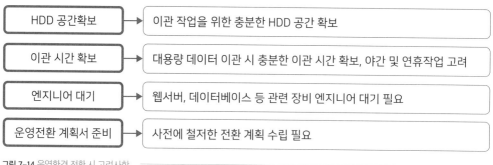

HDD 공간확보	→	이관 작업을 위한 충분한 HDD 공간 확보
이관 시간 확보	→	대용량 데이터 이관 시 충분한 이관 시간 확보, 야간 및 연휴작업 고려
엔지니어 대기	→	웹서버, 데이터베이스 등 관련 장비 엔지니어 대기 필요
운영전환 계획서 준비	→	사전에 철저한 전환 계획 수립 필요

그림 7-14 운영환경 전환 시 고려사항

운영전환 절차를 알아봤다면 이제 운영전환 과정에서 고려해야 할 사항을 알아보자. 가장 기본적인 것은 이관할 저장소의 공간을 확보하는 것이다. 웹 프로그램 크기는 그다지 크지 않지만 파일 데이터와 이관 대상 데이터베이스가 클 수 있기 때문에 기존 시스템에 저장된 이관 대상 데이터의 크기를 파악하고 저장소의 충분한 공간을 사전에 확보해야 한다.

이관 대상의 데이터 크기가 크다면 이관 시간 또한 굉장히 오래 걸린다. 비즈니스 성격에 따라 서비스 중단 가능 시간이 정해져 있으므로 이관 시간과 중단 가능 시간을 비교해 봐야 한다. 증권사 같은 경우 평일 야간과 주말은 쉬므로 이 기간에 이관을 하거나 좀 더 시간이 필요하다면 연휴 또는 추석과 설 같은 명절을 이용해야 한다.

운영전환 작업은 프로그램 개발과 많이 다르다. 시스템 지식이 많이 요구되는 작업이 많고 웹 서버와 데이터베이스 사이에 개발자가 모르는 많은 장비가 설치되어 있기 때문에 고객사와 시스템 유지보수 계약이 되어있는 업체에 연락해 운영전환 작업 동안 관련 엔지니어(웹 서버, 데이터베이스, 방화벽, 웹 방화벽 등)들을 회사에 대기하도록 해야 한다.

운영전환은 단순하고 쉬운 작업이 아니다. 작업 순서 또한 매우 중요해서 어떤 절차로 작업을 진행해야 하는지 사전에 꼼꼼하게 준비해야 한다. 전환에 필요한 모든 사항을 운영전환 계획서에 담아야 하며 설계자와 PM은 운영 전환 계획서가 잘 작성됐는지 사전에 충분히 검토한 후에 작업을 진행해야 한다.

프로젝트 검수

검수 프로세스

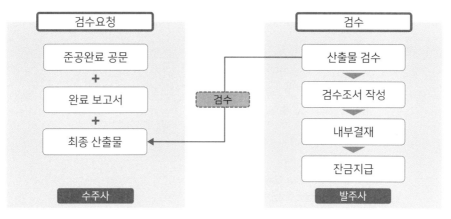

그림 7-15 검수 프로세스

검수 프로세스는 수주사와 발주사 사이에 공문을 주고 받으면서 진행한다. 수주사 측에서 먼저 완료 보고서와 최종 산출물이 포함된 준공완료 공문으로 검수 요청을 한다. 일반적으로 검수 요청 문서를 접수한 후 2주 내에 검수를 완료해야 하므로 공문을 보내기 전 충분한 사전 교감을 발주사와 가져야 한다.

발주사 측에서는 준공완료 공문을 접수하고 가장 먼저 최종 산출물을 검수한다. 실무에서는 준공완료 공문을 보내기 전에 비공식적으로 최종 산출물을 발주사에게 먼저 보내 사전 검토를 받은 후 공문을 발송한다. 산출물 검수가 완료됐다면 검수조서를 작성하게 되는데 여기에는 업무 담당자와 전산 담당자가 검수를 완료했고 이에 대한 책임을 진다는 서명이 담겨있다. 모든 과정이 완료됐다면 마지막으로 모든 문서를 모아 내부 결재를 올리고 잔금을 지급하면 프로젝트는 종료하게 된다.

준공 완료 공문

주식회사 오픈시스템즈

주소 : 서울시 강남구 강남동 대표빌딩 8F T:1234-5678 F:2345-6789
담당자 : 김담당 / 02-1234-5678 / mymail@naver.com

문서번호   제 DA18-A2105-1306호
시행일자   2018년 12월 1일
수　　신   스마트소프트웨어 주식회사
제　　목   "스마트영업지원시스템 구축" 준공 검수 요청의 건

　　1. 귀 사의 무궁한 발전을 기원합니다.
　　2. 귀 사와 계약한 "스마트영업지원시스템 구축" 사업을 완료하였으므로 아래
와 같이 준공 검수 요청을 드립니다.

- 아　　래 -

가. 사 업 명 : 스마트영업지원시스템 구축
나. 업 체 명 : 주식회사 오픈시스템즈
다. 계 약 일 : 2018년 6월 1일
라. 완 료 일 : 2018년 12월 1일
마. 계약금액 : 금이억원정(200,000천원) 부가세포함

붙임 : 1. 완료보고서 1부
　　　 2. 프로젝트 산출물 1부. 끝.

주식회사 오픈시스템즈
대표이사 김 대 표

그림 7-16 준공 완료 공문

준공 완료 공문은 수주사가 고객사에게 프로젝트 완료를 공식적으로 알리는 문서이다. 정해진 양식은 특별히 없으며 어떤 프로젝트를 완료했다는 내용을 간단하게 적어주면 된다. 본문

위에는 회사마다 정해진 양식으로 문서의 간단한 정보를 적어주고 본문에는 프로젝트 개요을 적어준다. 준공 완료 공문의 중요한 내용은 완료 보고서와 프로젝트 산출물인데 문서의 첨부파일로 보내게 된다. 수주사는 내부 결재를 받아 문서를 스캔한 후 완료 보고서와 프로젝트 산출물과 함께 고객사에게 이메일을 통해 공문을 전달하게 된다.

완료 보고서

제 1 장 사업 개요
제 1 절 개요
  1. 주관 사업자
  2. 사업기간
  3. 사업예산
  4. 사업의 범위
제 2 절 사업의 배경 및 목적
  1. 사업의 배경
  2. 사업의 목적
  3. 기대 효과
제 3 절 사업추진 조직
  1. 조직도
  2. 역할 및 업무 분장
제 4 절 사업 추진 경과
제 5 절 개발인력 투입계획 및 실적
  1. 참여 인력 총괄표
  2. 참여 인력 투입 현황

제 2 장 사업 내용
제 1 절 적용 방법론
  1. 방법론 적용 내용
  2. 방법론 적용 원칙
  3. 방법론 공정단계별 활동내역
  4. 방법론 공정단계 프로세스
  5. 사업부문별 산출물 작성 내역
제 2 절 개발 내용
  1. 전체 시스템 구성도
  2. 세부 개발 내역
제 3 절 시스템 구성도
  1. 하드웨어(H/W) 구성도
  2. 소프트웨어(S/W) 구성도
제 4 절 교육 및 유지보수
  1. 사용자 교육 현황
  2. 사업부문별 하자보수지원 기간

그림 7-17 완료 보고서

완료 보고서는 고객에게 사업 개요를 설명하고 어떻게 구축했는지 알려주는 문서이다. 완료 보고서는 일반적으로 사업 개요와 내용 부분으로 구성되는데 사업 개요는 사업을 왜 시작했고 목적은 무엇인지 그리고 사업 추진에 소요되는 인력과 비용을 알려준다. 사업 내용은 실제로 시스템을 개발한 방법과 결과를 구체적으로 설명해 준다. 완료 보고서는 준공완료 공문으로 제출하지만, 이해관계자를 모두 모아 놓고 설명하는 기초 자료로 활용된다.

최종 산출물

계획	→	제안 요청서, 제안서, 사업수행 계획서, 표준화 문서
분석	→	요구사항 정의서, 현행 시스템 분석서, 목표 시스템 업무 구성도
설계	→	프로세스 설계서, UI 설계서, ERD, 테이블 정의서, 코드 정의서, 요구사항 추적표
개발	→	프로그램 목록, 프로그램 사양서, 디자인 소스, 데이터베이스 생성 소스
시험	→	테스트 계획서, 단위 시험 결과서, 통합 시험 결과서, 시스템 시험 결과서
교육	→	사용자 매뉴얼, 운영자 매뉴얼
보고	→	주간보고, 월간보고, 착수보고, 완료보고, 이슈사항, 회의록

그림 7-18 최종 산출물의 구성

프로젝트는 계획, 분석, 설계, 구현, 시험 등의 절차로 진행된다. 단계별로 산출물이 만들어지는데 첫 단계에서 만들어진 산출물은 다음 단계가 진행되면서 계속 수정된다. 따라서 계획, 분석, 설계 등 초기 단계의 산출물이 완성되는 시점도 프로젝트 마무리 단계이다. 일반적으로 분석/설계 문서는 개발 과정에서 수정이 되지만, 지속적인 현행화를 시키지는 않고 프로젝트 완료 후 마무리 단계에서 현행화를 다시 하게 된다.

문서 대부분은 시스템 구축과정에서 생성되지만, 일부 문서는 프로젝트 개발이 완료된 후에 작성된다. 사용자와 운영자 매뉴얼이 그것인데 사용자 매뉴얼은 통합 테스트 과정에서 테스터를 위한 안내서로 활용되며, 시스템 오픈 전에 고객에게 사용법을 알려주기 위한 교육 교재로 활용된다. 운영자 매뉴얼은 고객사의 시스템 운영자에 아주 중요한 문서이다. 운영자 매뉴얼에는 프로그램의 설치 방법과 구조, 장애 발생 시 조치 방법 등이 상세하게 기록되어 있다. 시스템 운영자는 최종 산출물 검수 과정에서 운영자 매뉴얼의 내용을 그대로 따라 하면서 정상적으로 작성됐는지 반드시 확인해 봐야 한다.

산출물 검수

운영에 필요한 산출물 중심으로	ERD, 테이블 정의서, 운영자 매뉴얼 등 운영에 실제로 필요한 산출물 중심으로
산출물 중심으로 운영환경 구성	검수자가 산출물을 기준으로 운영환경 구성하면서 검증
자동화 도구 활용	Oracle Toad는 데이터베이스에서 ERD 자동 추출 가능
검수 편한 양식으로 요구	자동화 도구와 연계가 편한 양식으로 산출물 요구
샘플링 테스트	무작위로 산출물 선택해서 상세하게 검토
감리업체 활용	전문 감리업체를 활용해서 프로젝트 관리와 검수 효율화

그림 7-19 산출물 검수 방법

보통 시스템이라고 하면 프로그램만 생각하는 경우가 많지만, 패키지 소프트웨어 품질 표준을 정의하는 ISO 12119을 참조해보면 소프트웨어는 동작하는 프로그램뿐 아니라 사용자 설명서와 제품 설명서를 통틀어 소프트웨어라고 정의한다. 따라서 시스템의 개발 완성도를 검사할 때 프로그램이 잘 개발됐는지 그리고 최종 산출물의 품질이 어떤지 동시에 살펴봐야 한다.

> **ISO 12119**는 소프트웨어 패키지 제품의 품질 요구사항 및 시험에 대한 국제 표준이다. ISO 12119는 제품 설명서, 사용자 문서, 실행 프로그램에 대한 품질 평가를 정의하고 있다. 우리는 일반적으로 시스템이 구축되면 실행 프로그램을 가장 중요하게 생각하지만 국제 표준에서는 제품 설명서와 사용자 문서 또한 같은 수준으로 바라보고 있다. 소프트웨어 품질을 좀 더 높이고자 한다면 이제 제품 설명서와 사용자 문서를 어떻게 작성하고 활용할 지를 고민해야 한다.

하지만 중소규모 프로젝트에서는 검수에 투입되는 고객사 인력이 1~2명이라는 현실을 감안하면 짧은 기간 안에 모든 문서를 자세히 살펴보기에는 무리가 있다. 따라서 산출물을 검수할 때는 자동화 도구와 효율적인 검수 기법을 활용해야 한다.

최종 산출물에는 운영에 꼭 필요하지 않은 문서들이 많이 들어 있다. 예를 들어 테스트 계획서, 단위 시험 결과서, 주간보고, 월간보고, 착수보고 등의 문서는 특별한 일이 생기면 참고만 할 뿐 운영 업무에 직접 필요하지는 않다. 따라서 이러한 문서들은 중요한 논의 사항들이 들어가 있는지 그리고 문서가 누락되지 않았는지 정도만 확인한다. 하지만 운영자 매뉴얼, 프로그램 목록, 프로그램 사양서, ERD, 테이블 명세서 같은 경우는 운영에 필수적이므로 세부적으로 검토해야 한다.

일부 문서는 자동화 프로그램을 통해 확인이 가능하다. ERD의 경우 데이터베이스 클라이언트에서 자동으로 생성하는 기능을 제공하기 때문에 쉽게 확인이 가능하다. 테이블 정의서와 코드 정의서 같은 경우도 조그만 신경을 쓴다면 검수의 많은 부분을 자동화 할 수 있다.

검수조서

구분	내용
계약건명	스마트영업지원시스템 구축
계약상대자	주식회사 오픈시스템즈
계약기간	2018년 6월 1일 ~ 12월 1일
계약금액	금이억원정(200,000천원) 부가세포함
완료일자	2018년 12월 1일
검수일자	2018년 12월 14일
검수금액	금이억원정(200,000천원) 부가세포함
예산과목	영업본부 - 영업지원
검수내용	세부내역 별첨

상기 검수 내용은 계약조건 등 제간 요건에 적합함

2018년 12월 14일

검수자 : 박현업 (인)
검수자 : 박전산 (인)
검사자 : 박팀장 (인)

그림 7-21 검수조서

검사확인내역서

분류	사업내용	확인
기능요구사항	□ 스마트폰에서 영업일지를 작성하고 관리할 수 있는 기능 개발 ○ 영업사원 영업일지 작성, 목록조회, 상세조회, 검색 ○ 영업사원 및 관리자 영업일지 결재상신, 결재처리, 목록조회, 일괄결재	OK
	□ 스마트폰에서 결재된 영업일지 기반 영업비용 정산 기능 개발 ○ 영업사원 및 관리자 영업비용 결재상신, 결재처리, 목록조회, 일괄결재 ○ 시스템 비용 정산 결재승인 후 재무시스템으로 데이터 전송 ○ 영업사원 및 관리자 비용 정산 처리 현황 조회	OK
	□ 스마트폰 위치정보 기반 자동 근태관리 기능 개발 ○ 영업사원 고객사 방문 시작 및 종료 시 버튼 클릭으로 위치 정보 전송 ○ 관리자 영업동선 조회, 근태 이상자 관리 ○ 관리자 직원별/부서별 근태현황 조회 ○ 영업사원 근태조회, 근태오류 수정 요청 ○ 관리자 근태오류 수정요청 조회 및 처리	OK
	□ 영업에 필요한 고객사의 정보를 사전에 검토하고 기록하는 기능 ○ 영업사원 고객민원시스템 연동기능 조회, 검색 기능 ○ 영업사원 영업정보 조회, 검색 기능 ○ 영업사원 고객민원시스템, 영업정보 즐겨찾기 추가 기능 ○ 영업사원 조회된 영업정보 별도 저장 기능 ○ 영업사원 영업정보 신규 생성 기능	OK
	□ 고객사 및 고객의 상세 정보 관리 기능 개발 ○ 영업사원 고객사 추가, 검색, 조회 ○ 영업사원 고객사 소속 고객 추가, 검색, 조회 ○ 시스템 고객 경조사 정보 자동 알람	OK
보안요구사항	□ SSL(Secure Socket Layer) 기술을 적용해서 전송구간 데이터 암호화 ○ 서버용 상용 SSL 인증서 구매 및 웹서버 2대에 설치 ○ 인증서 구매 비용 프로젝트 예산에 포함, 수주사 구매 ○ 텍스트, 이미지, 음성, 동영상 등 모든 데이터 SSL 적용	OK
	□ 키보드 보안 솔루션을 적용하여 키로거 방지 ○ 영업사원 스마트폰에 설치 가능 상용 키보드 보안 솔루션 구매 ○ 보안 솔루션 비용 프로젝트 예산에 포함, 수주사 구매 ○ 보안 솔루션 300 User 라이센스 구매 ○ 모든 데이터 입력 화면 키보드 보안 기능 적용	OK

2018년 12월 14일

검수자 : 박현업 (인)

검수자 : 박전산 (인)

그림 7-20 검사확인 내역서

시스템과 산출물 검수가 모두 완료되었다면 이제는 검수를 위한 문서를 작성할 차례다. 가장 먼저 작성하는 것이 검사확인 내역서이다. 검사확인 내역서는 업무 담당자와 전산 담당자가 요구사항을 모두 확인했다는 서명을 하는 문서이다. 프로젝트를 진행하면서 시스템을 구축하는 책임은 전산 담당자에게 있지만, 구축된 시스템이 업무를 수행하는데 도움이 되는지는 업무 담당자가 검사해야 한다. 따라서 프로젝트에 참여한 두 명의 담당자가 서로 책임을 진다는 의미에서 서명을 하게 된다.

검사확인 내역서는 제안 요청서에 들어있는 상세 요구사항을 기초로 만들어 진다. 여기에 프로젝트 과정에서 도출된 중요하고 새로운 요구사항이 있다면 추가할 수 있다.

검사확인 내역서가 실무자 관점에서 시스템을 검수한 것이라면 검수조서는 팀장 입장에서 시스템을 검수하는 것이다. 관리자 시각에서 검수하는 것이므로 세부적인 요구사항 보다는 전체 시스템 개요를 적는 것이 일반적이다. 검수조서는 프로젝트 검수를 증명하는 최종 서류이기 때문에 시스템 구축에 참여한 담당자 모두의 사인이 들어가게 된다. 이제 '감사확인' 내역서와 '검수조서'를 첨부해서 내부 결재 문서를 만들면 프로젝트와 관련된 모든 과정이 마무리 된다.

08

정보 시스템
운영하기

할 수 있는 일을 해낸다면,
우리 자신이 가장 놀라게 될 것이다.
If we all did the things we are
capable of doing, we would
literally astound ourselves.
토마스 A. 에디슨 Thomas A. Edison

프로젝트가 완료되면 시스템은 운영단계로 들어가게 된다. 시스템 구축만 전문으로 하는 프로그래머에게는 운영이라는 단어가 조금 생소하게 느껴질 지 모르지만 운영에 대한 전반적인 업무와 기술을 이해하고 있어야지만 좀 더 유지보수가 쉽고 생산성이 높은 프로그램을 만들 수 있다.

운영 업무를 담당하는 프로그래머 또한 운영에 필요한 전반적인 기술을 잘 알지 못하는 경우가 많다. 기업에서는 개발, 운영, 시스템관리, 보안 등 업무가 분리되어 있기 때문에 자신의 분야가 아닌 분야에서 어떤 일을 하고 어떤 기술이 필요한지 잘 알지 못한다. 하지만 시스템 장애가 발생할 경우 원인 파악을 위해서는 내가 운영하는 시스템과 연관된 시스템 사이에 어떤 장비가 있고 어떤 경로를 통해 정보를 주고 받는지 알고 있어야 한다. 프로그램 내부에 있는 오류뿐 아니라 주변 환경의 변화 때문에 오류가 발생할 수 있기 때문이다.

이 장에서는 프로그래머가 장애처리와 효율적인 프로그래밍을 위해 반드시 알아야 되는 정보 시스템 운영 기술에 대해 알아보도록 한다.

정보 시스템 운영이란?

일반적으로 시스템 운영이라 하면 프로그램에 대한 변경작업을 많이 생각한다. 프로그램을 개발하고 수정해서 운영 시스템으로 이관하는 일련의 과정을 개발 관점에서 운영이라 할 수 있는데 다른 측면으로 시스템 관점의 운영이 있다. 신규로 구축된 시스템은 데이터 센터에 들어가고 네트워크, 보안, 백업, 스토리지 등 시스템 인프라와 맞물려 동작하게 된다. 데이터센터에 설치된 다양한 장비와 함께 애플리케이션이 잘 동작할 수 있도록 하는 것이 시스템 관점의 운영이다.

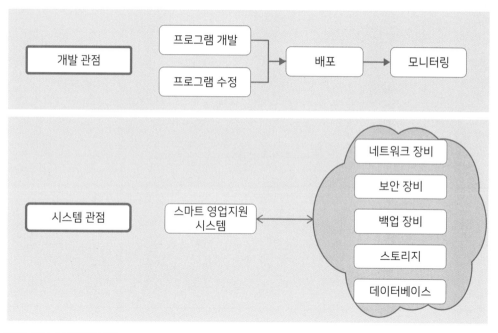

그림 8-1 정보 시스템 운영의 개념

프로그래머가 왜 시스템 관점의 운영 기술을 알아야 하는지에 대해 의문을 가질 수 있다. 하지만 애플리케이션 장애는 프로그램 자체에 문제가 있을 수 도 있지만, 연관된 시스템에 문제가 있을 수도 있다. 전문적인 엔지니어처럼 아주 깊숙한 부분까지 모르더라도 내가 만든 프로그램이 어떤 장비의 도움을 받아 고객에게 서비스하는지 알아야 장애가 발생할 때 원인을 빨리 파악할 수 있다.

프로그래머에게 프로그램을 잘 만든다는 것은 굉장히 중요한 일이다. 하지만, 경력이 쌓여갈수록 주위에 프로그램을 아주 잘 만드는 사람들이 점점 늘어간다. 이들과의 경쟁에서 어떻게 살아남을 수 있을까? 바로 프로그램이 동작하는 주변 환경에 대해 남들 보다 잘 아는 것이다. 시스템에 문제가 발생했을 때 보다 다양한 관점에서 장애 원인을 파악한다면 빠르게 시스템을 복구할 수 있을 것이고 시스템의 개선점을 쉽게 찾아낼 수 있다.

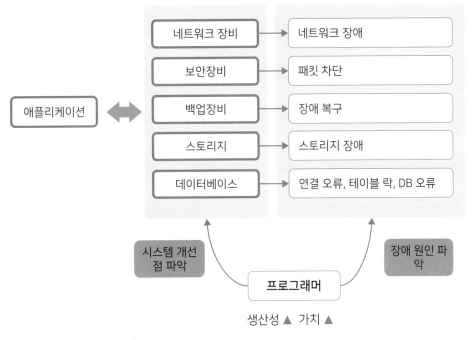

그림 8-2 프로그래머와 정보 시스템 운영

이런 관점에서 시스템 운영에 필요한 지식들을 하나씩 알아보자. 아주 깊숙이 알기 보다는 프로그래머가 알아야 하는 상식 선에서 하나씩 살펴보는 것이 좋다.

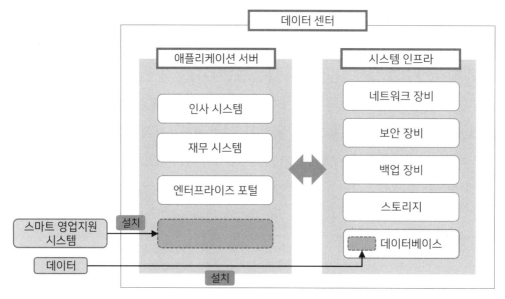

그림 8-3 정보 시스템 운영 환경

시스템 운영 환경이란 시스템이 안전하게 동작할 수 있는 제반 시스템을 말한다. 애플리케이션을 담고 있는 웹 서버는 홀로 동작할 수 없다. 네트워크가 연결되어야 하고 데이터를 저장할 수 있는 스토리지가 있어야 한다. 안전성을 확보하기 위해 다양한 보안 장비를 설치해야하며 장애에 대비해 데이터를 주기적으로 백업하는 백업 장비가 있어야 한다. 시스템 운영 환경에는 이런 제반 시설이 모두 갖춰져 있고 프로젝트에서 시스템 개발이 끝나면 새로 도입한 웹 서버는 시스템 운영 환경으로 들어가게 된다.

8.2 시스템 운영에 필요한 인프라지식

시스템 구성도

기업의 정보 시스템을 한눈에 확인할 수 있는 시스템 구성도를 알아보자. 시스템 구성도는 시스템의 배치와 연결관계를 아이콘과 선으로 구조화한 그림이다. 중소규모의 기업에서도 수십 개의 장비가 복잡하게 얽혀 있기 때문에 시스템 구성도를 그려놓지 않고서는 현황을 파악할 수 없다. 일반적으로 시스템 구성도는 시스템 관리자나 네트워크 관리자가 보관하고 있다. 프로그래머 입장에서도 내가 운영하는 시스템이 전체 구조에서 어디에 위치에 있는지 알고 있는 것이 좋기 때문에 자료를 요청해서 가지고 있는 것이 좋다.

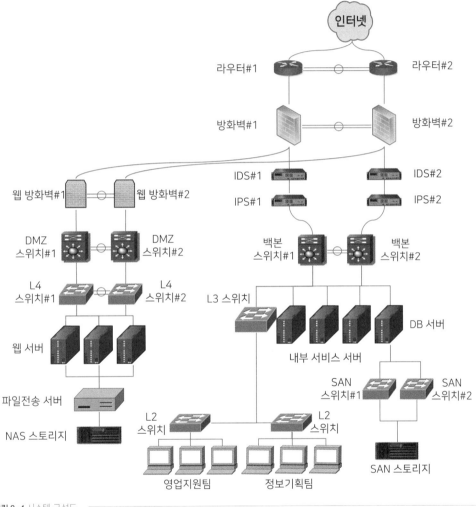

그림 8-4 시스템 구성도

그림 8-4와 같이 많은 양의 장비가 구성도에 들어 있다. 한꺼번에 모든 기능을 이해한다는 것이 쉬운 일은 아니지만 시스템 운영에 필수적인 장비들은 알고 있는 것이 좋다. 앞으로 스토리지 개념부터 시작해서 기타 다른 장비의 용도까지 하나씩 알아보도록 하자. 장비가 무엇인지 알고 난 후에 시스템 구성도의 어느 부분에 위치하고 있는지 반드시 확인해봐야 한다. 시스템 구성도를 통해 다른 시스템과의 연관관계를 파악할 수 있기 때문이다.

데이터 저장소 스토리지

통합 스토리지는 대용량 데이터 저장장치로써 하나 또는 여러 장비가 스토리지에 접속해 데이터를 사용하고 관리할 수 있는 기능을 제공하는 장치이다. 데이터의 안전성을 확보하기 위한 다양한 기술이 적용되어 데이터 보관에 대한 높은 신뢰성을 제공하고 있다. 데이터 용량이 기하 급수적으로 증가함에 따라 지금은 통합 스토리지 사용이 필수적으로 되고 있다. 통합 스토리지에는 어떤 것들이 있으며 장단점으론 어떤 것들이 있는지 알아보자.

그림 8-5 통합스토리지 종류

ǀ DAS

DAS Direct Attached Storage는 데이터 서버와 외장형 저장장치를 전용 케이블을 이용해 직접 연결하는 방식이다. 전용 케이블을 통해 직접 연결함으로써 속도가 빠르다는 장점이 있으나 파일 시스템의 공유가 어렵고 확장성과 유연성이 부족한 단점이 있다. DAS는 저비용과 고속의 장점 때문에 소규모 시스템에서 아직도 많이 활용되고 있다.

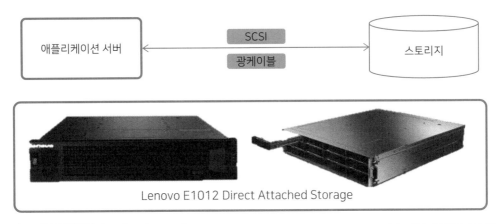

그림 8-6 DAS 개념도(출처: https://www.lenovo.com)

❙ NAS

NAS Network Attached Storage 는 별도의 네트워크가 필요한 것이 아니라 기존에 있던 LAN Local Area Network 을 활용해 스토리지에 접근하는 기술이다. 효율적인 접근 관리를 위해 파일 전송 서버를 두어 스토리지를 관리한다. NAS는 이기종 간 파일을 공유할 수 있고 설치와 관리가 쉽다는 장점이 있지만, LAN 대역폭에 전송 용량이 제한되고 기존 시스템과 LAN을 공유함으로써 대역폭을 잠식할 수 있다는 단점이 있다. 또한 NAS는 관리 서버를 통해 접속되기 때문에 장애에 취약할 수 있다.

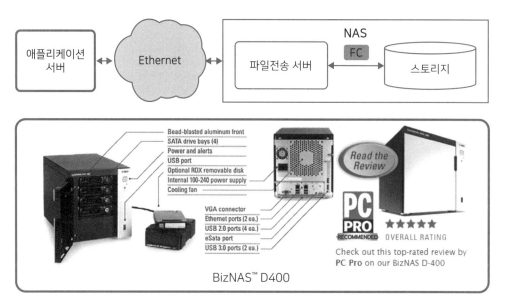

그림 8-7 NAS 개념도(출처: http://www.tandbergdata.com)

SAN

SAN^{Storage Area Network}는 애플리케이션 서버가 FC 스위치(SAN 스위치)를 통해 스토리지에 연결하는 장치이다.

> 파이버 채널(Fibre Channel, 줄여서 FC)이란, 주로 스토리지 네트워킹에 쓰이는 기가 비트 속도의 네트워크 기술이다. 파이버 채널은 미국 표준 협회인 INCITS의 T11 Technical Committe에 표준화되어 있다. 슈퍼컴퓨터 분야에 주로 사용되기 시작하였으나 지금은 기업용 자료 보관을 위한 SAN의 표준 연결 형태가 되어가고 있다. 파이버 채널의 파이버는 "섬유"를 뜻하지만 실제로 파이버 채널의 신호 표현은 연선 구리 케이블과 광학 섬유 케이블 두 곳에서 이용할 수 있다.
> 출처: 위키백과

애플리케이션에서 SAN 스위치에 연결하기 위해서는 HBA^{Host Bus Adapter}라는 장치를 사용해야 한다. SAN은 다른 서버를 추가하거나 스토리지를 추가할 때 장치를 정지할 필요가 없다. 자체적인 FC 프로토콜을 사용하기 때문에 고속으로 데이터를 전송할 수 있다. 고속과 장애에 대한 내성이 있어 미션 크리티컬한 데이터베이스에도 활용되고 있다. 하지만, SAN은 가격이 비싸고 다른 장비와 호환성이 부족하다는 단점도 가지고 있다.

미션 크리티컬

미션 크리티컬이란 '굉장히 중요하다'는 의미이다. IT에서는 미션 크리티컬한 업무라는 용어를 많이 사용하는데 미션 크리티컬한 업무인 경우 장애가 발생하거나 서비스가 중단되면 안 되기 때문에 반드시 안전장치를 마련해야 한다. 대표적인 안전장치가 백업이다. 은행에 있는 계좌 정보는 미션 크리티컬하기 때문에 여러 장소에 데이터를 복사해 두고 있다. 예를 들어 주 센터가 여의도에 있다면 백업 센터를 대전이나 부산에 두어 물리적인 장애나 자연재해로부터 데이터를 안전하게 보호하고 있다.

또 다른 안전장치는 장비를 이중화하는 것이다. 같은 기능을 하는 시스템을 여러 개 만들어 두어 주 시스템에 장애가 발생하면 백업 시스템으로 바로 대체해서 사용하는 방식이다.

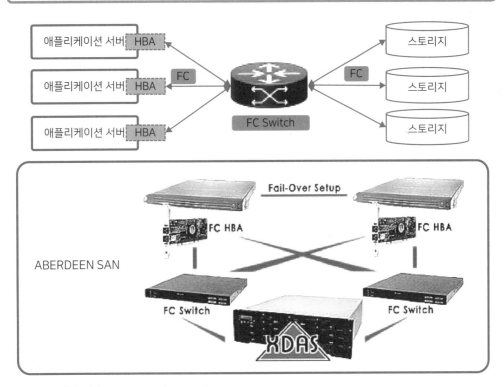

그림 8-8 SAN 개념도(출처: https://www.aberdeeninc.com)

8.2 시스템 운영에 필요한 인프라지식

백업 기술

백업은 장비의 오류에 대비하기 위해 서버에 있는 데이터베이스를 다른 장비로 복사하는 활동이다. 백업은 비즈니스의 연속성을 보장하기 위해 대부분 기업에서 도입하고 있으며, 서버에 저장된 모든 파일을 백업 받는 것이 아니라 장애 시 반드시 복구가 필요한 파일을 선택적으로 받고 있다.

전체 백업 (Full backup)	전체 데이터의 복사본을 만드는 백업 방식
증분 백업 (Incremental backup)	기준 시간을 정하고 그 이후로 변경된 파일만 백업하는 방식
차등 백업 (Differential backup)	마지막 전체 백업 후 변경된 파일을 백업하는 방식

그림 8-9 백업의 종류

전체 백업은 전체 데이터의 복사본을 만드는 백업 방식으로써 복구가 간편하고 복구에 소요되는 시간이 적은 장점이 있지만 백업 용량이 증가하는 단점이 있다.

증분 백업은 기준 시간을 정하고 그 이후로 변경된 파일만 백업하는 방식으로써 양이 적어 빠른 백업이 가능하다는 장점이 있으나 복구가 복잡하고 많은 시간이 소요 된다.

차등 백업은 마지막 전체 백업 후 변경된 파일을 백업하는 방식으로써 전체 백업 이미지와 이후에 백업된 이미지만 복구하면 되기 때문에 증분 백업 보다는 빠른 장점이 있지만 파일 크기가 점점 커진다는 단점이 있다.

PTL (Physical Tape Library)	물리적 테이프로 데이터를 백업 받는 방식
D2D	디스크에 있는 데이터를 디스크로 백업 받는 방식
VTL (virtual Tape Library)	물리적으로 디스크지만 백업 대상 서버에서는 테이프로 인식되는 방식

그림 8-10 백업 기술

PTL은 과거에 가장 많이 사용했던 백업 방식으로 테이프를 사용해서 데이터를 백업한다. 하지만 데이터가 폭발적으로 증가하면서 테이프를 사용한 방식은 백업과 복구 시간이 너무 오래 걸리는 등의 성능 한계로 인해 현재는 다른 기술로 대체되고 있다.

D2D 기술은 소스 디스크에 있는 데이터를 읽어 백업 장비 디스크로 백업하는 방식이다. 디스크 속도에 비례한 백업과 복구 성능을 지원하는 특징이 있다. 테이프에 비해 상대적으로 고가지만 디스크를 기반으로 하기 때문에 구축 비용이 고가이다.

VTL은 가상화 솔루션을 활용하여 디스크를 가상의 테이프 장비로 만들어주는 하드웨어와 소프트웨어가 융합된 백업 장비 솔루션이다. 기존에 테이프를 사용하고 있는 기업에서는 업무 환경에 변화 없이 손쉬운 적용이 가능하다는 장점이 있다. D2D 방식과 거의 유사한 백업과 복구 성능을 발휘할 수 있다.

시스템 운영에 필요한 네트워크 지식

TCP/IP 프로토콜

TCP/IP은 인터넷 네트워크의 핵심 프로토콜로 전 세계적으로 가장 많이 사용하는 통신 프로토콜이다. 패킷 통신을 담당하는 IP^{Internet Protocol}와 전송 조절을 담당하는 TCP^{Transmission Control Protocol}로 구성된다.

두 개체가 TCP/IP를 사용해서 통신하려면 먼저 연결^{Connection}을 맺어야 한다. 연결을 위해서는 연결 데이터를 여러 차례 교환하는데 이것을 핸드쉐이킹^{handshaking}이라 하며 모두 세 번에 걸쳐 데이터가 전송된다고 해서 3 way handshaking이라고 한다.

TCP/IP 프로토콜은 데이터 전송의 신뢰성을 보장하기 위해 재전송 타이머, 체크섬, 중복 데이터 검출, 흐름제어와 같은 여러 가지 기능을 지원하고 있다. TCP/IP는 전송을 위해 먼저 데이터를 패킷이라 불리는 일정한 크기로 나누고 이것을 순서대로 통신 상대방에게 전송한다.

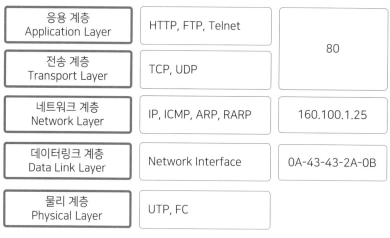

그림 8-11 TCP/IP 프로토콜 스택

TCP/IP 프로토콜 스택은 5계층으로 구성된다.

- 1계층: 물리 계층으로 우리가 눈으로 볼 수 있는 랜선이나 광케이블과 같은 물리적인 통신 선들이 이에 해당한다.

- 2계층: 데이터링크 계층으로 네트워크 인터페이스 역할을 하며 우리가 사용하는 네트워크 카드가 데이터링크 계층 역할을 한다. 네트워크 인터페이스를 식별하려면 고유한 주소가 필요한데 이것을 MAC(Media Access Control) 주소라 한다. MAC 주소는 PC 명령어에서 쉽게 확인할 수 있는데 12개의 16진수 조합으로 구성되며 네트워크 카드가 생산될 때 전세계 유일한 고윳값이 부여된다.

- 3계층: 네트워크 계층으로 3계층에 속하는 대표적인 프로토콜이 IP인데 이 IP에는 데이터가 네트워크를 통해 목적지까지 잘 전송될 수 있도록 하는 출발지와 목적지 주소를 가지고 있다. 우리가 말하는 IP 주소가 IP 프로토콜에서 사용하는 주소를 줄여서 IP주소라 하는 것이다.

- 4계층: 전송 계층으로 TCP는 4계층의 대표적인 프로토콜인데 전송자와 수신자 간의 연결을 설정하고 데이터를 보내는 순서를 유지하고 중복이나 손실 없이 안전하게 보낼 수 있는 연결지향형 프로토콜이다. 반대로 데이터 손실을 고려하지 않고 고속으로 전송하는 프로토콜을 UDP라 한다.

- 5계층: 응용 계층이다. 사용자에게 서비스되는 다양한 형태의 애플리케이션이 이에 해당한다. 응용계층에는 대표적으로 HTTP 프로토콜이 있는데 우리가 평소에 가장 많이 사용하는 웹 서비스를 제공하는 프로토콜이다.

```
C:\Users >ipconfig -all ❶

Windows IP 구성

   호스트 이름 . . . . . . . . :
   주 DNS 접미사 . . . . . . . :
   노드 유형 . . . . . . . . . : 혼성
   IP 라우팅 사용. . . . . . . : 아니요
   WINS 프록시 사용. . . . . . : 아니요

이더넷 어댑터 로컬 영역 연결:

   연결별 DNS 접미사. . . . :
   설명. . . . . . . . . . . : Realtek PCIe GBE Family Controller ❷
   물리적 주소 . . . . . . . : 30-5A-3A-7C-12-4E ❸
   DHCP 사용 . . . . . . . . : 아니요
   자동 구성 사용. . . . . . : 예
   링크-로컬 IPv6 주소 . . . : fe80::6441:1ba7:9b4c:e086%3(기본 설정)
   IPv4 주소 . . . . . . . . : 160.100.52.158(기본 설정) ❹
   서브넷 마스크 . . . . . . : 255.255.255.0 ❺
   기본 게이트웨이 . . . . . : 160.100.52.254 ❻
   DHCPv6 IAID . . . . . . . : 254827066
   DHCPv6 클라이언트 DUID. . : 00-01-00-01-1E-02-70-57-30-5A-3A-7C-12-4E
   DNS 서버. . . . . . . . . : 160.100.1.10 ❼
   Tcpip를 통한 NetBIOS. . . : 사용
```

그림 8-12 PC 네트워크 정보 확인하기

윈도우 기반의 사용자 PC 네트워크 정보는 명령 프롬프트에서 ❶ipconfig -all 명령으로 쉽게 확인할 수 있다. ipconfig 명령어는 PC가 통신을 위해 필요한 기본적인 네트워크 정보를 알려주는 명령어이다. 먼저 ❷네트워크 인터페이스 카드 정보를 알 수 있다. 지금 PC에서 사용하고 있는 네트워크 인터페이스 제품은 Realtek PCIe GBE Family Controller이다. ❸네트워크 인터페이스에 부여된 물리적 주소인 MAC 주소를 알 수 있다. 네트워크 카드의 MAC 주소는 30-5A-3A-7C-12-4E이다. ❹PC의 IP 주소를 알 수 있다. 현재 PC에 설정된 IP 주소는 160.100.52.158이다.

❺서브넷 마스크 정보도 알 수 있는데 먼저 서브넷의 개념부터 살펴보자. 서브넷은 관리를 쉽게 하기 위해 네트워크를 여러 개로 쪼개는 것이다. 서브넷 마스크는 쪼개진 네트워크 안에서 IP를 쉽게 식별하려면 상위 네트워크를 가리는 것이다. 가려진 상위 네트워크 부분은 알 필요가 없으니 컴퓨터 입장에서는 저장공간과 연산 속도가 줄어든다. 서브넷 마스크가 255.255.255.0이므로 하위 네트워크에서 사용할 수 있는 IP는 256-2(2개는 네트워크 관리 용도로 할당)이다. ❻게이트웨이는 네트워크를 나누는 스위치이다. 서브넷이 네트워크를 나눈 것이라고 했는데 나눠진 네트워크는 게이트웨이를 통해 분리된다. 만일 내가 찾는 통신 상대방이 서브넷에 없다면 어디에 있는지 게이트웨이에게 물어봐야 한다. ❼DNS^(Domain Name Server)는 사람이 인식할 수 있는 도메인 이름을 컴퓨터가 알 수 있는 IP 주소로 변경해 준다. 우리가 www.naver.com을 브라우저 주소창에 입력하면 브라우저는 DNS에게 IP주소가 무엇인지 물어보고 125.209.222.141(가칭)을 반환받는다.

네트워크 스위치

네트워크 스위치는 통신망 상에서 단말과 서버, 단말과 단말 그리고 기타 통신 장비를 고속으로 연결해주는 장치이다. 네트워크 스위치는 목적에 따라 L2, L3, L4, L7으로 분류되며 분류 기준은 OSI 7 계층 분류를 따르고 있다.

L7	패킷 데이터 영역을 분석하고 데이터 필터링 수행
L4	IP와 포트 정보 기반으로 로드 밸런싱 수행, L3 기능 포함
L3	IP 주소 기반 패킷 경로 제어, 라우팅 기능 수행
L2	MAC 주소 기반 패킷 경로 제어

그림 8-13 네트워크 스위치 종류

L2 스위치는 MAC 주소를 인식할 수 있다. 따라서 L2 스위치는 스위치 포트와 목적지 MAC 주소를 쌍으로 하는 테이블을 메모리에 저장하고 있다. 통신 데이터가 들어오면 L2 스위치는 통신 데이터 헤더에서 목적지 MAC 주소를 확인하고 테이블을 참조해서 어떤 포트로 데이터를 보낼지 결정한다. 여러 대의 컴퓨터를 L2 스위치를 사용하여 연결할 때 컴퓨터의 네트워크 카드와 L2 스위치 포트가 연결된다.

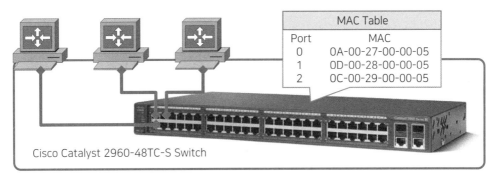

MAC Table	
Port	MAC
0	0A-00-27-00-00-05
1	0D-00-28-00-00-05
2	0C-00-29-00-00-05

Cisco Catalyst 2960-48TC-S Switch

그림 8-14 L2 스위치(출처: https://www.cisco.com)

LAN은 효율적인 네트워크 관리를 위해 망을 계층적으로 구성할 수 있다. 앞에서 잠깐 설명한 서브넷을 사용해서 망을 분리하는데 각각의 서브넷은 L3 스위치를 중심으로 분리되고 서브넷 안에 있는 컴퓨터들은 L2 스위치나 허브를 통해 연결된다. 서브넷을 연결하는 L3 스위치는 라우팅 기능을 수행하는데 라우팅이란 목적지 IP를 가지고 있는 컴퓨터를 어떤 경로로 찾아가면 가장 빠를지를 결정하는 기능이다.

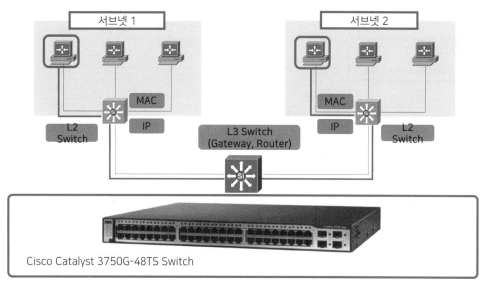

그림 8-15 L3 스위치(출처: https://www.cisco.com)

L4 스위치의 주된 용도는 로드 밸런싱Load Balancing이다. 동일한 기능을 하는 여러 대의 서버를 L4 스위치에 연결한다. 클라이언트에서 서버에 작업 요청을 하면 L4 스위치에서 어느 서버에 요청을 전달할지 결정한다.

> **로드 밸런싱**이란, 여러 개의 장비로 시스템이 구성되어 있을 때 사용자의 요청을 각각의 장비에 고루 분배하는 기능을 말한다. 홈페이지 서비스를 담당하는 웹 서버의 경우 여러 대의 장비로 구성되어 있다. 우리가 자주 사용하는 네이버의 경우 수 백대의 웹 서버가 같은 화면을 서비스하고 있다. 브라우저 창에 네이버 주소를 입력하면 네이버 회사에 있는 로드 밸런싱 장비가 요청을 받아 여러 대의 장비 중 가장 부하가 적은 장비로 사용자의 요청이 처리되도록 명령한다.

어느 서버에 작업 요청을 전달할지 결정하는 것을 부하 분산 알고리즘이라고 하며 라운드 로빈, 가중치 라운드 로빈, 최소 연결 등 다양한 알고리즘을 지원하고 있다. 스위치가 작업 요청이 왔다는 것을 알기 위해서는 서비스를 식별하는 포트 번호를 알아야 하므로 포트를 식별할 수 있는 OSI 7 4계층의 이름을 따서 L4 스위치라 부른다.

부하 분산 알고리즘은 로드 밸런싱에서 많이 사용되는데 사용자의 요청을 처리할 장비를 결정하는 방법을 말한다. 대표적인 알고리즘에는 라운드 로빈(Round Robbin) 방식과 리스트 커넥션(Least Connection) 방식이 있다. '라운드 로빈'은 장비에 번호를 정하고 요청이 들어오면 번호 순서대로 돌아가면서 장비에 요청을 배정하는 방식이며 '리스트 커넥션'은 요청이 들어오면 가장 처리량이 적은 장비를 선택해서 요청을 전달하는 방식이다.

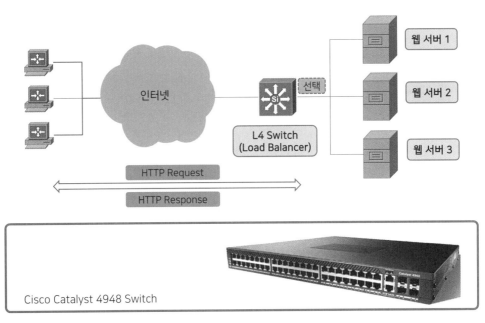

그림 8-16 L4 스위치(출처: https://www.cisco.com)

L7 스위치는 네트워크 패킷의 헤더 부분뿐만 아니라 데이터 부분까지 분석해 콘텐츠 기반으로 원하는 경로로 전달하는 웹 스위칭 기능을 지원하는 장비이다. 콘텐츠 기반의 지능형 트래픽 관리와 콘텐츠 내부에 숨어있는 바이러스와 공격 패킷을 찾아내는 보안 기능을 동시에 지원한다.

웹 스위칭이란 콘텐츠 기반으로 데이터를 전달하는 방식을 말한다. 스위치의 일반적인 기능은 장비와 장비를 연결하는 것이다. 가장 기본적인 스위치는 장비를 물리적으로 연결하는 것이며 고급 장비로 갈수록 데이터링크(MAC 주소) 계층, 네트워크(IP 주소) 계층, 전송(포트 번호) 계층, 응용(콘텐츠) 계층 정보를 참고해 데이터를 전달한다. 따라서 웹 스위칭 장비는 응용 계층 정보를 다룰 수 있으므로 고급 장비에 속한다고 볼 수 있다.

L7 스위치는 HTTP 쿠키 기반으로 사용자를 구분하고 특정 서버로 접속하도록 설정할 수 있으며 URL을 분리해 특정 URL 패턴이 감지되면 특정 웹 서버가 요청을 처리하도록 할 수 있다. L7 스위치는 보안을 위해 콘텐츠 기반 패킷 필터링, 안티 바이러스, 응용 레벨의 미러링 기능을 지원한다.

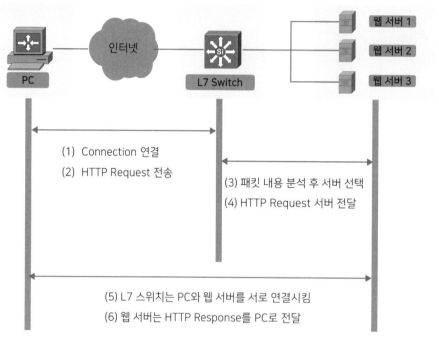

그림 8-17 L7 스위치(출처: https://www.cisco.com)

백본 스위치는 네트워크의 중심에 위치하며 모든 패킷이 지나가는 스위치 장비이다. 백본 스위치는 대용량 트래픽을 처리해야 하므로 기가급 장비를 사용하며 트래픽 처리에 대한 부하가 상대적으로 적은 L3 스위치를 사용한다. 데이터 센터 내부에서 운영하는 모든 서버와 회사 내부에서 사용하는 모든 PC는 스위치를 거쳐 백본으로 들어가게 된다. 스토리지를 사용하는 서버 또한, 일단 백본으로 연결되어 백본에서 스토리지와 다시 연결되게 된다. 데이터 센터 내부에 있는 모든 장비는 백본을 통해 서로 연결된다고 생각하면 된다.

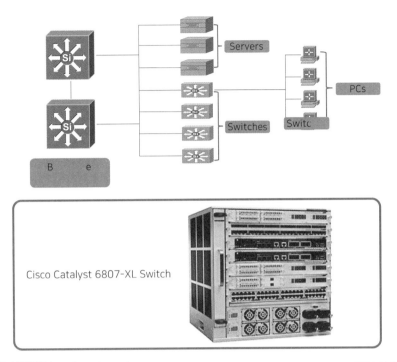

Cisco Catalyst 6807-XL Switch

그림 8-18 백본 스위치(출처: https://www.cisco.com)

백본 스위치는 장애가 발생하면 모든 네트워크가 마비되므로 반드시 이중화 구성을 해야 한다. 또한 백본 스위치를 공유하는 장비가 많기 때문에 업무 특성별로 연결되는 장비를 구분하여 VLAN을 구성한다. VLAN은 물리적이 아닌 논리적으로 네트워크를 분리하여 관리를 쉽게하고 보안을 향상하는 기술이다. 백본에 VLAN을 구성하면 하나의 VLAN 그룹에서 발생한 트래픽은 다른 VLAN 그룹에 영향을 미치지 않게 된다.

라우터

기업에서 사용하는 인터넷 라우터는 인터넷과 기업 내부 네트워크를 연결하는 네트워크 장비이다. 인터넷에서는 기업 내부에 있는 하나의 서버를 바라보기 보다는 가장 바깥에 있는 라우터를 바라본다고 생각하면 이해가 쉽다. 인터넷은 라우터와 라우터의 연결이고 기업 네트워크가 인터넷과 연결하려면 본인도 하나의 라우터를 가지고 있어야 한다.

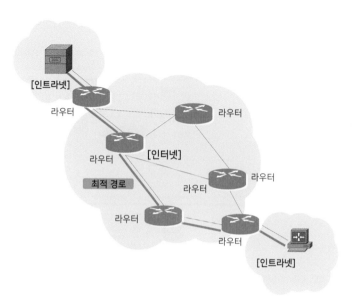

인터넷 라우터

라우터는 목적지 서버로 가는 가장 빠른 길을 찾는 기능을 제공한다. 이것을 라우팅이라 하는데 라우터 간에 주기적으로 정보를 주고받으면서 목적지 아이피가 주어졌을 때 가장 빠른 길을 찾아내는 알고리즘을 제공한다.

인터넷 라우터가 제공하는 또 다른 기능은 바로 NAT^Network Address Translation이다. 인터넷은 라우터밖에 모르므로 내부에 있는 사용자 PC나 서버를 알 수 있게 하려면 내부 네트워크에서 사용하는 아이피를 기억하고 있다가 외부 네트워크로부터 응답이나 요청이 올 경우 누구의 패킷인지 찾아줘야 한다. 이러한 기능을 NAT라고 한다. 인터넷 라우터는 내부망에 있는 컴퓨터가 인터넷과 원활하게 통신할 수 있도록 NAT 기능을 지원하고 있다.

PC에서 실행하는 간단한 명령어

tracert(트레서트)는 인터넷에서 목적지를 찾아갈 때 거쳐 가는 경로를 표시하고 네트워크 상태를 알려주는 네트워크 모니터링 유틸리티이다. 목적지를 www.naver.com로 지정했고 DNS

에서 IP 주소 125.209.222.141를 알아내서 목적지까지 가는 데 거쳐 가는 호스트 정보를 표시했다. 처음에 찾은 IP 주소 172.17.0.2는 PC가 연결된 네트워크의 라우터 장비일 가능성이 높다. 호스트에 따라서는 보안 설정에 tracert 명령어에 응답하지 않도록 설정된 경우가 있다. 이럴 경우 시간을 표시하는 부분에 *가 나오고 호스트 IP 정보를 표시해주지 않는다.

```
C:₩>tracert www.naver.com

최대 30홉 이상의
www.naver.com.nheos.com [125.209.222.141](으)로 가는 경로 추적:

  1    2 ms   1 ms    2 ms 172.17.0.2
  2    1 ms   1 ms    1 ms 172.16.1.1
  3    *      *       *    요청 시간이 만료되었습니다.
  4    3 ms   3 ms    3 ms 100.71.24.249
  5    2 ms   2 ms    1 ms 10.44.254.2
  6    9 ms   6 ms    6 ms 10.222.7.110
  7    4 ms   2 ms    2 ms 211.178.182.142
```

그림 8-20 tracert 명령어

tracert는 내부적으로 ICMP^{Internet Control Message Protocol}(인터넷 제어 메시지 프로토콜) 프로토콜을 사용하고 있다. ICMP 프로토콜은 3(네트워크) 계층 프로토콜이기 때문에 HTTP, FTP, Telnet 등 4층 이상의 유틸리티가 동작하지 않을 때도 사용할 수 있다.

> ICMP(Internet Control Message Protocol)란, 인터넷 제어 메시지 프로토콜은 네트워크 관리에 주로 사용되는 네트워크 계층 프로토콜이다. 따라서 ICMP는 인터넷 주소 기반으로 동작하며 네트워크 장비 관리나 네트워크 검사를 위해 주로 사용된다.

네트워크 점검 유틸리티인 **ping(Packet INternet Groper, 핑)**은 네트워크 상태를 알아보려는 대상 호스트에 일정 크기의 패킷을 보내고 대상 호스트가 보낸 응답을 확인 후 분석해 네트워크 상태를 알려주는 기능을 한다. ping 또한 내부적으로 ICMP 프로토콜을 사용한다. ping은 대부분 운영체제에 기본으로 탑재되어 있고 사용법 또한 유사하기 때문에 쉽게 사용할 수 있다.

C:₩>ping 172.17.0.2

Ping 172.17.0.2 32바이트 데이터 사용:
172.17.0.2의 응답: 바이트=32 시간=3ms TTL=255
172.17.0.2의 응답: 바이트=32 시간=5ms TTL=255
172.17.0.2의 응답: 바이트=32 시간=3ms TTL=255
172.17.0.2의 응답: 바이트=32 시간=2ms TTL=255

172.17.0.2에 대한 Ping 통계:
    패킷: 보냄 = 4, 받음 = 4, 손실 = 0 (0% 손실),
왕복 시간(밀리초):
    최소 = 2ms, 최대 = 5ms, 평균 = 3ms

그림 8-21 ping 명령어

ping은 네트워크 공격에 악용될 수 있기 때문에 보안장비에 의해서 막혀있는 경우가 많이 있다. 따라서 ping을 사용했을 때 응답이 없더라도 네트워크에 문제가 있다고 바로 판단하기보다는 다른 채널을 사용해 확인해 봐야 한다.

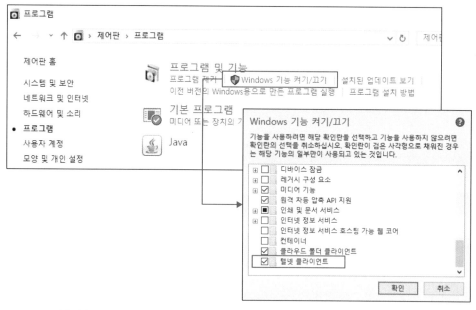

그림 8-22 telnet 사용 설정

CHAPTER 08 | 정보 시스템 운영하기

telnet(텔넷)은 네트워크 연결에 사용하는 대표적인 응용 프로토콜이다. 네트워크에 여러 대의 컴퓨터가 연결되어 있을 때 하나의 컴퓨터에서 다른 컴퓨터로 접속할 때 telnet을 사용하면 쉽게 연결할 수 있다. telnet은 HTTP 프로토콜과 유사한 구조로 되어 있기 때문에 HTTP 웹 서버의 동작을 점검하는데 유용하게 사용될 수 있다. 브라우저에서 웹 페이지를 호출했을 때 아무런 응답이 없다면 telnet을 통해 서버에서 어떤 정보를 브라우저로 보내주는지 구체적으로 확인할 수 있다. telnet은 윈도우에서 비활성화되어 있으므로 제어판에서 직접 활성화해 줘야 한다.

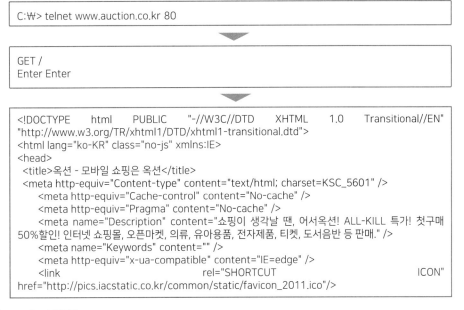

C:₩> telnet www.auction.co.kr 80

GET /
Enter Enter

```
<!DOCTYPE    html    PUBLIC    "-//W3C//DTD    XHTML    1.0    Transitional//EN"
"http://www.w3.org/TR/xhtml1/DTD/xhtml1-transitional.dtd">
<html lang="ko-KR" class="no-js" xmlns:IE>
<head>
 <title>옥션 - 모바일 쇼핑은 옥션</title>
 <meta http-equiv="Content-type" content="text/html; charset=KSC_5601" />
    <meta http-equiv="Cache-control" content="No-cache" />
    <meta http-equiv="Pragma" content="No-cache" />
    <meta name="Description" content="쇼핑이 생각날 땐, 어서옥션! ALL-KILL 특가! 첫구매
50%할인! 인터넷 쇼핑몰, 오픈마켓, 의류, 유아용품, 전자제품, 티켓, 도서음반 등 판매." />
    <meta name="Keywords" content="" />
    <meta http-equiv="x-ua-compatible" content="IE=edge" />
    <link                    rel="SHORTCUT                    ICON"
href="http://pics.iacstatic.co.kr/common/static/favicon_2011.ico"/>
```

그림 8-23 telnet 사용하기

그림 8-23과 같이 telnet으로 웹사이트를 테스트하려면 URL 뒤에 사용할 포트 번호를 적어야 한다. 명령을 입력하고 엔터키를 누른 후 화면이 전환되고 공백 화면이 나오면 정상적으로 웹 서버와 연결된 것이다. 여기에 "GET /"명령어를 입력하고 엔터키를 두 번 누르면 웹 서버로 http://www.auction.co.kr URL이 호출된 것이다. 웹 서버가 정상적으로 동작한다면 그림과 같은 HTML을 확인할 수 있다.

시스템 운영에 필요한 보안 지식

네트워크 보안장비

방화벽 (Firewall)	IP와 Port 기반으로 유해 트래픽을 차단하는 시스템
IDS (Intrusion Detection System)	정보 자원 보호를 위해 침입을 탐지하는 시스템
IPS (Intrusion Protection System)	정보 자원 보호를 위해 침입을 탐지하고 차단하는 시스템
UTM (Unified Threat Management)	방화벽, 침입탐지 및 차단기능 제공하는 통합 보안 시스템
ESM (Enterprise Security Management)	정보 자원 보호를 위해 침입을 탐지하고 차단하는 시스템

그림 8-24 네트워크 보안장비 종류

네트워크 보안장비는 네트워크 트래픽을 통해 유입되는 공격을 예방하거나 실시간 차단하는 시스템이다. 방화벽, IDS, IPS로 각각 발전했으나 최근에는 각각의 기술이 통합하는 추세로 보안장비의 경계가 모호해지고 있다. 모든 네트워크 보안 장비를 사기 어려운 중소기업의 경우 세 가지 기능을 모두 지원하는 UTM^{Unified Threat Management}의 도입이 증가하는 추세이다. 최근에는 방화벽, IDS, IPS에서 나오는 데이터를 통합 모니터링하고 관리하기 위해 ESM^{Enterprise Security Management} 도입이 증가하고 있다.

> **UTM**은 IDS(Intrusion Detection System 침입탐지 시스템), IPS(Intrusion Protection System 침입차단 시스템), 방화벽(Firewall)이 하나로 결합한 장비이다. 사용이 쉽고 기능이 단순하며 비용 또한 저가여서 중소기업에서 많이 사용하고 있다. 반면에 ESM(Enterprise Security Management)의 경우 별도의 전문적인 IDS, IPS, 방화벽이 설치된 비교적 큰 규모의 기업에서 보안 장비의 관리의 편의성 향상과 효율적인 모니터링을 위해 사용하는 시스템이다.

방화벽

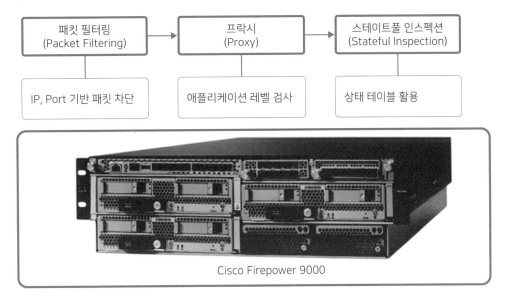

패킷 필터링 (Packet Filtering)	→	프락시 (Proxy)	→	스테이트풀 인스펙션 (Stateful Inspection)
IP, Port 기반 패킷 차단		애플리케이션 레벨 검사		상태 테이블 활용

Cisco Firepower 9000

그림 8-25 방화벽(출처: https://www.cisco.com)

방화벽은 정보 시스템을 방어하는 일차 관문이다. 방화벽이 제공하는 가장 기본적인 기능은 패킷 필터링 기능이다. 정보 시스템 내부로 들어오는 패킷 자체만을 보고 미리 등록된 정책에 따라 기계적으로 패킷을 걸러주는 것이다. 하지만 패킷 필터링 방식은 속도가 빠르다는 장점이 있지만, 헤더가 조작된 패킷을 차단할 수 없다는 단점이 있어 프락시 방식이 등장했다. 서비스별로 별도의 프락시 데몬이 존재해서 애플리케이션 레벨까지 검사하는 것이다. 이 방식은 보안은 강화됐지만, 애플리케이션을 검사하기 위한 시스템 부하가 상당히 커졌다. 그래서 등장한 것이 스테이트풀 인스펙션Stateful Inspection 방식이다. 중간에 상태 테이블State Table을 두고 정상으로 증명된 패킷을 상태 테이블에 저장해 두고 다음에 들어오는 패킷을 상태 테이블에 있는 패킷과 비교해 보는 것이다. 애플리케이션 레벨까지 올라갈 필요성이 많이 감소했기 때문에 보안성을 높이면서 시스템 부하도 감소시킬 수 있다.

❙ 침입탐지 시스템 IDS

침입탐지 시스템(IDS: Intrusion Detection System)은 비정상적인 트래픽을 탐지하고 알려주는 역할을 하는 시스템이다. 방화벽이 일차적으로 아이피와 포트 기반으로 공격을 차단한다면 IDS는 이차적으로 공격 패턴을 저장하고 데이터베이스 중심으로 공격을 감지해서 알려주는 역할을 한다. 일반적으로 IDS는 공격을 실시간으로 차단하는 기능보다는 탐지하는 분야에 특화된 장비이다.

IDS는 패킷의 흐름을 방해하지 않는 방식으로 동작한다. 이것을 패킷 미러링이라고 하는데 방화벽에서 백본 스위치로 흘러가는 패킷은 그대로 놔두고 복사본을 만들어서 정보를 분석하게 된다. IDS는 장비 내부에 물리적으로 장애가 발생하더라도 패킷 흐름에 방해가 되지 않도록 구성되어 있다.

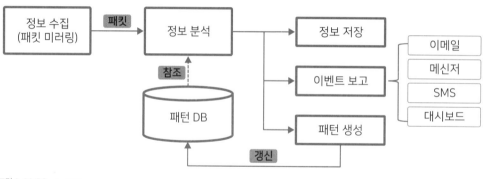

그림 8-26 IDS

IDS는 여섯 부분으로 구성되는데 가장 앞 단에는 먼저 정보 수집 기능이 있다. 네트워크 카드와 연결되어 패킷을 받아들이고 분석을 위한 복사본을 만드는 역할을 한다. 다음으로 정보 분석 기능이 있는데 공격 패턴을 저장하고 있는 패턴 DB를 참조해 패킷의 정상 여부를 판단한다. 정보 저장 기능은 탐지한 공격에 대한 내용을 로그 파일로 저장하는 기능을 한다. 이벤트 보고 기능은 공격을 탐지했을 때 관리자에게 이메일, 메신저, SMS를 통해 알려주는 기능을 한다. 대시보드를 통해 공격 탐지 현황을 시각화하기도 한다. 마지막으로 패턴 생성 기능은 패킷을 분석해서 새로운 공격 패턴을 패턴 DB로 업데이트하거나 관리자가 직접 패턴을 추가 또는 삭제할 수 있는 기능을 제공한다.

침입차단 시스템 IPS

침입차단 시스템(IPS : Intrusion Protection System)은 유해 트래픽을 실시간으로 감지하고 차단하는 시스템이다. IDS가 유해 트래픽 탐지에 초점을 맞췄다면 IPS를 탐지뿐 아니라 즉시 차단하는 기능을 갖추고 있다. IPS는 IDS와는 달리 패킷을 미러링해서 탐지하지 않고 네트워크에 패킷을 직접 분석하다. 따라서 IPS가 패킷을 감시할 수 있는 수준은 IDS보다 제한적일 수밖에 없다. 일반적으로 기업에서는 IPS와 IDS를 동시에 운영하면서 실시간 차단과 심층 분석의 두 가지 목적을 모두 달성하고 있다.

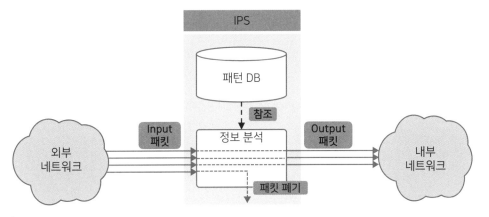

그림 8-27 IPS

IPS는 IDS와 마찬가지로 패턴 DB를 참조해서 입력 패킷을 분석한다. IDS처럼 다양하고 복잡한 패턴을 검색하지는 않지만, 네트워크 트래픽에 방해되지 않을 수준으로 패킷을 검사한다. 패턴 DB와 일치하는 패킷은 내부 네트워크로 전달하지 않고 패킷을 폐기한다.

규모가 큰 기업이라면 방화벽, IDS, IPS 등 모든 네트워크 방어 장비를 갖출 수 있지만, 중소규모의 기업에서는 도입하고 유지하는 비용이 부담될 수 있다. 이런 기업을 위해 세 가지 기능을 하나로 합쳐 단일 장비로 만든 UTM^{Unified Threat Management} 장비가 출시되어 있다. 특화된 장비를 따로 도입하는 것보다 성능은 다소 떨어지지만, 보안에 많은 비용을 투자하기 어려운 소규모 기업을 중심으로 도입이 늘고 있다.

애플리케이션 보안장비 웹 방화벽

웹 방화벽은 웹 애플리케이션을 대상으로 시도되는 공격을 차단하는 시스템이다. 기존의 보안 장비는 네트워크 계층의 공격을 차단하는데 초점을 맞추고 있는 반면에 웹 방화벽은 애플리케이션에 있는 콘텐츠를 살펴보고 공격 패턴을 찾아낸다.

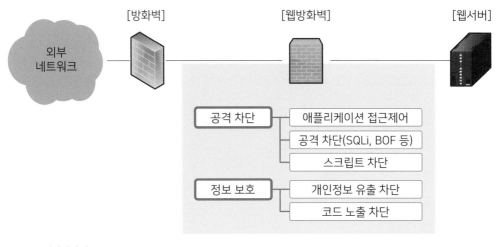

그림 8-28 웹 방화벽 기능

웹 방화벽은 크게 두 가지 기능을 한다. 첫 번째는 공격 차단 기능인데 웹 서버와 웹 애플리케이션을 공격하는 다양한 시도를 차단할 수 있다. 웹 애플리케이션을 선택적으로 사용자에게 보여줄 수 있으며 HTTP 패킷에 심어져 들어오는 SQL Injection, XSS, CSS, 버퍼 오버플로우와 같은 다양한 공격을 차단할 수 있다. 두 번째는 정보보호 기능인데 웹 서버의 결괏값에 들어있는 주민등록번호와 신용카드 번호 같은 개인정보를 웹 방화벽에서 차단할 수 있다. 웹 서버 응답 결과를 선택적으로 보여줄 수 있는 기능도 제공한다.

데이터암호화 기술 SSL

SSL Secure Socket Layer은 공개키 기반으로 웹 서버와 브라우저 사이에 오가는 데이터를 암호화하는 기술이다. SSL은 웹 서버에 인증서만 설치하면 브라우저에 별도의 프로그램 설치 없이 데이터를 간편하게 암호화할 수 있다. 웹에서 일반 데이터는 HTTP로 시작하는 URL을 통해 주고받고 SSL로 암호화된 데이터는 HTTPS로 시작하는 URL을 통해 주고받는다.

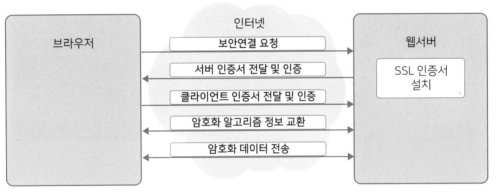

그림 8-29 SSL 동작방식

SSL을 사용하려면 먼저 SSL 인증서를 설치해야 한다. 인터넷에서 무료로 제공하는 사설 인증서를 사용할 수 있지만, 브라우저 창에 보안 경고창이 뜨기 때문에 공인된 SSL 인증서를 사용하는 것이 좋다. 인증서 비용은 백만 원 내외이며 구입에 큰 부담은 없다. SSL 인증서가 설치된 후 사용하는 과정에서 벌어지는 브라우저와 웹 서버 간에 복잡한 과정은 개발자와 사용자 모두 모르게 진행이 된다. 단지 개발자는 암호화가 필요한 페이지는 HTTPS 프로토콜로 호출되도록 지정하면 된다. 'HTTP'는 일반적으로 80포트로 서비스되고 'HTTPS'는 443 포트로 서비스 된다. 두 포트 모두 기본으로 설정되어 있기 때문에 URL뒤에 포트 번호를 따로 지정하지 않아도 된다.

시스템 운영에 필요한 운영체제 지식

윈도우와 리눅스

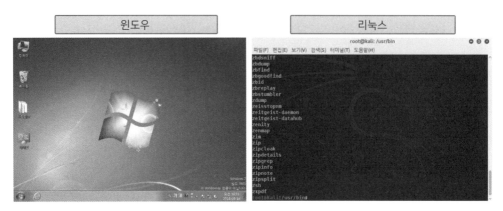

그림 8-30 윈도우와 리눅스

윈도우는 그래픽 기반의 운영체제이다. 명령을 실행할 때는 직접 명령어를 입력하지 않고 마우스로 아이콘을 클릭한다. 반면에 유닉스 운영체제는 텍스트 기반의 운영체제이다. 물론 엑스 윈도우와 같이 그래픽 기반의 화면을 제공하지만, 대부분의 작업은 텍스트 모드에서 진행된다.

> 엑스 윈도우(X Window)란, 유닉스 기반(리눅스 포함) 시스템에서 윈도우와 같은 그래픽 기반 인터페이스(GUI: Graphic User Interface)를 제공하기 위해 개발된 소프트웨어이다. 초기에는 윈도우에 비해 기능이 많이 부족했지만, 현재는 많은 유틸리티가 개발되어 편의성과 기능성이 강화되었다.

작업을 수행하기 위해서는 명령어를 직접 손으로 입력해야 한다. 많은 프로그래머가 윈도우 환경에 익숙해져 있으므로 개발 환경을 윈도우 기반의 데스크톱이나 노트북에 설치해서 프로그래밍한다. 개발이 완료된 후에 웹 서버가 설치되어 있는 유닉스 운영환경으로 프로그램을 전송한다.

사용자 편의성과 다양한 개발 도구 지원 측면에서 윈도우가 유닉스 보다 우수한 측면이 많다. 하지만 시스템 안정성과 보안 측면에서는 윈도우가 유닉스를 따라가지 못한다. 따라서 대부분 운영환경이 유닉스 기반으로 되어있고 운영환경에서 발생하는 다양한 장애를 모니터링하고 대처하려면 기본적인 유닉스 사용법을 익혀둬야 한다.

리눅스 권한관리

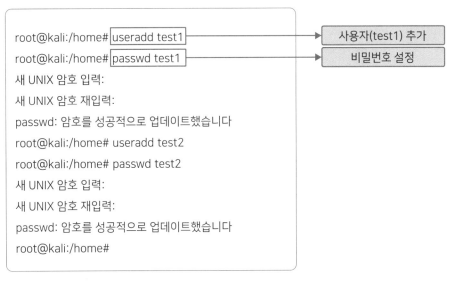

그림 8-31 사용자 생성

권한관리 기능을 알아보기 전에 먼저 테스트 계정을 생성해 보자. useradd test1 명령어를 통해 test1 계정을 생성할 수 있고 passwd test1 명령어를 통해 test1 계정의 비밀번호를 설정할 수 있다. 비밀번호를 변경할 때도 똑같은 명령어를 사용하면 된다. test2 계정도 같은 방법을 생성해 보자.

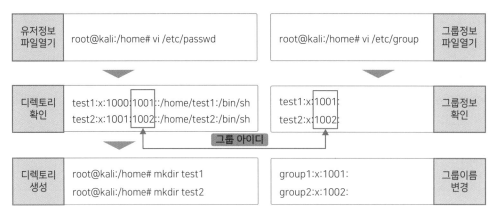

유저정보 파일열기	root@kali:/home# vi /etc/passwd	root@kali:/home# vi /etc/group	그룹정보 파일열기
디렉토리 확인	test1:x:1000:1001::/home/test1:/bin/sh test2:x:1001:1002::/home/test2:/bin/sh	test1:x:1001: test2:x:1002:	그룹정보 확인

그룹 아이디

| 디렉토리
생성 | root@kali:/home# mkdir test1
root@kali:/home# mkdir test2 | group1:x:1001:
group2:x:1002: | 그룹이름
변경 |

그림 8-32 홈 디렉터리 생성

계정이 생성됐으면 홈 디렉터리를 생성해보자. 아이디가 추가되면 기본적인 그룹과 홈 디렉터리가 설정되는데 그룹 정보는 "/etc/group" 파일에서 확인할 수 있다. 아이디와 동일한 이름으로 그룹이 만들어 졌다. 그룹 아이디는 test1의 경우 1001인 것을 확인할 수 있다. 사용자 아이디와 구분하기 쉽게 그룹 이름을 변경해 보자. group 파일에 있는 이름을 변경하고 ":wq"를 입력하면 변경된 내역을 장하고 파일을 닫을 수 있다. 디폴트 홈 디렉터리는 "/home/test1"로 설정되어 있다. 이제 mkdir 명령어를 사용해서 home 디릭토리 아래에 test1, test2 폴더를 각각 생성해 보자.

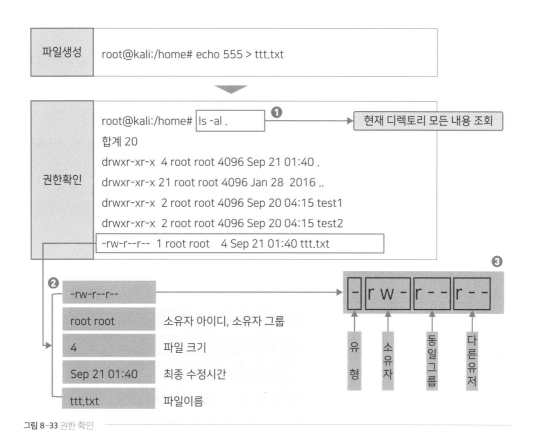

파일생성	root@kali:/home# echo 555 > ttt.txt

권한확인	root@kali:/home# ls -al . ❶ → 현재 디렉토리 모든 내용 조회
	합계 20
	drwxr-xr-x 4 root root 4096 Sep 21 01:40 .
	drwxr-xr-x 21 root root 4096 Jan 28 2016 ..
	drwxr-xr-x 2 root root 4096 Sep 20 04:15 test1
	drwxr-xr-x 2 root root 4096 Sep 20 04:15 test2
	-rw-r--r-- 1 root root 4 Sep 21 01:40 ttt.txt

❷
-rw-r--r--	
root root	소유자 아이디, 소유자 그룹
4	파일 크기
Sep 21 01:40	최종 수정시간
ttt.txt	파일이름

❸

| - | r w - | r - - | r - - |

유형 / 소유자 / 동일그룹 / 다른유저

그림 8-33 권한 확인

먼저 디렉터리와 파일을 비교하기 위해 간단한 파일을 만들어 보자. "echo 555"는 화면에 555를 그대로 출력하라는 뜻인데 뒤에 "〉 ttt.txt" 사용해서 ttt.txt 파일로 출력하도록 변경했다. ❶"ls -al ." 명령어를 사용해 현재 디렉터리에 들어있는 모든 내용을 조회해 보자. "ls" 명령어의 세부적인 내용은 "man ls"를 사용하면 알 수 있는데 여기서 man은 manual의 약자이다. 자세하게 ls의 사용법을 알려주지만, 초보자가 읽고 이해하기에는 다소 어려움이 있다.

❷ttt.txt 파일의 세부 정보를 하나씩 살펴보자. "root root"는 소유자 아이디와 소유자 그룹 정보를 순서대로 나타낸다. "4"는 파일의 크기를 나타내는데 4 바이트를 의미한다. 최종 수정시간과 파일 이름이 순서대로 표시된다.

❸맨 앞에 파일 권한 정보가 나오는데 처음"-" 표시는 디렉터리인지 파일인지를 구분하는 역할을 한다. "-"는 파일을 의미하고 "d" 디렉터리를 의미한다. 다음에 오는 "rw-"는 소유자의 권한을 나타내는데 차례로 읽기, 쓰기, 실행 권한이 오는데 여기서 소유자는 읽고 쓰는 권한만 있다는 의미이다. 그 다음 "r - -"는 동일 그룹의 권한인데 읽는 권한만 있다는 것을 알 수 있다. 마지막으로 오는 "r - -"는 동일 그룹이 아닌 다음 사용자의 권한인데 이 것 또한 읽은 권한만 있다.

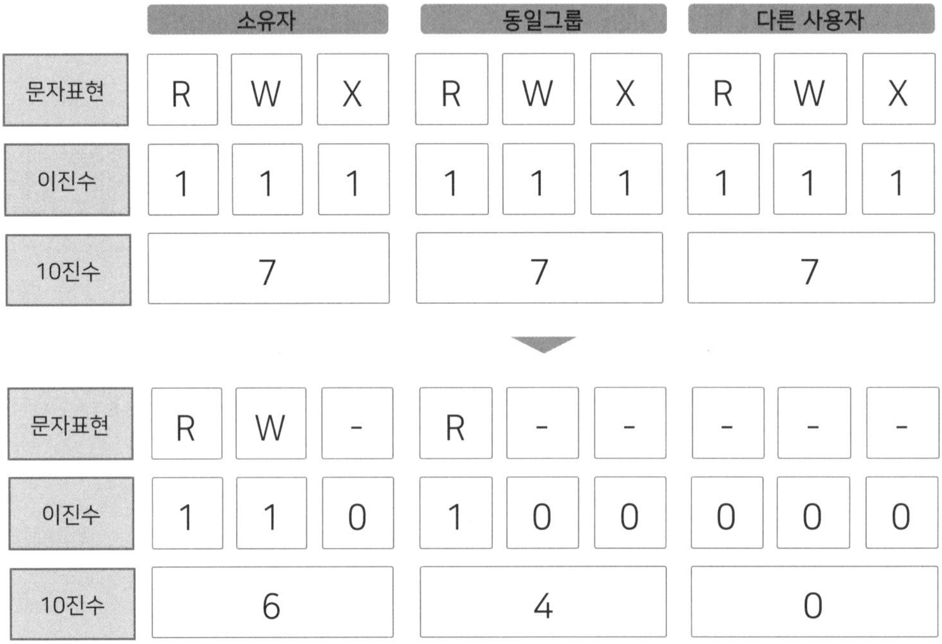

그림 8-34 권한 구조

파일 권한은 RWX로 표현되는데 각각 이진수와 십진수로 표현할 수 있다. 만일 모든 권한이 있다면 이진수로 111이고 RW 권한만 있다면 110이다. 이를 각각 10진수로 표현한다면 7과 6이 된다. 소유자, 동일 그룹, 다른 사용자 권한을 각각 설정할 수 있기 때문에 3자리의 십진수를 가지고 모든 소유 권한을 표현할 수 있다. 소유자에게는 RW, 동일 그룹에게는 R 그리고 다른 사용자에게는 아무 권한도 안 주는 방식으로 파일 권한을 설정한다면 10진수 640으로 표현할 수 있다.

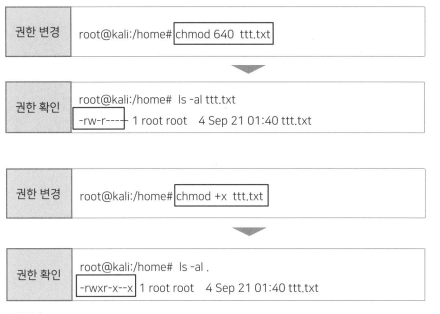

그림 8-35 권한 변경

권한 변경은 chmod^{change file mode bits} 명령어를 통해 실행할 수 있다. 두 가지 방식이 있는데 하나는 십진수를 사용하는 것이다. "chmod 610 ttt.txt" 명령을 실행하면 파일 권한이 "-rw-r-----"로 변경되는 것을 확인할 수 있다. 파일 소유자는 파일을 읽거나 수정할 수 있고 동일 그룹 사용자는 파일을 읽기만 할 수 있다. 다른 사용자는 파일을 전혀 읽을 수 없다.

두 번째로 문자를 사용하는 방식을 알아보자. "chmod +x ttt.txt" 명령은 파일 권한에 실행 권한을 추가한다는 의미이다. 모든 사용자에게 실행 권한이 같이 부여되며 명령 실행 후 파일 권한을 확인해 보면 "-rwxr-x--x"로 변경된 것을 확인할 수 있다.

운영자가 웹 서버를 test1 계정으로 실행했다면 웹 서버는 test1 계정과 같은 권한을 갖는다.

만일 웹 서버에서 제공하는 특정 기능이 test2 계정으로 생성한 파일을 수정한다면 권한 문제로 장애가 발생할 수 있다. 대상 파일이 만일 755(rwxr-xr-x) 권한을 가진다면 test1로 실행한 웹 서버는 파일을 수정할 수 있기 때문에 접근 권한 관련 오류가 발생한다. 이 때문에 운영자는 사전에 파일 권한에 대해 사전에 알고 있어야 유사한 장애가 발생했을 때 발 빠르게 대처할 수 있다.

리눅스 파일 관리

파일 복사	root@kali:/home# cp ttt.txt ppp.txt root@kali:/home# ls ppp.txt test1 test2 ttt.txt
파일 이동	root@kali:/home# mv ppp.txt sss.txt root@kali:/home# ls sss.txt test1 test2 ttt.txt
파일 삭제	root@kali:/home# rm sss.txt root@kali:/home# ls test1 test2 ttt.txt
파일 생성	root@kali:/home# echo 666 > sss.txt root@kali:/home# ls sss.txt test1 test2 ttt.txt
파일 확인	root@kali:/home# cat sss.txt 666

그림 8-36 간단한 파일 다루기

파일 다루는 명령어를 간단히 알아보자. 파일 복사는 cp^{copy} 명령어로 할 수 있다. 그리고 파일 이동은 mv^{move}, 파일 삭제는 rm^{remove}, 파일 생성은 여러 가지 방법이 있는데 앞에서 잠깐 언급했듯이 echo 명령어를 사용한다. 파일 확인은 cat[concatenate] 명령어를 확인한다. 파일 생성과 확인은 유닉스 계열에서 제공하는 강력한 에디터인 vi를 사용할 수도 있으나 사용 방법이 직관적이지 않으니 뒷부분에서 다시 살펴보기로 하자.

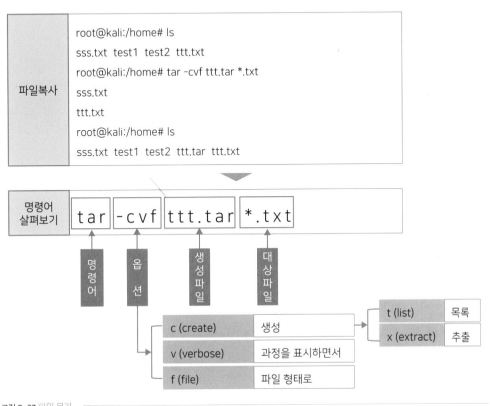

그림 8-37 파일 묶기

시스템을 개발하거나 운영하다 보면 많은 수의 파일을 이동할 일이 자주 있다. 파일을 각각 이동하는 것은 장애 가능성도 있고 시간도 많이 걸린다. 유닉스 계열 시스템에서는 tar 명령을 지원하고 있다. 파일을 쉽게 묶을 수 있고 바로 압축도 가능하다. tar 명령어는 옵션을 통해서 파일을 묶거나 내용을 확인하고, 풀 수 있다.

- -cvf 파일을 묶어주는 옵션이다.

- -tvf 묶인 파일 내용을 살펴볼 수 있는 옵션이다.

- -xvf는 묶인 파일을 푸는 옵션이다.

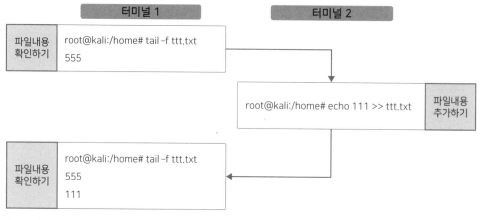

그림 8-38 실시간 파일 내용 확인하기

웹 환경에서 장애 원인을 파악하기 위해서는 로그 파일을 살펴봐야 한다. 로그 파일은 사용자가 웹 서버에 요청을 보내면 내용이 계속 추가되기 때문에 에디터로 열어서 최신 내용을 확인하기 어렵다. 이런 경우에 사용하는 명령어가 'tail'이다. tail 명령어는 파일의 마지막 부분을 출력하는 명령어이고 '-f' 옵션과 함께 사용되면 파일에 추가되는 내용을 계속해서 출력하게 된다. 여기에서 f는 follow를 의미한다.

예제에서는 앞서 생성한 ttt.txt 파일을 tail 명령어로 열었으며 터미널을 하나 더 열어서 echo 명령어로 내용을 추가했다. "≫"는 파일에 내용을 덧붙이는 역할을 한다. tail 명령어를 입력한 터미널에서는 특별한 동작을 하지 않아도 화면에 '111'이 추가되는 것을 확인할 수 있다.

tail 명령어는 웹 서버 로그 분석에 많이 사용되는 명령어로써 다른 명령어와의 조합을 통해 성능을 향상할 수 있다. 예를 들어 추가되는 내용 중에 '111'을 포함하고 있는 내용만 보고 싶으면 grep 명령어를 함께 사용할 수 있다. "tail -f ttt.txt | grep 111"과 같이 사용하면 출력

에 '111'을 포함만 행만 표시된다. 여기에서 'l'은 파이프 명령어로 앞의 명령어 결과를 받아서 뒤의 명령어가 결과를 처리할 수 있도록 한다. 'tail -f ttt.txt' 명령어 결과를 입력으로 받아서 'grep 111' 명령어를 수행하면 입력 중에서 111을 포함하는 행만 거를 수 있다.

vi 에디터 사용하기

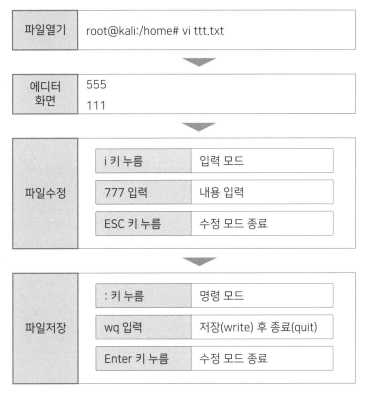

그림 8-39 vi 데이터 기본 사용법

기초적인 사용법부터 익혀보자. vi 에디터를 사용해서 파일을 편집하고 싶으면 "vi 파일명"과 같은 방식으로 사용하면 된다. 파일에 내용을 입력하고 싶다면 입력 모드로 들어가는 'i' 키를 누르면 된다. 입력 모드에서는 키보드로 원하는 내용을 편집할 수 있다. 내용 입력이 모두 종료 됐다면 ESC 키를 눌러 수정 모드를 종료한다. 이제 수정된 파일을 저장하고 리눅스 명령어 창으로 이동하고 싶다면 : 키를 눌러서 명령 모드로 들어간 후 wq를 입력하고 Enter 키를 누르면 된다.

처음 vi를 사용하면 생소하고 어렵지만, 조금 익숙해 진다면 놀라운 기능을 제공하고 있다는 것을 알 수 있을 것이다. 개발할 때는 윈도우 환경에서 제공하는 편리한 툴을 사용하지만, 일단 운영에 프로그램이 이관된 후에 장애 원인을 파악하고 신속한 조치를 위해서는 vi에 익숙해져야만 한다.

vi는 크게 편집모드와 명령모드가 있는데 편집모드는 파일 내용을 수정할 때 사용허고 명령모드는 파일 자체를 수정할 때 사용한다. vi는 마우스를 사용할 수 없기 때문에 커서를 이동할 때도 명령어를 사용해야 한다. hikl 문자가 순서대로 좌/하/상/우 방향으로 커서를 움직일 수 있는 명령어다. 한 문자를 삭제할 때는 d를 사용하고 한 줄을 삭제할 때는 dd를 사용한다. vi에서 제공하는 편집 기능은 다양하고 강력하기 때문에 조금만 연습하면 리눅스 환경에서 쉽게 파일을 다룰 수 있다.

vi 시작	
vi filename	vi로 filename 파일 열기
vi -r filename	손상된 filename 파일 복구
vi +/"string" fn	string 문자열이 처음 나온 부분부터 파일 열기

vi 편집		
	h	커서를 왼쪽으로 이동
	j	커서를 아래로 이동
	k	커서를 위로 이동
이동	l	커서를 오른쪽으로 이동
	w	커서를 오른쪽으로 한 단어의 끝 부분으로 이동
	e	커서를 오른쪽으로 한 단어의 앞 부분으로 이동
	b	커서를 왼쪽으로 한 단어 앞부분으로 이동

삭제	x	커서가 위치한 문자 한 개 삭제
	2x	커서가 위치한 문자 두 개 삭제
	dw	커서가 위치한 한 단어 삭제
	dd	커서가 위치한 한 행 삭제
	2dd	커서가 위치한 두 행 삭제
삽입	i	커서 왼쪽에 문자 삽입
	I	커서 왼쪽 행 처음에 문자 삽입
	a	커서 오른쪽에 문자 삽입
	A	커서 오른쪽 행 끝에 문자 삽입
	o	커서 아래에 행 삽입
	O	커서 위에 행 삽입
복사	yy	행 복사
	p(소문자)	복사된 행을 커서 현재 행 아래에 삽입
	P(대문자)	복사된 행을 커서 현재 행 위에 삽입

vi 명령어		
삭제	:2,10d	2행부터 10행까지 삭제
행 번호	:set nu	행 번호 표시
	:set nonu	행 번호 숨기기
탐색	:g/검색문자/s//대체문자/g	검색문자를 찾아서 대체문자로 변경
	/검색문자/	오른쪽 아래 방향으로 검색문자 검색
	n	다음 방향으로 검색문자 검색 계속
	N	이전 방향으로 검색문자 검색 계속

vi 보관 및 종료	
:w	변경사항 저장
:w filename	버퍼를 filename 파일로 저장
:wq	변경사항 저장하고 vi 에디터 종료
:q!	변경사항 저장하지 않고 vi 에디터 종료
:e!	변경사항 저장하지 않고 vi 편집 다시 시작

표 8-1 vi 명령어

윈도우에서는 아이콘을 통해 파일을 저장하거나 삭제하는 기능을 수행하지만, 유닉스에서는 모든 동작을 명령어를 입력해서 제어한다. 파일 수정이 끝나면 : 키를 통해 명령 모드로 들어갈 수 있다. 파일을 저장할 때는 w, 파일을 종료할 때는 q, 파일을 읽어 들일 때는 r과 파일명을 입력해서 동작을 수행한다.

시스템 운영은 시스템 구축과는 달리 다소 지루한 업무가 될 수 있다. 다양한 시스템을 구축하다 보면 새로운 업무도 배우고 기술도 배우지만, 하나의 시스템을 계속 운영하면 자신이 정체되어 있다는 생각이 들기도 한다. 하지만 이는 굉장히 잘못된 생각이다. 하나의 정보 시스템이 운영되려면 정말 많은 다양한 기술과 조화를 이루어야 한다. 정보 시스템 운영자는 다양하지 못하지만 깊게 볼 수 있다. 나중에 새로운 일을 하게 된다면 깊이 있는 지식을 바탕으로 쉽게 가지를 칠 수 있다.

예를 들어 자바 기반의 홈페이지를 운영한다고 하자. 자기에게 주어지는 대부분의 일이 프로그래밍과 관련된 일이기 때문에 일반적으로 자바, HTML, 자바스크립트, SQL 기술만 공부하려고 한다. 하지만 시스템을 안전하게 운영하기 위한 '정보보안 기술', 장애를 해결하기 위한 '네트워크 기술', 시스템을 튜닝하기 위한 '유닉스 관련 기술'로 관심을 넓혀야 한다. 부가가치는 장애를 빨리 복구하고 시스템을 보다 효율적으로 튜닝하는 곳에서 나오기 때문이다.

09

프로젝트와
국제표준

세상에서 가장 어려운 일은 세상을
바꾸는 것이 아니라 자기 자신을
바꾸는 것이다.
The most difficult matter is not
so much to change the world
as yourself.

넬슨 만델라 Nelson Mandela

프로젝트와 관련된 여러 가지 표준이 존재한다. 하지만 우리가 사용하는 프로젝트 산출물과 프로세스들이 이런 표준에서 정의되어 있다는 것을 아는 사람은 많지는 않다. 표준은 세계적인 석학들이 이론과 실무를 분석해 정의했으며 표준을 따라간다면 자연스레 품질이 높아지게 되는 장점이 있다. 그래서 기업들이 많은 비용을 들여 표준 프로세스를 도입하고 관련 인증을 획득하는 것이다.

표준은 업무를 효과적으로 만들기 위해 존재하지만 이를 제대로 잘 알지 못하고 맹목적으로 따라 하거나 혹은 배척한다면 득보다 실이 많다. 이번 장에서는 프로세스 품질을 다루는 디 펙토 표준인 CMMi와 제품 품질을 다루는 ISO/IEC 25000에 대해 알아보고 어떻게 하면 국제 표준을 잘 활용할 수 있을지 알아보도록 한다.

표준화와 품질

표준화 개요

표준은 예전 농경 사회부터 있었으며, 시대에 따라 요구하는 표준이 달라졌다. 현재 우리가 사용하고 있는 길이의 단위나 화폐는 오래전부터 표준화 작업을 해왔다. 산업 사회에서는 부품과 조립에 대한 표준화가 등장하였고, 현대의 지식 정보사회에서는 정보통신 표준이 자리잡고 있다.

그림 9-1 표준화의 시대적 변화

표준화가 필요한 이유는 비용 절감, 편의성 향상, 품질보장 등 서비스 향상을 위한 여러 가지 이유가 있다. 우리는 그중에서도 소프트웨어와 관련된 국제표준을 이야기하고자 한다. 주요 국제표준화 기구로는 다음과 같다.

구분	ISO(국제표준화기구)	IEC(국제전기기술위원회)	ITU(국제전기통신연합)
설립	1947년, 비정부기구	1906년, 비정부기구	1965년, UN 산하전문기구
역할	지적, 과학, 기술, 경제 등 일반 분야의 국제표준 제정, 보급	전기전자 분야의 국제 표준 제정, 보급	유무선 통신, 전파, 방송, 위성주파수 등에 대한 기술기준 및 표준의 개발, 보급과 국제협력 수행
회원	163개국(2016년 기준)	93개국(2016년 기준)	193개국(2017년 기준)

표 9-1 주요 국제표준화 기구

그런데 국제표준을 보다 보면 'ISO/IEC'로 두 표준 기구가 나오는데, 이는 ISO와 IEC의 표준안 충돌을 막기 위해 두 기구가 합동으로 내놓은 표준이라고 이해하면 된다.

소프트웨어 품질

소프트웨어 국제표준과 관련하여 알고 있어야 할 부분이 소프트웨어 품질이다. 품질 좋은 제품이 소비자를 만족시킨다는 건 누구나 다 아는 사실이다. 그렇다면 소프트웨어의 품질이라는 것은 무엇이고 어떻게 해야 할까?

초기의 소프트웨어는 구성이나 기능이 단순해서 품질 문제가 중요하지 않았다. 간단한 기능의 DOS 시절 프로그램을 생각하면 된다. 하지만 IT 기술 발달과 더불어 점점 소프트웨어의 기능이 복잡해지면서 품질 문제가 나오게 된다.

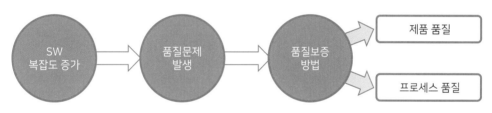

그림 9-2 소프트웨어 품질문제와 보증방법

특히 기업에서 IT 개발과 관련된 수요가 많아지면서 이러한 문제는 더욱 커지게 된다. 요구사항이 제대로 반영되지 않고, 시스템 재개발의 악순환이 반복되면서 사람들은 소프트웨어 품질에 관심을 갖게 된다. 소프트웨어 품질은 요구사항을 만족시키는 특성과 기능이다. 이에 대한 특성과 특징은 이후에 설명하도록 하며, 다음은 소프트웨어의 품질을 종류를 나타내고 있다.

구분	설명
소프트웨어 제품 품질	소프트웨어 제품 품질 자체에 관심
소프트웨어 프로세스 품질	소프트웨어 개발 과정에 중점을 두는 유형
소프트웨어 품질경영	품질에 대해 조직을 지휘하고 관리하는 활동

표 9-2 소프트웨어 품질 종류

소프트웨어는 '제품 자체의 품질', '개발 프로세스 품질'과 '전체 관리 활동 품질'로 구분할 수 있으며 이 외에도 소프트웨어 품질 종류에는 '측정', '평가' 등이 있다. 여기서는 가장 기본적인 제품, 프로세스와 '품질경영'만을 살펴보도록 한다. 다음 그림은 이 세 가지 품질의 대상과 목적을 보여 주고 있다.

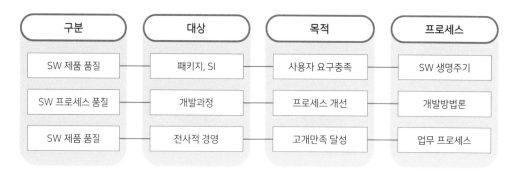

그림 9-3 소프트웨어 품질 별 구성

제품 품질은 소프트웨어의 패키지와 시스템 개발이 그 대상이 된다. 이러한 제품은 소비자 또는 기업 사용자의 요구사항을 만족하고자 도입된다. 이전에 살펴본 스마트 영업시스템 구축의 경우이다. 소프트웨어 생명주기는 이러한 시스템 개발을 위한 전체 공정이다. 소프트웨어 개발 과정을 일종의 공업 제품 생산과정과 같은 관점에서 바라본다. 다음은 일반적인 소프트웨어의 생명주기를 보여준다.

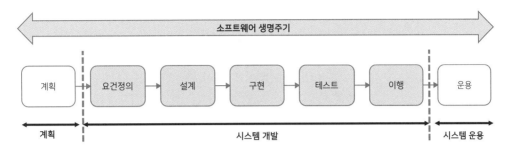

그림 9-4 소프트웨어 생명주기

시스템 개발을 해본 개발자라면 충분히 알 수 있는 내용이다. 이 책의 주요 내용이기도 하다. 소프트웨어 생명주기 국제표준은 ISO/IEC 12207로 표준화되어 있으며, 관심 있는 독자는 참고하길 바란다. 이 외의 국제표준은 다음 표로 정리를 하였다.

구분	국제표준	내용
SW 제품 품질	ISO/IEC 9126 ISO/IEC 14599 ISO/IEC 25000 ISO/IEC 12119	SW 품질 특성 표준 (기능, 신뢰, 사용, 효율, 유지, 이식) SW 품질 측정 평가 9126과 14599를 통합한 SW 품질 평가 표준 패키지 SW 품질 요구 및 시험에 대한 표준
SW 프로세스 품질	ISO/IEC 12207 ISO/IEC 15504 CMMi	SW 생명주기 표준 유럽형 SW 프로세스 평가 표준 미국형 SW 프로세스 평가 표준
품질경영	ISO 9000	품질경영 시스템 표준

표 9-3 주요 품질관련 국제표준

전체 큰 분류는 제품, 프로세스와 품질경영으로 나뉜 걸 알 수 있다. 이 장에서는 제품 품질 관련 ISO/IEC 9126, 25000과 프로세스 품질인 CMMi를 살펴 보도록 한다.

소프트웨어의 품질특성

소프트웨어는 일반적인 제품과 다른 몇 가지 특징을 가지고 있다. 이에 대한 특징을 가장 잘 표현한 국제표준 모델이 ISO/IEC 9126이다. ISO/IEC 9126에서는 다음의 6가지 소프트웨어의 품질 특성에 대해 정의하고 있다.

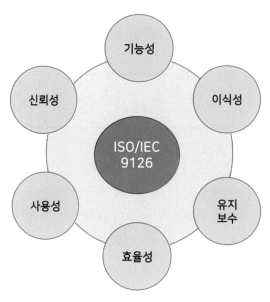

그림 9-5 소프트웨어의 품질특성

좋은 소프트웨어를 개발한다는 것은 **그림 9-5**의 6가지 특성을 반영한 소프트웨어를 만드는 것이다. 각각의 특성이 의미하는 것은 다음 표와 같다.

특성	설명
기능성(Functionality)	요구기능 충족도
신뢰성(Reliability)	오류와 같은 문제 발생 시 내구성과 복구성
사용성(Usability)	이해, 사용 능력
효율성(Efficiency)	투입 자원대비 성능 정도
유지보수(Maintainability)	변경, 오류 수정의 노력
이식성(Portability)	다른 환경 이전 능력

표 9-4 소프트웨어 품질특성 내용

말이 다소 어렵지만, 하나씩 보면 이미 우리가 익히 쓰고 있는 개념들이다.

- 기능성: 개발 전 요구사항이 잘 반영되었나를 본다. 즉, 영업일지 조회 버튼을 클릭하면 해당 기간 내 영업일지가 리스트로 나열되는 것 등이다.

- 신뢰성: 잘못된 값의 입력이나 조회할 때 내부적으로 처리하여 오류 등을 일으키지 않는 것이다. 잘못된 입력으로 갑자기 프로그램이 동작을 멈추고 에러 창을 띄우며 사라지지 않도록 하는 것이다.

- 사용성: 일종의 편의성이라 보면 된다. 여러 건의 데이터를 입력할 때 하나만 입력하고 나머지는 복사 버튼을 통해 자동으로 입력해 준다면 사용자는 하나씩 모두 입력하는 것보다 편리하게 작업을 할 수 있다. 이와 같은 특성을 편의성이라 부른다.

- 효율성: 소프트웨어의 성능을 말한다. 가장 기본적인 기능버튼을 클릭했는데, 매 번 몇 분 이상을 기다린다면 그 프로그램은 쓸 수 없을 것이다.

- 유지보수: 오류나 에러, 보안, 성능 등에 문제를 일으킬 수 있는 버그를 업데이트 하는 것이다. 이러한 유지보수를 거치다 보면 소프트웨어의 품질이 자연스럽게 좋아진다.

- 이식성: 설치환경에 문제없이 제대로 설치가 되고 동작이 되는 것이다. 모든 조건이 맞는데 설치 시 갑자기 멈춘다든지, 설치 후 실행이 안되거나 다른 소프트웨어에 영향을 주어서는 안 된다.

이상 개발자라면 꼭 알아야 할 기본적인 6가지 소프트웨어의 주요 특성을 알아 보았다. 개발자가 이를 기반으로 개발을 꾸준히 진행하면, 보다 경쟁력 있는 좋은 소프트웨어를 개발하는 전문 개발자가 될 수 있을 것이다.

정보 시스템 구축 국제표준 CMMi

CMMi 개요

앞서 소프트웨어의 품질 특성을 알아봤는데, 그렇다면 이러한 품질을 높일 방법은 무엇일까? CMMi Capability Maturity Model Integration는 조직의 프로세스 개선을 위해 개발된 표준 프로세스이다. 프로세스 개선이라는 것이 막연하게 들릴 수 있다. 예를 들어보자. 철수와 영식이는 각각 조립식 로보트 비행기 장난감을 구매하였다. 철수는 장난감 설명서를 보면서 하나하나 조립하고 있고, 영식이는 설명서 없이 본인 판단에 조립하고 있다. 아주 단순한 형태라면 영식이가 훨씬 빠르게 조립을 끝낼 수 있을 것이다. 하지만 수백 개 아니 수십 개의 부품으로만 되어 있어도 설명서 없이는 조립이 어려울 것이다.

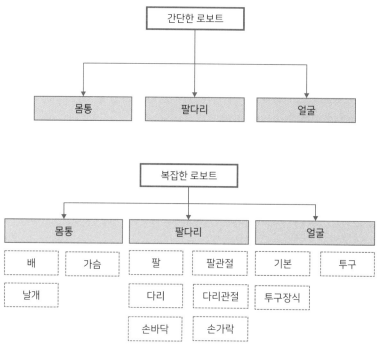

그림 9-6 장난감 로보트의 비교

우리가 진행하는 프로젝트에 **그림 9-6**과 같은 상황을 대입해 보자. 가이드나 목표 없이 오직 개발자의 역량만으로 시스템을 구축한다면, 서로 제 각각 뭉친 엉성한 시스템이 될 것이다. CMMi는 단계별 표준 프로세스를 만들어 조직이 갖추어야 할 프로세스를 제시한다.

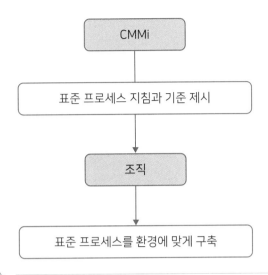

그림 9-7 CMMi와 조직 프로세스

CMMi는 단계별로 레벨 1~5까지 실시해야 할 프로세스를 제시하고, 레벨이 오를수록 조직의 성숙도가 높아진다. 그럼 단계별 레벨과 프로세스를 더 알아보도록 하자.

CMMi 레벨

CMMi 표현 방법으로 크게 단계적 표현Staged Representation과 연속적 표현Continuous Representation 으로 나뉜다. 단계별 표현 방법은 이미 정의 된 프로세스 집합을 평가해 이를 통해 조직의 전체 프로세스 능력을 알아본다. 연속적 표현 방법은 개별 프로세스 평가를 통해 각 프로세스의 능력을 알아보는 것을 말하며 여기서는 국내에서 많이 쓰이는 단계적 표현만을 설명한다.

단계적 표현은 레벨 1~5까지 있으며, 각각의 레벨 별로 실시해야 할 프로세스가 정의 되어있다. 주요 장점으로는 다음과 같다.

- 조직이 필요로 하는 프로세스가 레벨 별로 제공
- 조직간의 수평적, 수직적 비교 가능
- 실제 개선을 위한 단계별 순서 제공

다음 그림은 CMMi의 성숙도 레벨 별 특징을 보여주고 있다.

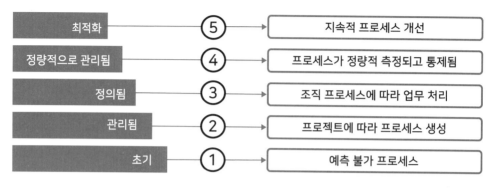

그림 9-9 CMMi 단계별 표준 프로세스

상위 레벨로 올라갈수록 프로세스가 체계적으로 발전됨을 알 수 있다. 이는 너무나도 당연한 얘기지만, 여러분에게 바로 와 닿진 않을 것이다. 여러분이 혼자 개발을 한다고 가정하면 어떠한 통제나 방향성을 찾긴 어렵다. 여러분 마음대로 개발할 수 있기 때문이다. 하지만 2명, 3명 점점 조직이 커지다 보면 각각 역할과 책임이라는 게 따른다. 이러한 역할과 책임을 가장 효율적으로 배분하고 업무를 실시하는 프로세스에 따라 역량에 차이가 난다.

그럼 이제 각각의 표준 프로세스가 무엇을 말하는지 살펴보도록 하자.

▎성숙 1단계(초기 : Initial)

1단계는 구조화된 프로세스를 갖고 있지 않은 조직을 말한다. 개발 활동 자체가 정형화되어 있지 않아 개개인의 역량에 따라 임기응변식 대응을 할 수밖에 없다. 예산과 납기가 거의 지켜지지 않는다. 때때로 개발 활동이 성공할 수는 있으나, 이는 조직의 프로세스 능력에 의한 것이 아니라 일부 개인의 능력에 의한 것이다. 조직이 개인의 역량에 의존하는 단계이다.

▎성숙 2 단계(관리됨 : Managed)

조직은 기본적인 프로세스를 갖고 있다. 그것에 따라 업무가 수행되고 있고, 기본적인 관리

활동부터 특정 영역까지 프로세스 체계가 확대 발전하는 조직이다. 이 단계의 조직은 주로 다음과 같은 특징을 갖는다.

- 문서로 만들어진 프로세스와 계획이 있음
- 프로세스 수행에 대한 권한과 책임이 적절히 부여되어 있음
- 조직원들에게 필요한 교육을 실시함
- 작업 산출물에 대한 형상 관리가 실시됨
- 프로세스 활동 및 결과에 대해 적절한 검토와 반영
- 관련 이해관계자들이 식별되고 이들과 함께 해당 작업 수행

성숙 3 단계(정의됨 : Defined)

조직 차원의 표준 프로세스를 보유하고 있다. 프로젝트를 수행할 경우 프로젝트의 특성에 따라 적절하게 조정하여 사용한다. 또한 해당 조직에서는 구체적인 프로세스의 이용 측정치를 수집할 수 있다. 이 단계의 조직은 프로세스 간의 관계를 정확히 이해하고 있으며, 프로세스들을 좀 더 능동적으로 관리한다.

성숙 4 단계(정량적으로 관리됨 : Quantitatively Managed)

프로세스들을 통계적, 정략적으로 관리하는 조직이다. 제품이나 서비스의 품질, 프로세스의 성과 등을 통계 처리로 쉽게 이해할 수 있다. 이를 바탕으로 조직의 프로세스들은 정량적으로 관리된다. 조직은 제품이나 프로세스의 성과를 예측하여 이상 원인을 찾아 적절하게 조치를 한다.

성숙 5 단계(최적화 : Optimizing)

프로세스 성과 변동 중에서 일반적인 원인Common cause 분석을 통해 이를 지속해서 개선한다. 모든 조직원이 건설적인 사고와 행동으로 인해 결함은 감소하고 제품은 납기 내에 고객에게 제공되는 아주 이상적인 단계이다.

CMMi 도입의 장단점

지금까지 CMMi를 간략하게 알아보았다. 그렇다면 CMMi을 도입하면 조직은 모두 발전적인 방향으로 개선되는 것일까? CMMi의 도입 효과와 장단점을 알아보자.

우선 개발에 따른 소프트웨어 품질이 좋아진다. 대부분 소프트웨어는 프로그램 소스만을 뜻하는 것으로 알고 있지만, 실제 소프트웨어는 컴퓨터 프로그램과 관련된 모든 문서를 포함한다. 즉, 소프트웨어는 개발 산출물이라 일컫는 요구 정의서, 설계서, 소스코드, 매뉴얼 등을 모두 말한다. CMMi에서는 구조화된 프로세스를 통해 개발 산출물을 포함한 소프트웨어의 품질이 높아지며 현재 조직의 프로세스를 평가하고 부족한 부문을 개선하는 효과를 가진다.

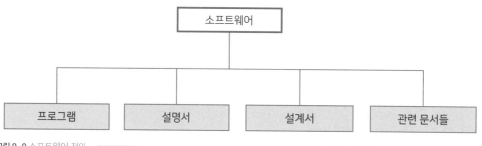

그림 9-9 소프트웨어 정의

이러한 장점이 있는 만큼 단점도 있다. CMMi는 문서 작업이 많아 문서를 작성하기 전에 중복 방지를 위한 체계를 잡아야 한다. 또한 개발자에게 프로그램 개발과 더불어 설계서나 계획서 등의 개발 산출물을 만들어야 하므로 이에 대한 반복 교육이 필요하다. 마지막으로 CMMi를 도입한다고 바로 프로세스 개선 효과가 있는 것이 아니다. 작은 규모의 팀부터 하나 하나 프로세스를 만들어 확립하고 단계적으로 나아가야 한다. 이러한 단점에도 불구하고 CMMi는 조직의 프로세스를 개선할 수 있는 방향과 목표를 제시함으로써 좀 더 긍정적인 면이 많다고 볼 수 있다.

정보 시스템 관리 국제표준 ISO/IEC 25000

ISO/IEC 25000 개요

이번 장에서는 소프트웨어 품질측정과 평가 표준인 ISO/IEC 25000을 살펴 보자. CMMi가 제품 개발 프로세스에 대한 표준이라면, ISO/IEC 25000^{SQuaRE}는 소프트웨어 개발 공정 단계에서 산출되는 제품이 사용자 요구를 만족하는지를 검증하기 위해 탄생되었다. 검증방법은 산출물에 대한 품질 특정, 평가를 위한 모델, 측정기법과 평가방안을 통합한 형태이다. ISO/IEC 25000은 개별적으로 존재하는 소프트웨어 품질평가 모델 ISO/IEC 9126과 소프트웨어 평가절차 모델 ISO/IEC 14599 등을 통합한 표준이다. 이는 국제표준의 '베스트 프랙티스$^{Best\ Practice}$'를 제공함으로써 고객에게 최상의 소프트웨어를 개발하고 제공하는 것을 목적으로 한다.

ISO/IEC 25000 프레임워크

ISO/IEC 25000는 SQuaRE$^{Software\ Quality\ Requirement\ and\ Evaluation}$라는 프레임워크로 개발되어 표준화되었다. SQuaRE 프레임워크에는 개별 제품 품질이 안에 모여 하나의 구조를 이루는 형태이다. 그림 9-10은 SQuaRE 프레임워크에 포함된 개별 제품 품질을 보여 주고 있다.

그림 9-10 주요 국제표준과 목적

ISO/IEC 25000는 개별적으로 존재하는 품질 표준을 하나로 묶어 전체 소프트웨어 품질을 높이려 한다. 소프트웨어의 품질 특성을 정의한 ISO/IEC 9126의 기능성, 신뢰성, 사용성, 효율성, 유지 보수성, 이식성을 포함한다. 또한 소프트웨어 품질 평가방법과 절차를 정의한 ISO/IEC 14599와 패키지 제품의 품질요구 정의 외에도 요구사항과 테스트 등의 요건을 포함한다.

ISO/IEC 25000는 개별적으로 표준화된 기준들을 하나로 표준화함으로써 효율적인 소프트웨어의 품질 향상을 목표로 한다. 이를 가장 구조적으로 만든 프레임워크가 SQuaRE이다. 다음 그림은 SQuaRE 프레임워크의 구성도를 보여주고 있다.

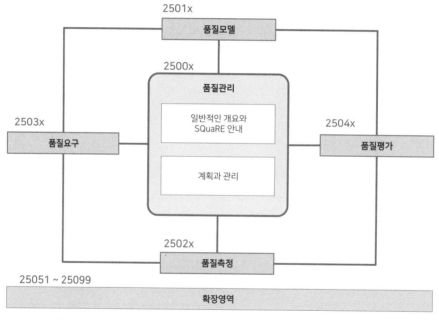

그림 9-11 SQuaRE 프레임워크

각 프레임워크 안의 구성을 보면, SQuaRE의 전반적인 개요와 계획관리를 보여주는 품질관리가 있다. 품질관리를 중심으로 품질모델, 품질측정, 품질요구와 품질평가로 구성된다. 마지막으로는 확장영역을 통해 추가적인 품질사항을 넣을 수 있도록 구성되어 있다. 이는 소프트웨어 품질 요소를 확장할 수 있게 만들어 품질 향상을 위한 유연성을 보여준다. 결론적으로

ISO/IEC 25000는 소프트웨어의 다양한 품질 요소를 하나의 프레임워크로 제공한다.

다음의 **표 9-5**는 ISO/IEC 25000에 포함되어 있는 내용과 기존 대응 표준을 보여 주고 있다.

구분	설명	기존 대응표준
2500x	품질관리, 전체 구조의 반영과 안내 계획 수립과 문서화	14599
2501x	SW품질모델, 품질평가 기준 모델	9126
2502x	품질 메트릭스, 품질평가 기준	9126
2503x	품질 요구사항	–
2504x	품질평가 (개발자, 획득자, 평가자 관점)	14599
2505x 2506x	품질평가 기본 외의 추가사항 품질 요구사항과 테스트 요건 정의	12119

표 9-5 ISO/IEC 25000과 대응 표준

표는 2500x부터 2504x까지 ISO/IEC 14599과 ISO/IEC 9126을 대응하고 있음을 보여준다. 맨 아래 2505x부터 2506x는 확장 영역으로 ISO/IEC 12119의 품질 요구사항과 테스트 요건을 추가하고 있다.

지금까지 ISO/IEC 25000의 특징과 구조를 간략히 알아 보았다. 끝으로 ISO/IEC 25000의 기대효과를 살펴보자. 다음 그림은 기존 소프트웨어 표준을 통합한 프레임워크 효과성을 보여준다.

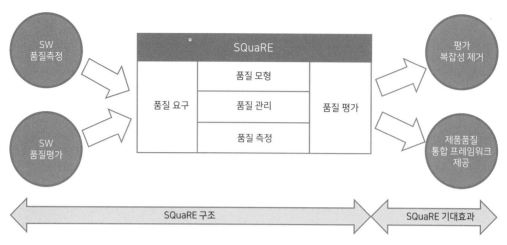

그림 9-12 SQuaRE 구조와 기대효과

기존 소프트웨어 품질은 평가의 표준 문서들이 서로 다르게 되어 있어 혼란스럽다. 특히 9126, 14599, 12119 등 복잡한 번호체계는 더 이해하기 힘들게 한다. ISO/IEC 25000는 단일 프레임워크 제공으로 이러한 혼란과 복잡성을 없앤다.

기본 소프트웨어 품질 체계는 서로 개별적으로 표준화를 정하다 보니, 요구 명세부터 평가 기준이 제각각일 수밖에 없었다. 표준화의 장점이 오히려 엉뚱하게 소프트웨어 품질을 가로막는 단점이 된 것이다. ISO/IEC 25000의 통합 프레임워크는 기준과 평가에 일관된 표준을 제공하게끔 단일화되었다.

결론적으로 ISO/IEC 25000는 소프트웨어 품질 향상을 위해 전체 관점의 통합 표준을 제공한다. 시스템 개발 시 ISO/IEC 25000을 잘 활용하면 하나의 통합 형태로 품질 향상을 꾀할 수 있을 것이다.

소프트웨어 개선방안 제시

지금까지 소프트웨어의 주요 국제표준을 살펴보았다. 이제 독자 여러분은 소프트웨어의 품질이 무엇이고 이것을 왜 관리해야 하는지 조금은 이해했을 것이다. 축구경기에서 조직력 좋은 A 팀과 그렇지 않은 B 팀이 경기하면 당연히 조직력이 우수한 A 팀이 이긴다. 하지만 아주 운이 안 좋게도 A 팀이 질 수도 있다. 하지만 A 팀은 조직력을 갖추기 위해 힘, 스피드, 전술, 팀워크 등 다양한 부문에 있어 강화할 수 있는 전문 체계를 가지고 있다. 따라서 A 팀은 운이 정말 없어 질 수도 있지만, 대부분 이길 수 있는 조직 체계를 가지고 있다.

품질도 마찬가지이다. 품질에 영향을 미칠 수 있는 기능, 성능, 신뢰 등의 기준과 이를 향상시킬 수 있는 프로세스를 가지고 있으면, 좋은 양질의 소프트웨어를 만들게 된다. 조직이 어떤 기준과 프로세스를 가지고 있느냐에 따라 고객의 눈높이를 맞추는 것이다.

다음 그림은 소프트웨어의 프로세스, 품질요소와 이를 통한 사용자 만족을 나타내고 있다.

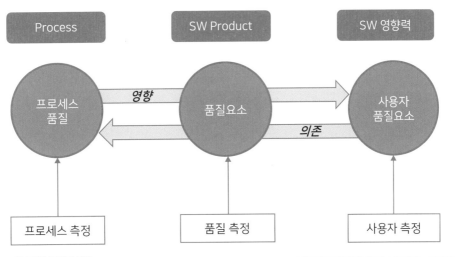

그림 9-13 각 품질부문과의 관계

각 부문은 다른 부문의 품질에 영향을 미치고 있다. 생산 프로세스가 잘못되면 당연히 생산품의 기능과 내구성이 떨어진다. 이는 소비자의 만족도를 낮춰 해당 제품은 시장에서 사라진다. 소프트웨어에서도 이러한 품질관리를 위해 ISO/IEC 25000이나 CMMi 등의 국제표준이 나온 것이다. 조직 내 이러한 활동이나 지원이 없다면 소프트웨어 개발 시 품질 향상을 위해 국제표준을 적극 검토하길 바란다. 특히 중소기업은 투입인력 대비 사업 진행만을 보지 말고 경쟁력 있는 개발을 위해 장기적으로 무엇을 어떻게 개선할지 고민해야 한다. 더 이상의 주먹구구식 개발은 줄이고 체계적인 구축 프로세스와 평가 기준으로 품질 향상을 높여야 한다. 국제표준은 이런 의미에서 중장기 소프트웨어 체질 개선을 위한 베스트 프랙티스Best Practice를 제공한다.

국제기준에 맞는 품질개선

국제표준이 조직 내 소프트웨어의 체질 개선에 도움이 되지만, 이는 글로벌 표준으로 품질 개선을 하는 것이다. 국제기준에 따라 소프트웨어의 신뢰성, 편리성과 명확성을 확보한다. 해외 시장을 목표로 하는 기업은 국제적 품질수준을 확보함으로써 품질향상과 국제 경쟁력을 드높이게 된다. 또한 표준그룹에 참여하여 ISO/IEC 등의 국제표준화에 대한 기틀을 마련할 수 있다.

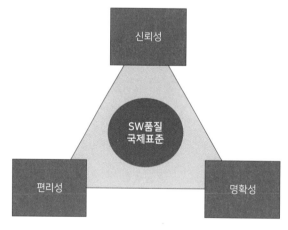

그림 9-14 국제표준을 통한 효과

국제표준은 개발 사업 시 품질활동에 대한 실천적 방법론을 제시한다. 품질활동을 위한 품질요소 선정, 평가, 개선 등의 프로세스를 세우고, 이를 관리할 수 있는 조직을 만든다. 조직 내의 품질 관리자를 선임하고 활동 주기, 기간, 산출물 등을 명세화 한다. 사업진행에 대한 전체 품질 개선 계획을 수립하고 반영한다.

다음 그림은 주요 국제표준을 사업진행 방법론에 담아 품질활동으로 연결하는 내용을 보여준다.

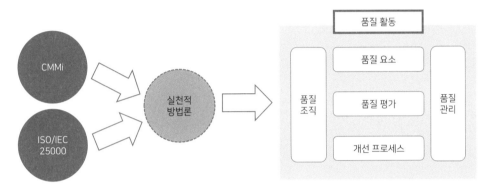

그림 9-15 국제표준과 실천적 방법론

지금까지 국제표준과 품질을 설명했다. 고객이 원하는 소프트웨어가 무엇이고 이를 만족시킬 수 있는 조직 내 역량이 무엇인가 생각한다면 국제표준만큼 좋은 품질 표준은 없을 것이다. 도입과 더불어 실천할 수 있는 자세를 가지면 더욱 경쟁력 있는 좋은 소프트웨어를 만들 수 있으리라 본다.

부록

여기서 실패는 선택 사항입니다.
만약 일이 실패하지 않는다면,
당신은 충분히 혁신하지 못합니다.
Failure is an option here.
If things are not failing,
you are not innovating
enough.

엘론 머스크 elon reeve musk

부록에서는 프로젝트 생성부터 설계단계까지 가장 핵심이 되는 영역의 기본 산출물을 제공하고 있다. 프로젝트에 경험이 없는 독자의 경우 부록에서 제공하는 산출물을 바탕으로 소규모 프로젝트를 진행해 볼 수 있으며, 프로젝트에 경험이 있는 독자라도 자신이 경험하지 못한 분야의 산출물을 살펴볼 수 있다.

한 발 더 나아간다면 부록에서 제공하는 산출물을 바탕으로 직접 코딩해서 시스템을 구축해 볼 수도 있다. 직접 코딩을 하다 보면 본 서에서 제공하는 설계 산출물에 대한 개선점과 오류를 발견할 수 있고 이러한 과정을 통해 자신을 한 단계 업그레이드할 수 있다.

스마트 영업지원 시스템 구축계획(안)

Ⅰ 사업 개요

1. 사업개요
- [ ] 사 업 명 : 스마트 영업지원 시스템 구축
- [ ] 사업기간 : 계약 체결일로부터 180일
- [ ] 소요예산 : 240,000,000원(부가세 포함)

2. 추진배경 및 필요성
- [ ] 현장근무 중심 영업사원 근태 문제 지속적 발생
- [ ] 영업현장과 동떨어진 지원 시스템으로 인한 관리비용 증가 및 영업 효율 저하

3. 서비스 내용
- [ ] 위치 정보를 활용한 실시간 근태관리 기능 제공
- [ ] 스마트폰을 활용한 업무일지 및 비용정산 처리
- [ ] 민원정보 시스템과 연동한 영업정보 제공체계 구축

4. 기대효과
- [ ] 정확하고 편리한 근태 관리 체계 구축을 통한 인사관리 신뢰성 강화
- [ ] 영업 생산성 향상 및 영업 사원 만족도 제고(향후 5년간 약 3,430백만원 절감)

Ⅱ 현행 업무 분석 및 문제점

1. 현행 업무 현황

업무	내용
근태관리	- 영업사원이 업무 수행 후 주 1회 본사에 방문하여 인사시스템에 1주일 동안의 근태 내역을 인사시스템에 등록
영업일지 관리	- 영업사원이 업무 수행 후 주 1회 본사 방문하여 영업지원 시스템에 영업활동 내역 입력, 결재 상신 - 관리자는 영업일지를 확인 후 결재 처리
영업비용 정산	- 본사에 방문한 영업사원은 영업비용을 영업일지에 기록, 결재 처리되면 비용 정산
영업 정보수집	- 영업사원은 본사에 방문하여 고객민원시스템과 영업지원 시스템을 사용, 고객사의 영업정보 수집

- 1 -

2. 현행 시스템 및 정보화 현황

☐ 애플리케이션 구성도

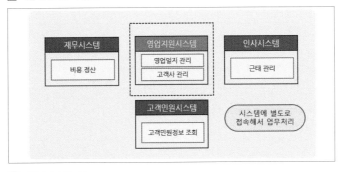

☐ 애플리케이션 기능

구분		내용
영업지원 시스템	영업일지 관리	고객사 영업 내역을 상세하기 등록, 목록 조회, 상세 내역 조회
	고객사 관리	고객사 정보등록, 목록조회, 검색, 상세정보 조회

☐ 시스템 장비현황

구분		내용
HW	WEB 서버	HP CN/ProLiant DL360 Gen9 (2식)
	WAS 서버	HP CN/ProLiant DL360 Gen9 (2식)
	DB 서버	HP RP5800 (1식)
SW	웹서버	WebtoB 4.0
	WAS	JEUS 6.0
	DBMS	Oracle 11g
	개발언어	JAVA/JSP
	프레임웍	전자정부프레임워크

3. 문제점 및 개선방향

문제점	개선방향
영업사원 근태 관리의 어려움 ※2017년 하반기 업무시간 사우나 이용 24건 적발	스마트폰 위치정보 근태 관리에 활용
실시간 영업일지 수집 및 활용 불가	영업 시점 일지 등록 및 결재 처리
비용 정산 절차의 복잡성에 따른 불만 증대	일지 결재 완료 후 즉시 비용 정산
영업 정보 수집의 어려움 증대	고객민원시스템 정보 연동

III 목표 시스템 설계

1. 목표 업무 설계

업무	내용
근태관리	- 영업사원 고객사 방문 시작 및 종료 시 위치 정보 전송
영업일지 관리	- 모바일 영업일지 작성 및 결재 기능 제공
영업비용 정산	- 결재된 영업일지 기반 영업비용 정산 기능 제공
영업정보 수집	- 민원 시스템과 영업일지에 대한 통합 조회기능 제공

2. 목표 시스템 및 정보화 설계

☐ 애플리케이션 구성도

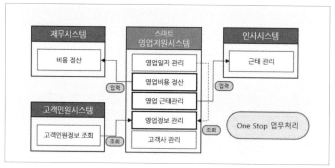

☐ 애플리케이션 기능

구분		내용
스마트 영업지원 시스템	영업일지 관리	고객사 영업 내역을 상세하기 등록, 목록 조회, 상세 내역 조회
	영업비용 정산	영업일지 검색, 영업비용 결재상신 및 결재처리
	영업근태 관리	고객사 방문 시작 및 종료 시 버튼 클릭으로 위치 정보 전송
	영업정보 관리	고객민원시스템 검색, 영업일지 검색, 영업정보 등록/조회/검색
	고객사 관리	고객사 정보등록, 목록조회, 검색, 상세정보 조회

☐ 목표 시스템

구분		내용
HW	기존장비 활용	WEB 서버, WAS 서버, DB 서버
SW	기존제품 활용	웹서버, DBMS, 개발활용, 프레임워
	신규 도입	보안소프트웨어(SSL 인증서, 모바일 키보드보안 솔루션)

- 3 -

334

Ⅳ 자원소요계획

1. 추진체계

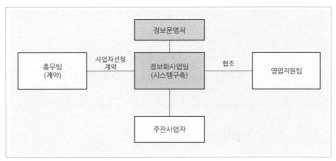

2. 예산계획

☐ 소요예산 : 240,000,000원(부가세포함)

☐ 산출근거

항목	구분	내용	수량	소비자 금액	공급 금액	비고
소프트웨어	인증서	SSL 서버 인증서	2	2,000,000	2,000,000	Server License
	보안	키보드 보안	300	15,000,000	13,500,000	User License
		소프트웨어 소계		17,000,000	15,500,000	
인건비		항목	M/M	공급 단가	공급 금액	비고
	직접인건비 (16M/M)	특급기술자	0.0	8,011,542	-	
		고급기술자	6.0	5,973,240	35,839,440	
		중급기술자	6.0	4,757,277	28,543,662	
		초급기술자	4.0	4,006,590	16,026,360	
		제경비 = 직접인건비 * 110%			88,450,408	
		기술료 = (직접인건비+제경비)*20%			33,771,974	
	인건비 소계		16		202,631,844	
	최종공급가(VAT 별도)				218,131,844	
	최종공급가(VAT 포함)				**239,945,029**	

3. 일정계획

☐ 사업기간 : 계약일로부터 6개월

☐ 세부일정

세 부 추 진 사 항	M	M+1	M+2	M+3	M+4	M+6
사업수행 계획서 접수·검토	■					
요구사항 분석		■				
설계			■	■		
디자인/개발				■	■	
테스트					■	
운영						■

Ⅴ 효과분석

1. 정성적 기대효과

☐ 정확하고 편리한 근태 관리 체계 구축을 통한 인사관리 신뢰성 강화

☐ 영업직원의 근태관련 부정을 사전에 방지하여 기업의 윤리성 강화

☐ 업무일지 작성 및 비용정산 프로세스 개선을 통한 영업 사원 만족도 제고

2. 정량적 기대효과

☐ 영업현장에서 일지작성, 결재처리, 비용정산 가능토록 하여 이중 작업 부담 경감

☐ 생산성 향상 비용 산출

산정인자	산출치	단위	추정근거
현장근무 영업사원	241	명	2018년 6월 기준
평균 시간당 인건비	21,189	원	2017년 영업사원 1인당 평균 인건비 3,559,756원/21일/8시간
단축시간	0.5	시간	스마트 영업지원 시스템 구축으로 단축되는 업무시간을 0.5 시간으로 추정
근무일수	252	일	월간 근무시간 21일 * 12개월
3년간 평균 임금 상승률	3.2	%	2015~2017년 평균 임금 상승률

☐ 산출결과(단위 : 원)

	2019년	2020년	2021년	2022년	2023년
기대효과	643,425,174	664,014,780	685,263,253	707,191,677	729,821,810
총합					3,429,716,693

항목	구분	내 용	수량	소비자 금액	공급 금액	비고
소프트웨어	인증서	SSL 서버 인증서	2	2,000,000	2,000,000	Server
		키보드 보안	300	15,000,000	13,500,000	User License
		소프트웨어 소계		17,000,000	15,500,000	
항목			M/M	공급 단가	공급 금액	비고
인건비	직접인건비 (16M/M)	-특급기술자	0.0	8,011,542	-	
		-고급기술자	6.0	5,973,240	35,839,440	
		-중급기술자	6.0	4,757,277	28,543,662	
		-초급기술자	4.0	4,006,590	16,026,360	
		제경비 = 직접인건비 * 110%			88,450,408	
		기술료 = (직접인건비+제경비) * 20%			33,771,974	
		인건비 소계	16		202,631,844	
최 총 공 급 가 (VAT별도)					218,131,844	
최 총 공 급 가 (VAT포함)					239,945,029	

스마트 영업지원시스템 제안요청서

2 상세 요구사항

☐ 요구사항 총괄표

구분	설명	개수
시스템 장비 구성요구사항 ECR, Equipment Composition Requirement	목표사업수행을 위해 필요한 하드웨어, 소프트웨어, 네트워크 등의 도입 장비 내역 등 시스템 장비 구성에 대한 요구사항을 기술함	1
기능 요구사항 SFR, System Function Requirement	목표시스템이 반드시 수행하여야 하거나 목표시스템을 이용하여 사 용자 반드시 수행할 수 있어야하는 기능(동작)에 대하여 기술 함 (단, 개별 기능요구사항은 전체시스템의 계층적 구조분석을 통 해 단위 업무별 기능구조를 도출한 후, 이에 대한 세부 기 능별 상 세 요구사항을 작성하는 것을 원칙으로 하며, 기능 수행을 위한 데이터 요구사항과 연계를 고려하여 기술함)	5
성능 요구사항 (PER, Performance Requirement)	목표 시스템의 처리속도 및 시간, 처리량, 동적·정적 용량, 가용성 등 성능에 대한 요구사항을 기술함	6
인터페이스 요구사항 SIR, System Interface Requirement	목표시스템과 외부를 연결하는 시스템 인터페이스와 사용자 인터페 이스에 대한 요구사항을 기술한 것으로 타 소프트웨어, 하드웨어 및 통신 인터페이스, 타 시스템들과의 정보교환에 이용되는 프로토콜과 의 연계도 포함하여 기술함 (단, 인터페이스 요구사항의 경우 사용자 편의성, 사용자 경험 등의 사용자 중심의 요구사항을 기술함)	1
데이터 요구사항 DAR, Data Requirement	목표 시스템의 서비스에 필요한 초기자료 구축 및 데이터 변환을 위 한 대상, 방법, 보안이 필요한 데이터 등 데이터를 구축하기 위해 필 요한 요구사항을 기술함	2
테스트 요구사항 TER, Test Requirement	도입되는 장비의 성능 테스트(BMT) 또는 구축된 시스템이 목표 대 비 제대로 운영되는가를 테스트하고, 점검하기 위한 테스트 요구사 항을 기술함	2
보안 요구사항 SER, Security Requirement	정보 자산의 기밀성과 무결성을 확보하기 위해 목표 시스템의 데이 터 및 기능, 운영 접근을 통제하기 위한 요구사항을 기술함	2
품질요구사항 QUR, Quality Requirement	목표 사업의 원활한 수행 및 운영을 위해 관리가 필요한 품질 항목, 품질 평가 대상 및 목표에 대한 요구사항을 기술함. (신뢰성, 사용성, 유지보수성, 이식성, 보안성으로 구분하여 기술함)	3
프로젝트 관리 요구사항 PMR, Project Management Requirement	프로젝트의 원활한 수행을 위한 관리 방법 및 추진 단계별 수행방안 에 대한 요구사항을 기술함	3
프로젝트 지원 요구사항 PSR, Project Support Requirement	프로젝트의 원활한 수행을 위해 필요한 지원 사항 및 방안에 대한 요구사항을 기술함 ○시스템/서비스 안정화 및 운영, 교육훈련 및 기술지원, 하자보수 또는 유지관리 요구사항 등을 기술함	2

- 1 -

338

☐ 기능 요구사항(SFR)

요구사항 고유번호		SFR-001
요구사항 명칭		영업일지 관리
요구사항 분류		기능 요구사항
요구사항 상세설명	정의	스마트폰에서 영업일지를 작성하고 관리할 수 있는 기능 개발
	세부 내용	○ 영업사원 영업일지 작성, 목록조회, 상세조회, 검색 ○ 영업사원 및 관리자 영업일지 결재상신, 결재처리, 목록조회, 일괄결재

요구사항 고유번호		SFR-002
요구사항 명칭		영업비용 정산
요구사항 분류		기능 요구사항
요구사항 상세설명	정의	스마트폰에서 결재된 영업일지 기반 영업비용 정산 기능 개발
	세부 내용	○ 영업사원 및 관리자 영업비용 결재상신, 결재처리, 목록조회, 일괄결재 ○ 시스템 비용 정산 결재승인 후 재무시스템으로 데이터 전송 ○ 영업사원 및 관리자 비용 정산 처리 현황 조회

요구사항 고유번호		SFR-003
요구사항 명칭		영업 근태관리
요구사항 분류		기능 요구사항
요구사항 상세설명	정의	스마트폰 위치정보 기반 자동 근태관리 기능 개발
	세부 내용	○ 영업사원 고객사 방문 시작 및 종료 시 버튼 클릭으로 위치 정보 전송 ○ 관리자 영업동선 조회, 근태 이상자 관리 ○ 관리자 직원별/부서별 근태현황 조회 ○ 영업사원 근태조회, 근태오류 수정 요청 ○ 관리자 근태오류 수정요청 조회 및 처리

요구사항 고유번호		SFR-004
요구사항 명칭		영업정보 관리
요구사항 분류		기능 요구사항
요구사항 상세설명	정의	영업에 필요한 고객사의 정보를 사전에 검토하고 기록하는 기능
	세부 내용	○ 영업사원 고객민원시스템 연동기능 조회, 검색 기능 ○ 영업사원 영업정보 조회, 검색 기능 ○ 영업사원 고객민원시스템, 영업정보 즐겨찾기 추가 기능 ○ 영업사원 조회된 영업정보 별도 저장 기능 ○ 영업사원 영업정보 신규 생성 기능

요구사항 고유번호	SFR-005	
요구사항 명칭	고객사 관리	
요구사항 분류	기능 요구사항	
요구사항 상세설명	정의	고객사 및 고객의 상세 정보 관리 기능 개발
	세부 내용	○ 영업사원 고객사 추가, 검색, 조회 ○ 영업사원 고객사 소속 고객 추가, 검색, 조회 ○ 시스템 고객 경조사 정보 자동 알람

☐ 보안 요구사항(SER)

요구사항 고유번호	SER-001	
요구사항 명칭	네트워크 전송구간 데이터 암호화	
요구사항 분류	보안 요구사항	
요구사항 상세설명	정의	SSL(Secure Socket Layer) 기술을 적용해서 전송구간 데이터 암호화
	세부 내용	○ 서버용 상용 SSL 인증서 구매 및 웹서버 2대에 설치 ○ 인증서 구매 비용 프로젝트 예산에 포함, 수주사 구매 ○ 텍스트, 이미지, 음성, 동영상 등 모든 데이터 SSL 적용

요구사항 고유번호	SER-002	
요구사항 명칭	키로거 보안 대책 마련	
요구사항 분류	보안 요구사항	
요구사항 상세설명	정의	키보드 보안 솔루션을 적용하여 키로거 방지
	세부 내용	○ 영업사원 스마트폰에 설치 가능 상용 키보드 보안 솔루션 구매 ○ 보안 솔루션 비용 프로젝트 예산에 포함, 수주사 구매 ○ 보안 솔루션 300 User 라이센스 구매 ○ 모든 데이터 입력 화면 키보드 보안 기능 적용

1. 기능 요구사항
1.1 시스템 구축 목표

영업활동의 체계적 관리와 근태관리, 고객관리 등을 영업 현장에서 실시간 지원 가능하도록 모바일 기반의 스마트 영업지원 시스템을 구축합니다.

시공간 제약 없는 영업지원

근태관리

- 외근 영업사원의 근태 관리의 어려움
- 조직 내 인력관리의 한계
- 불필요한 근태 관리 체크로 인한 시간 낭비

영업일지 관리

- 영업 수행 후 영업일지 작성의 어려움
- 본사 시스템을 통한 일지 작성으로 인한 효율성 저하

현황분석을 통한 문제점 도출

영업비용 정산

- 영업비용 정산을 위한 본사 시스템 이용
- 즉시 처리가 아닌 본사 처리에 따른 시간적 제약
- 외근 직원의 비용처리 어려움

고객정보 활용

- 본사 시스템을 통한 고객과 영업 정보의 활용
- 시간적, 공간적 제약으로 인한 영업활동 저해
- 고객 피드백 저하로 인한 불만 증가

목표시스템

주요 고려사항

시간·공간적 제약해소
- 시간적 제약 제거
- 공간적 제약 제거
- AnyTime, AnyWhere
- 실시간 업무 처리

모바일 기반 업무 효율화
- 효율적 영업관리 지원
- 실시간 고객관리 지원
- 정확한 비용정산 지원
- GPS기반 근태관리 지원

안전화 모바일보안체계
- SSL을 통한 암호화 전송
- 모바일 키보드 보안
- 시큐어 코딩 지원
- 백신 SW 자동 실행

III 기술 및 기능

1. 기능 요구사항
1.2 목표시스템 구성도

스마트 영업지원 시스템 구축은 영업일지 관리, 영업정보와 더불어, 인사, 재무, 고객서비스 연계를 통해 영업활동에 필요한 모든 것을 모바일에서 지원합니다.

시스템 구성도

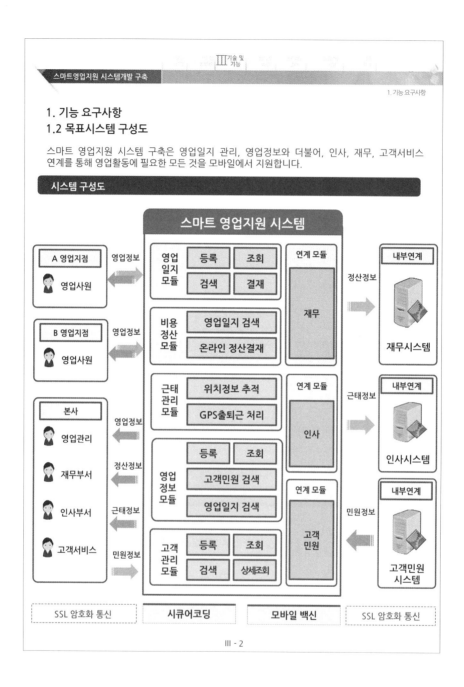

스마트영업지원 시스템개발 구축

1. 기능 요구사항
1.3 서비스 구현 방안

영업일지, 영업정보 관리와 더불어 효율적인 비용정산을 위한 결재처리와 GPS 기반의 근태처리,
내부 시스템 연계를 통한 고객정보를 바로 조회할 수 있도록 서비스를 구현합니다.

영업지원 확대 구축 방안

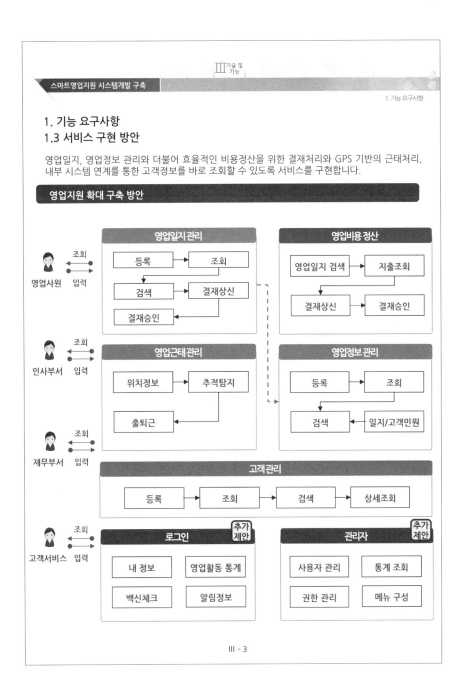

2. 보안 요구사항
2.1 모바일 보안 방안

중요 내부 데이터의 보호를 위해 외·내부 연결 시 SSL 암호화 적용과 해킹 침해에 대비한 키로거
솔루션 탑재 및 모바일 백신을 설치합니다.

모바일 보안 방안

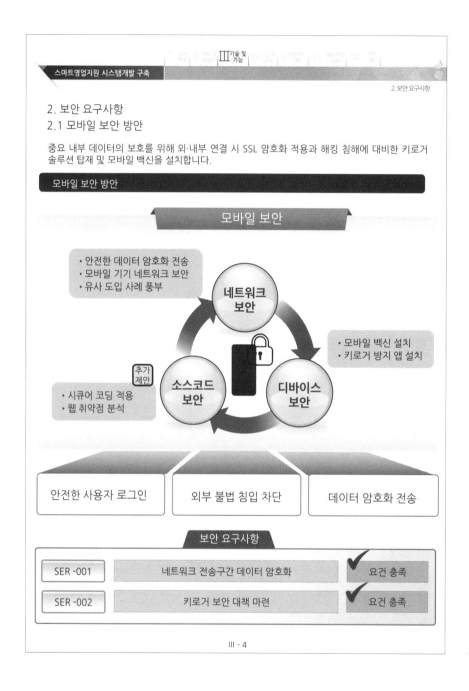

SER -001	네트워크 전송구간 데이터 암호화	요건 충족
SER -002	키로거 보안 대책 마련	요건 충족

회 의 록

프로젝트명	스마트 영업지원시스템 구축사업		회의록 ID		ME-EM-001
PM명	김관리				
작성자	김설계		작성일		2018-08-16
회의일시	13:00 ~ 14:30		회의장소		본사 회의실

참 석 자					
고객사	이름, 직위	서명	수행사	이름, 직위	서명
거상소프트웨어	김담당 과장		김프로시스템	김관리 부장	
거상소프트웨어	김영업 대리		김프로시스템	김설계 차장	

회의자료	제출자료
제안요청서 제안서	영업일지 양식 영업비용 정산서 양식 고객사 관리 양식

회의 안건 및 내용	
기능	□ 영업일지 관리 기능 확정 - 현재 사용 중인 영업일지 내용 기반으로 시스템 구축 - 영업일지에 방문 시작시간 및 종료시간 기록 필요 -> 영업 근태관리에 활용 - 담당자 결재상신 후 회수 및 관리자 결재 처리 시 반려 가능 - 다른 영업사원 영업일지 조회 불가(관리자 가능) - 결재 처리 단계별(상신/회수/반려/승인) 알림 기능 개발 □ 영업비용 정산 기능 확정 - 현재 사용 중인 영업비용 정산서 기반으로 시스템 구축 - 영업비용 처리 단계별(상신/회수/반려/승인/지급/미지급) 알림 기능 개발 - 재무시스템에서 최종 처리 후 영업지원시스템으로 결과 전송 □ 영업 근태관리 기능 확정 - 근태 관리 기초자료는 영업일지에서 기록한 시작시간 및 종료시간 - 네이버 지도와 연동하여 위치정보 기반 영업위치 표시 - 업체 방문시간 합계가 하루 3시간 이하인 경우 근태 이상자 등록 - 관리자는 근태 이상자 상세 이동현황을 확인 후 최종 확정 - 근태 이상자로 확정된 영업사원은 이의 신청 가능 □ 영업정보 관리 기능 확정 - 현재 영업정보 양식 별도로 없음, 담당자 양식 작성 후 차주 별도 송부 - 영업정보는 영업일지 화면에서 조회 가능 □ 고객사 관리 기능 확정 - 현재 사용 중인 고객사 관리 양식 기반으로 영업일지 관리 기능 개발 □ 로그인 기능 확정 - 인사시스템에 등록된 사번과 비밀번호를 통해 로그인, 비밀번호 변경은 인사시스템에서 가능

	- 영업활동 통계는 일자별 영업/이동시간(영업사원 평균, 본인) □ 관리자 기능 확정 - 제안서에서 제시한 관리자 기능은 시스템 관리자 기능을 말함 - 통계 조회 기능은 불필요 - 사용자 관리 기능은 별도로 필요 없음, 인사시스템에서 사원정보 연동
보안	□ 네트워크 전송구간 데이터 암호화 - SSL 인증서는 거상소프트웨어 홈페이지에서 사용하고 있는 한국전자인증 제품으로 구매 □ 키로거 보안 대책 - 키보드 보안 솔루션은 CC 인증된 제품으로 구매 □ 시큐어 코딩 - 시큐어 코딩 점검 툴은 김프로시스템에서 라이센스를 보유하고 있는 스패로우 제품 사용 □ 웹 취약점 분석 - 거상소프트웨어 홈페이지 웹 취약점 분석도 동시에 진행 - 웹 취약점 분석은 시스템 영향도 최소화위해 별도 개발환경 구성 후 실시
관리	□ 인력관리 - 인력교체 소요 발생 시 최소 2주 간 인수인계 필요 □ 품질보증 - 시스템 오픈 전 내부 영업사원으로 팀을 구성하여 베타테스트 진행

요구사항 명세서	작성자	김설계	승인자	김관리
	작성일	2018.07.30	버전	1
단계 설계	업무명	스마트영업지원시스템	페이지수	1

순번	요구사항 ID	분류	요구사항명	요구사항	구분	유형	업무중요도	관련부서
1	RQ-EM-001-1	영업일지 관리	영업일지 작성	영업사원 영업일지 작성, 목록조회, 상세조회, 검색, 방문 시간 기록(시작/종료) 현재 사용중인 영업일지 기반 구축	신규	시스템 기능	상	정보화사업팀, 영업지원팀
2	RQ-EM-001-2	영업일지 관리	영업일지 결재	영업사원 영업일지 목록조회, 결재상신, 회수 관리자 영업일지 목록조회, 결재반려, 회수	신규	시스템 기능	상	정보화사업팀, 영업지원팀
3	RQ-EM-001-3	영업일지 관리	영업일지 결재 알림	결재 처리 단계별(상신/회수/반려/승인) 알림 기능 개발	신규	시스템 기능	상	정보화사업팀, 영업지원팀
4	RQ-EM-001-4	영업일지 관리	영업일지 보안	다른 영업사원 영업일지 조회 불가(관리자 가능)	신규	시스템 기능	상	정보화사업팀, 영업지원팀
5	RQ-EM-002-1	영업비용 정산	영업비용 결재	영업사원은 영업비용 목록조회, 결재상신, 회수 관리자는 영업비용 목록조회, 결재반려, 승인	신규	시스템 기능	상	정보화사업팀, 영업지원팀, 재무팀
6	RQ-EM-002-2	영업비용 정산	재무시스템 연계	영업비용 결재완료 후 재무시스템으로 데이터 전송 재무시스템에서 최종 처리 후 영업지원시스템으로 결과 전송	신규	시스템 기능	상	정보화사업팀, 영업지원팀, 재무팀
7	RQ-EM-002-3	영업비용 정산	처리현황조회	영업사원 및 관리자 비용 정산 처리 현황 조회(재무시스템 연동)	신규	시스템 기능	상	정보화사업팀, 영업지원팀, 재무팀
8	RQ-EM-002-4	영업비용 정산	영업비용 결재 알림	영업비용 처리 단계별(상신/회수/반려/정산) 알림 기능 개발	신규	시스템 기능	상	정보화사업팀, 영업지원팀, 재무팀
9	RQ-EM-003-1	근태관리	근태정보 생성	영업사원이 영업일지에서 시작 및 종료 버튼 클릭 시 위치 정보 전송	신규	시스템 기능	상	정보화사업팀, 영업지원팀, 인사팀
10	RQ-EM-003-2	근태관리	네이버 지도 연동	네이버 지도와 연동하여 위치정보 기반 영업위치 표시	신규	시스템 기능	상	정보화사업팀, 영업지원팀, 인사팀
11	RQ-EM-003-3	근태관리	근태이상자 등록	업체 방문시간 합계가 하루 3시간 이하인 경우 근태 이상자 등록	신규	시스템 기능	상	정보화사업팀, 영업지원팀, 인사팀
12	RQ-EM-003-4	근태관리	근태이상자 관리	관리자 근태이상 수정요청 조회 및 처리 관리자는 근태 이상자 상세 이동현황을 확인 후 최종 확정	신규	시스템 기능	상	정보화사업팀, 영업지원팀, 인사팀
13	RQ-EM-003-5	근태관리	근태오류 처리	영업사원 근태조회, 근태오류 수정 요청 관리자 근태오류 수정요청 조회 및 처리	신규	시스템 기능	상	정보화사업팀, 영업지원팀, 인사팀
14	RQ-EM-004-1	영업정보 관리	고객원시스템 연동	영업사원 고객원시스템 연동기능 조회, 검색 기능 조회된 고객원정보를 별도 저장 기능	신규	시스템 기능	상	정보화사업팀, 영업지원팀
15	RQ-EM-004-2	영업정보 관리	영업정보 연동	영업사원과 기 작성된 영업정보 조회, 검색 기능 조회된 영업정보 별도 저장 기능	신규	시스템 기능	상	정보화사업팀, 영업지원팀

1/2

순번	요구사항 ID	분류	요구사항명	요구사항	구분	유형	업무중요도	관련부서
16	RQ-EM-004-3	영업정보 생성	영업정보 생성	영업사원 영업정보 신규 생성 기능	신규	시스템 기능	상	정보화사업팀, 영업지원팀
17	RQ-EM-004-4	영업정보 관리	영업일지 연동	영업정보는 영업일지 화면에서 조회 가능	신규	시스템 기능	상	정보화사업팀, 영업지원팀
18	RQ-EM-005-1	고객사 관리	고객사 정보 생성	영업사원 고객사 추가, 검색, 조회	신규	시스템 기능	상	정보화사업팀, 영업지원팀
19	RQ-EM-005-2	고객사 관리	고객 정보 생성	고객사 소속 고객 추가, 검색, 조회	신규	시스템 기능	상	정보화사업팀, 영업지원팀
20	RQ-EM-005-3	고객사 관리	경조사 알림	고객 경조사 정보 자동 알림	신규	시스템 기능	상	정보화사업팀, 영업지원팀
21	RQ-EM-006-1	로그인	인사시스템 연동	인사시스템에 등록된 사번과 비밀번호를 통해 로그인	신규	시스템 기능	상	정보화사업팀, 영업지원팀
22	RQ-EM-006-2	로그인	비밀번호 변경	비밀번호 변경은 인사시스템에서 가능	신규	시스템 기능	상	정보화사업팀, 영업지원팀
23	RQ-EM-006-3	로그인	영업활동 통계	영업활동 통계는 일자별 영업이동시간(영업사원 평균, 본인)	신규	시스템 기능	상	정보화사업팀, 영업지원팀
24	RQ-EM-007-1	관리자 기능	자동권한 부여	인사시스템에서 연동된 보직 코드 기반으로 자동 권한 부여 기능 개발	신규	시스템 기능	상	정보화사업팀, 영업지원팀
25	RQ-EM-007-2	관리자 기능	메뉴관리	2단계 메뉴 관리	신규	시스템 기능	상	정보화사업팀, 영업지원팀
26	RQ-EM-007-3	관리자 기능	코드관리	그룹코드, 세부코드로 관리	신규	시스템 기능	상	정보화사업팀, 영업지원팀
27	RQ-EM-007-4	관리자 기능	메뉴별 권한 관리	2단계 권한(조회, 저장)으로 분리	신규	시스템 기능	상	정보화사업팀, 영업지원팀
28	RQ-EM-007-5	관리자 기능	관리자 메뉴 보안기능	관리자 메뉴는 PC에서만 접속 가능(모바일 접속 불가) 관리자 메뉴 등록된 IP만 접속 가능(공인 아이피 접속 불가)	신규	시스템 기능	상	정보화사업팀, 영업지원팀

347

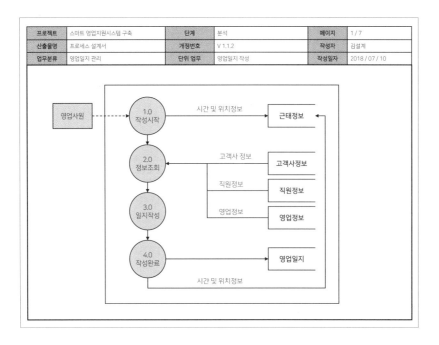

프로젝트	스마트 영업지원시스템 구축	단계	분석	페이지	1 / 7
산출물명	프로세스 설계서	개정번호	V 1.1.2	작성자	김설계
업무분류	영업일지 관리	단위 업무	영업일지 작성	작성일자	2018 / 07 / 10

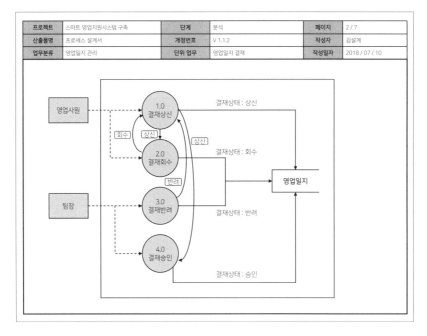

프로젝트	스마트 영업지원시스템 구축	단계	분석	페이지	2 / 7
산출물명	프로세스 설계서	개정번호	V 1.1.2	작성자	김설계
업무분류	영업일지 관리	단위 업무	영업일지 결재	작성일자	2018 / 07 / 10

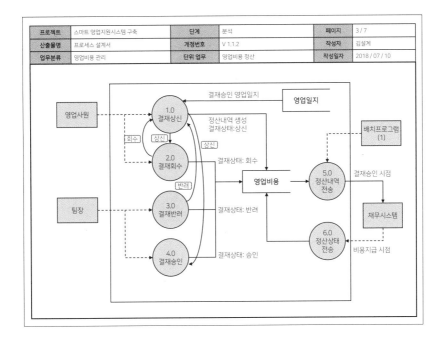

프로젝트	스마트 영업지원시스템 구축	단계	분석	페이지	3 / 7
산출물명	프로세스 설계서	개정번호	V 1.1.2	작성자	김설계
업무분류	영업비용 관리	단위 업무	영업비용 정산	작성일자	2018 / 07 / 10

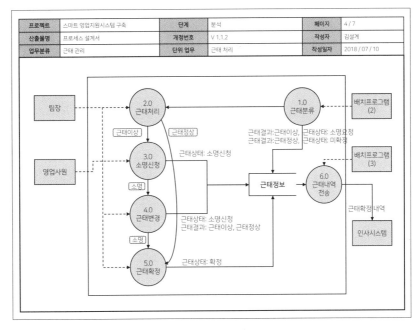

프로젝트	스마트 영업지원시스템 구축	단계	분석	페이지	4 / 7
산출물명	프로세스 설계서	개정번호	V 1.1.2	작성자	김설계
업무분류	근태 관리	단위 업무	근태 처리	작성일자	2018 / 07 / 10

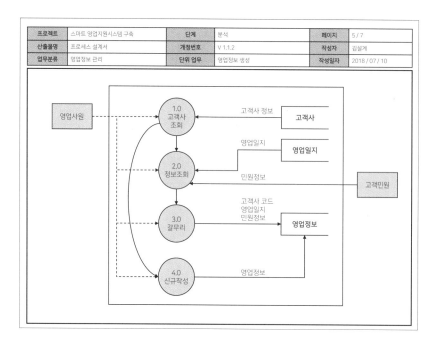

프로젝트	스마트 영업지원시스템 구축	단계	분석	페이지	5 / 7
산출물명	프로세스 설계서	개정번호	V 1.1.2	작성자	김설계
업무분류	영업정보 관리	단위 업무	영업정보 생성	작성일자	2018 / 07 / 10

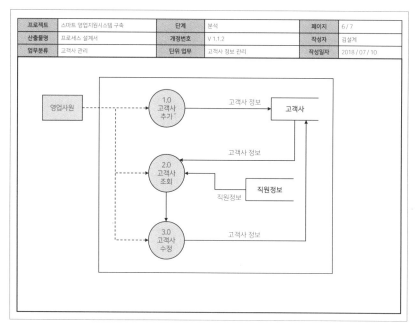

프로젝트	스마트 영업지원시스템 구축	단계	분석	페이지	6 / 7
산출물명	프로세스 설계서	개정번호	V 1.1.2	작성자	김설계
업무분류	고객사 관리	단위 업무	고객사 정보 관리	작성일자	2018 / 07 / 10

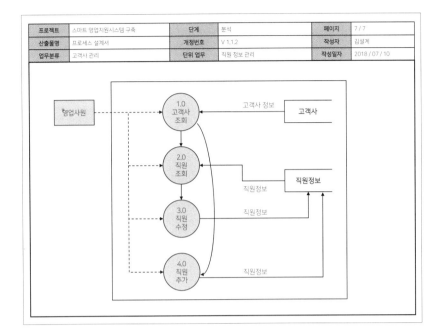

프로젝트	스마트 영업지원시스템 구축	단계	분석	페이지	7 / 7
산출물명	프로세스 설계서	개정번호	V 1.1.2	작성자	김설계
업무분류	고객사 관리	단위 업무	직원 정보 관리	작성일자	2018 / 07 / 10

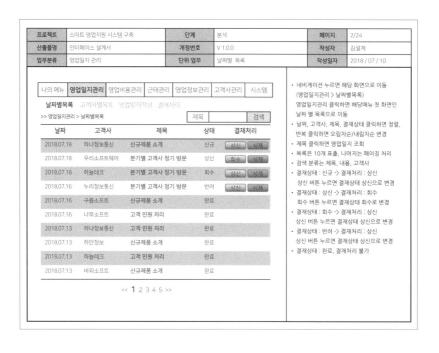

페이지 1/24

프로젝트	스마트 영업지원 시스템 구축	단계	분석	페이지	1/24
산출물명	인터페이스 설계서	개정번호	V 1.0.0	작성자	김설계
업무분류	나의 메뉴	단위 업무	나의 메뉴	작성일자	2018 / 07 / 10

| 나의 메뉴 | 영업일지관리 | 영업비용관리 | 근태관리 | 영업정보관리 | 고객사관리 | 시스템 |

나의메뉴
\>> 나의메뉴 > 나의메뉴

기본정보

이름	김과장	직책	과장
전화번호	010-1234-5678	업무	소프트웨어 기획

통계정보

영업시간(주간)	30 (평균:25)	이동시간(주간)	10(평균: 8)
영업시간(월간)	160(평균:155)	이동시간(월간)	155(평균: 142)

결재정보

영업일지결재	2 건
영업비결재	1 건
근태관리결재	1 건

최근 경조사정보

이름	직책	전화번호	소속	경조사	특이사항
김과장	과장	010-1234-5678	구름소프트	생일(07.19)	골프취미
김대리	대리	010-1234-5679	나무소프트	결혼(07.20)	술종아함
김사원	사원	010-1234-5670	하늘기획	생일(07.20)	
강대리	대리	010-1234-5670	대박정보통신	생일(07.21)	
박대리	대리	010-1234-5670	구름소프트	생일(07.22)	

<< 1 2 3 4 5 >>

- 로그인 후 나의메뉴 화면으로 자동 이동
- 기본정보는 인사시스템 연동
- 통계정보는 직원평균과 본인데이터 표시
  이동시간 = 근무기준시간(8시간) - 영업시간
- 결재정보 건수 클릭하면 해당 화면으로 이동
- 최근 경조사는 목록 5건 조회, 페이징 처리
- 최근 경조사 정보는 금일 기준 2주 이내 발생하는 고객사 경조사 정보 조회
- 최근 경조사 정보 직원 이름, 소속사 이름 클릭하면 상세조회 화면으로 이동

페이지 2/24

프로젝트	스마트 영업지원 시스템 구축	단계	분석	페이지	2/24
산출물명	인터페이스 설계서	개정번호	V 1.0.0	작성자	김설계
업무분류	영업일지 관리	단위 업무	날짜별 목록	작성일자	2018 / 07 / 10

| 나의 메뉴 | 영업일지관리 | 영업비용관리 | 근태관리 | 영업정보관리 | 고객사관리 | 시스템 |

날짜별목록 고객사별목록 영업일지작성 결재처리
\>> 영업일지관리 > 날짜별목록   [제목   ] [검색]

날짜	고객사	제목	상태	결재처리
2018.07.18	하나정보통신	신규제품 소개	신규	상신 / 삭제
2018.07.18	우리소프트웨어	분기별 고객사 정기 방문	상신	회수 / 삭제
2018.07.16	하늘테크	분기별 고객사 정기 방문	회수	상신 / 삭제
2018.07.16	누리정보통신	분기별 고객사 정기 방문	반려	상신 / 삭제
2018.07.16	구름소프트	신규제품 소개	완료	
2018.07.16	나무소프트	고객 민원 처리	완료	
2018.07.13	하나정보통신	고객 민원 처리	완료	
2018.07.13	하안정보	신규제품 소개	완료	
2018.07.13	하늘테크	고객 민원 처리	완료	
2018.07.13	바위소프트	신규제품 소개	완료	

<< 1 2 3 4 5 >>

- 네비게이션 누르면 해당 화면으로 이동
  (영업일지관리 > 날짜별목록)
  영업일지관리 클릭하면 해당메뉴 첫 화면인 날짜별 목록으로 이동
- 날짜, 고객사, 제목, 결재상태 클릭하면 정렬, 반복 클릭하면 오름차순/내림차순 변경
- 제목 클릭하면 영업일지 조회
- 목록은 10개 표출, 나머지는 페이징 처리
- 검색 분류는 제목, 내용, 고객사
- 결재상태: 신규 -> 결재처리: 상신
  상신 버튼 누르면 결재상태 상신으로 변경
- 결재상태: 상신 -> 결재처리: 회수
  회수 버튼 누르면 결재상태 회수로 변경
- 결재상태: 회수 -> 결재처리: 상신
  상신 버튼 누르면 결재상태 상신으로 변경
- 결재상태: 반려 -> 결재처리: 상신
  상신 버튼 누르면 결재상태 상신으로 변경
- 결재상태: 완료, 결재처리 불가

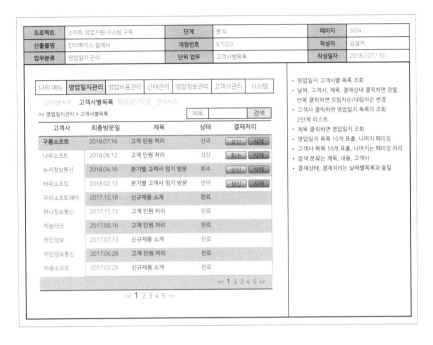

프로젝트	스마트 영업지원 시스템 구축	단계	분석	페이지	3/24
산출물명	인터페이스 설계서	개정번호	V 1.0.0	작성자	김설계
업무분류	영업일지 관리	단위 업무	고객사별목록	작성일자	2018 / 07 / 10

나의 메뉴　**영업일지관리**　영업비용관리　근태관리　영업정보관리　고객사관리　시스템

날짜별목록　**고객사별목록**　영업일지작성　결재처리

>> 영업일지관리 > 고객사별목록

제목　[　　]　[검색]

고객사	최종방문일	제목	상태	결재처리
구름소프트	2018.07.16	고객 민원 처리	신규	[상신] [삭제]
나무소프트	2018.06.12	고객 민원 처리	상신	[회수] [삭제]
누리보통신	2018.04.16	분기별 고객사 정기 방문	회수	[상신] [삭제]
바위소프트	2018.02.13	분기별 고객사 정기 방문	반려	[상신] [삭제]
우리소프트웨어	2017.12.18	신규제품 소개	완료	
하나정보통신	2017.11.13	고객 민원 처리	완료	
하늘테크	2017.08.16	고객 민원 처리	완료	
하얀정보	2017.07.13	신규제품 소개	완료	
하얀정보통신	2017.06.28	고객 민원 처리	완료	
하충소프트	2017.02.28	신규제품 소개	완료	

<< 1 2 3 4 5 >>

<< **1** 2 3 4 5 >>

- 영업일지 고객사별 목록 조회
- 날짜, 고객사, 제목, 결재상태 클릭하면 정렬, 반복 클릭하면 오름차순/내림차순 변경
- 고객사 클릭하면 영업일지 목록이 조회 2단계 리스트
- 제목 클릭하면 영업일지 조회
- 영업일지 목록 10개 표출, 나머지 페이징
- 고객사 목록 10개 표출, 나머지는 페이징 처리
- 검색 분류는 제목, 내용, 고객사
- 결재상태, 결재처리는 날짜별목록과 동일

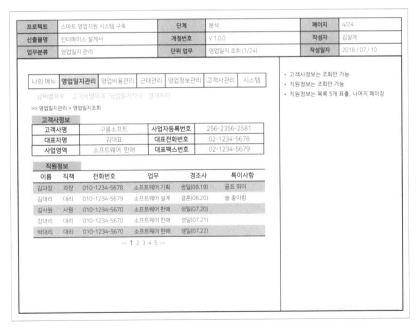

프로젝트	스마트 영업지원 시스템 구축	단계	분석	페이지	4/24
산출물명	인터페이스 설계서	개정번호	V 1.0.0	작성자	김설계
업무분류	영업일지 관리	단위 업무	영업일지 조회 (1/24)	작성일자	2018 / 07 / 10

나의 메뉴　**영업일지관리**　영업비용관리　근태관리　영업정보관리　고객사관리　시스템

날짜별목록　고객차별목록　영업일지작성　결재처리

>> 영업일지관리 > 영업일지조회

고객사정보

고객사명	구름소프트	사업자등록번호	256-2356-2581
대표자명	김대표	대표전화번호	02-1234-5678
사업영역	소프트웨어 판매	대표팩스번호	02-1234-5679

직원정보

이름	직책	전화번호	업무	경조사	특이사항
김과장	과장	010-1234-5678	소프트웨어 기획	생일(08.19)	골프 취미
김대리	대리	010-1234-5679	소프트웨어 설계	결혼(08.20)	술 좋아함
김사원	사원	010-1234-5670	소프트웨어 판매	생일(07.20)	
강대리	대리	010-1234-5670	소프트웨어 판매	생일(07.21)	
박대리	대리	010-1234-5670	소프트웨어 판매	생일(07.22)	

<< 1 2 3 4 5 >>

- 고객사정보는 조회만 가능
- 직원정보는 조회만 가능
- 직원정보는 목록 5개 표출, 나머지 페이징

프로젝트	스마트 영업지원 시스템 구축	단계	분석	페이지	5/24
산출물명	인터페이스 설계서	개정번호	V 1.0.0	작성자	김설계
업무분류	영업일지 관리	단위 업무	영업일지 조회 (2/3)	작성일자	2018 / 07 / 10

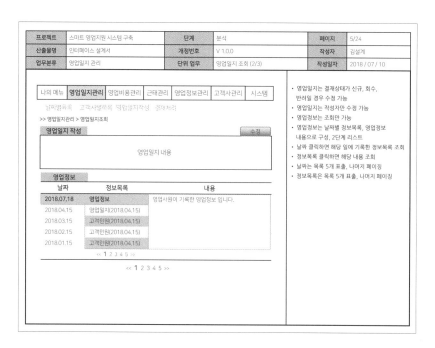

- 영업일지는 결재상태가 신규, 회수, 반려일 경우 수정 가능
- 영업일지는 작성자만 수정 가능
- 영업정보는 조회만 가능
- 영업정보는 날짜별 정보목록, 영업정보 내용으로 구성, 2단계 리스트
- 날짜 클릭하면 해당 일에 기록한 정보목록 조회
- 정보목록 클릭하면 해당 내용 조회
- 날짜는 목록 5개 표출, 나머지 페이징
- 정보목록은 목록 5개 표출, 나머지 페이징

프로젝트	스마트 영업지원 시스템 구축	단계	분석	페이지	6/24
산출물명	인터페이스 설계서	개정번호	V 1.0.0	작성자	김설계
업무분류	영업일지 관리	단위 업무	영업일지 조회 (3/3)	작성일자	2018 / 07 / 10

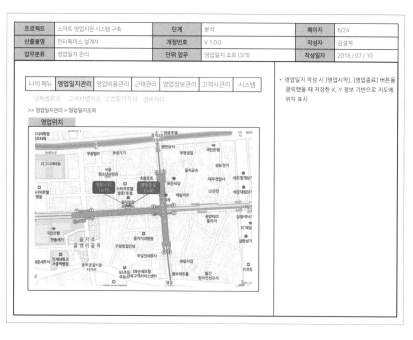

- 영업일지 작성 시 [영업시작], [영업종료] 버튼을 클릭했을 때 저장한 X, Y 정보 기반으로 지도에 위치 표시

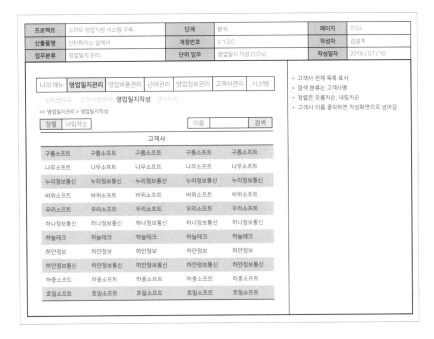

프로젝트	스마트 영업지원 시스템 구축	단계	분석	페이지	7/24
산출물명	인터페이스 설계서	개정번호	V 1.0.0	작성자	김설계
업무분류	영업일지 관리	단위 업무	영업일지 작성 (1/24)	작성일자	2018 / 07 / 10

나의 메뉴 | **영업일지관리** | 영업비용관리 | 근태관리 | 영업정보관리 | 고객사관리 | 시스템

날짜별조회   고객사별조회   **영업일지작성**   정렬처리

>> 영업일지관리 > 영업일지작성

정렬 | 내림차순   이름   검색

고객사

구름소프트	구름소프트	구름소프트	구름소프트	구름소프트
나무소프트	나무소프트	나무소프트	나무소프트	나무소프트
누리정보통신	누리정보통신	누리정보통신	누리정보통신	누리정보통신
바위소프트	바위소프트	바위소프트	바위소프트	바위소프트
우리소프트	우리소프트	우리소프트	우리소프트	우리소프트
하나정보통신	하나정보통신	하나정보통신	하나정보통신	하나정보통신
하늘테크	하늘테크	하늘테크	하늘테크	하늘테크
하얀정보	하얀정보	하얀정보	하얀정보	하얀정보
하얀정보통신	하얀정보통신	하얀정보통신	하얀정보통신	하얀정보통신
하중소프트	하중소프트	하중소프트	하중소프트	하중소프트
호일소프트	호일소프트	호일소프트	호일소프트	호일소프트

- 고객사 전체 목록 표시
- 검색 분류는 고객사명
- 정렬은 오름차순, 내림차순
- 고객사 이름 클릭하면 작성화면으로 넘어감

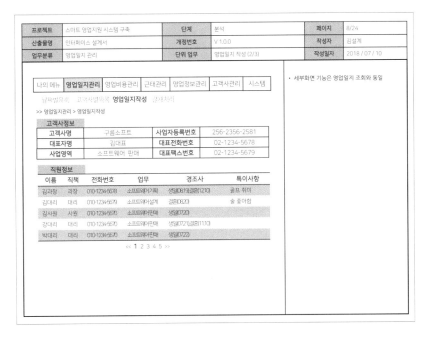

프로젝트	스마트 영업지원 시스템 구축	단계	분석	페이지	8/24
산출물명	인터페이스 설계서	개정번호	V 1.0.0	작성자	김설계
업무분류	영업일지 관리	단위 업무	영업일지 작성 (2/3)	작성일자	2018 / 07 / 10

나의 메뉴 | **영업일지관리** | 영업비용관리 | 근태관리 | 영업정보관리 | 고객사관리 | 시스템

날짜별조회   고객사별조회   **영업일지작성**   정리처리

>> 영업일지관리 > 영업일지작성

고객사정보

고객사명	구름소프트	사업자등록번호	256-2356-2581
대표자명	김대표	대표전화번호	02-1234-5678
사업영역	소프트웨어 판매	대표팩스번호	02-1234-5679

직원정보

이름	직책	전화번호	업무	경조사	특이사항
김과장	과장	010-1234-5678	소프트웨어기획	생일(0813)결혼(1210)	골프 취미
김대리	대리	010-1234-5679	소프트웨어설계	결혼(0820)	술 좋아함
김사원	사원	010-1234-5670	소프트웨어판매	생일(0720)	
강대리	대리	010-1234-5670	소프트웨어판매	생일(0721)결혼(1110)	
박대리	대리	010-1234-5670	소프트웨어판매	생일(0722)	

<< 1 2 3 4 5 >>

- 세부화면 기능은 영업일지 조회와 동일

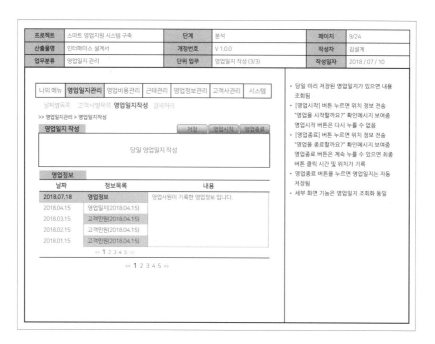

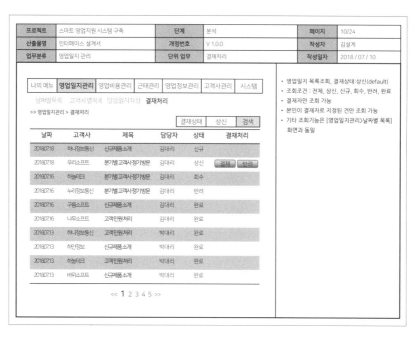

프로젝트	스마트 영업지원 시스템 구축	단계	분석	페이지	11/24
산출물명	인터페이스 설계서	개정번호	V 1.0.0	작성자	김설계
업무분류	영업비용관리	단위 업무	결재처리	작성일자	2018 / 07 / 10

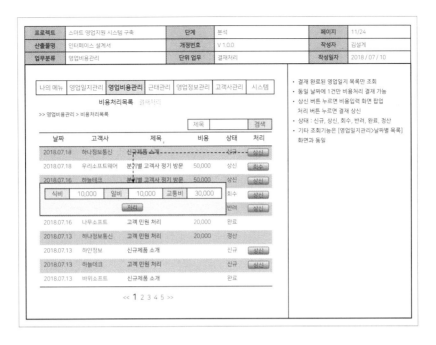

- 결재 완료된 영업일지 목록만 조회
- 동일 날짜에 1건만 비용처리 결재 가능
- 상신 버튼 누르면 비용입력 화면 팝업
  처리 버튼 누르면 결재 상신
- 상태 : 신규, 상신, 회수, 반려, 완료, 정산
- 기타 조회기능은 [영업일지관리>날짜별 목록]
  화면과 동일

프로젝트	스마트 영업지원 시스템 구축	단계	분석	페이지	12/24
산출물명	인터페이스 설계서	개정번호	V 1.0.0	작성자	김설계
업무분류	영업비용관리	단위 업무	결재처리	작성일자	2018 / 07 / 10

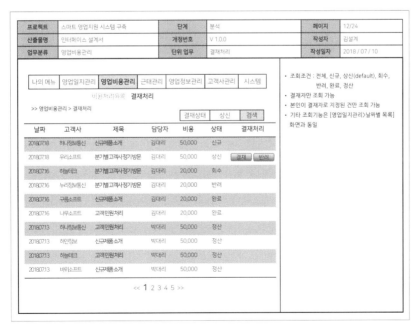

- 조회조건 : 전체, 신규, 상신(default), 회수,
  반려, 완료, 정산
- 결재자만 조회 가능
- 본인이 결재자로 지정된 건만 조회 가능
- 기타 조회기능은 [영업일지관리>날짜별 목록]
  화면과 동일

프로젝트	스마트 영업지원 시스템 구축	단계	분석		페이지	13/24
산출물명	인터페이스 설계서	개정번호	V 1.0.0		작성자	김설계
업무분류	근태관리	단위 업무	소명처리		작성일자	2018 / 07 / 10

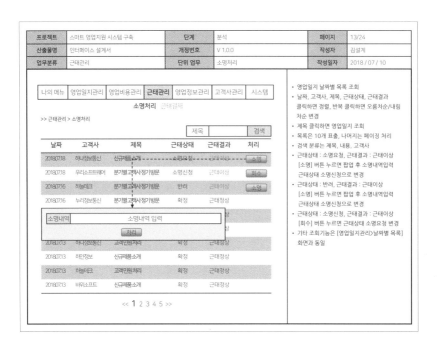

- 영업일지 날짜별 목록 조회
- 날짜, 고객사, 제목, 근태상태, 근태결과 클릭하면 정렬, 반복 클릭하면 오름차순/내림차순 변경
- 제목 클릭하면 영업일지 조회
- 목록은 10개 표출, 나머지는 페이징 처리
- 검색 분류는 제목, 내용, 고객사
- 근태상태 : 소명요청, 근태결과 : 근태이상 [소명] 버튼 누르면 팝업 후 소명내역입력 근태상태 소명신청으로 변경
- 근태상태 : 반려, 근태결과 : 근태이상 [소명] 버튼 누르면 팝업 후 소명내역입력 근태상태 소명신청으로 변경
- 근태상태 : 소명신청, 근태결과 : 근태이상 [회수] 버튼 누르면 근태상태 소명요청 변경
- 기타 조회기능은 [영업일지관리>날짜별 목록] 화면과 동일

프로젝트	스마트 영업지원 시스템 구축	단계	분석		페이지	14/24
산출물명	인터페이스 설계서	개정번호	V 1.0.0		작성자	김설계
업무분류	근태관리	단위 업무	근태결재		작성일자	2018 / 07 / 10

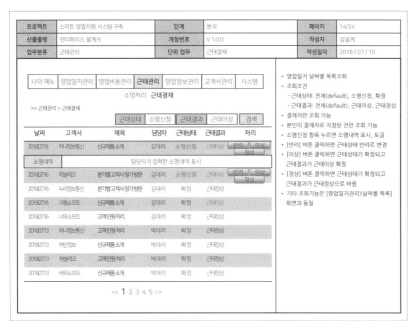

- 영업일지 날짜별 목록조회
- 조회조건
  - 근태상태: 전체(default), 소명신청, 확정
  - 근태결과: 전체(default), 근태이상, 근태정상
- 결재자만 조회 가능
- 본인이 결재자로 지정된 건만 조회 가능
- 소명신청 항목 누르면 소명내역 표시, 토글
- [반려] 버튼 클릭하면 근태상태 반려로 변경
- [이상] 버튼 클릭하면 근태상태가 확정되고 근태결과가 근태이상 확정
- [정상] 버튼 클릭하면 근태상태가 확정되고 근태결과가 근태정상으로 바뀜
- 기타 조회기능은 [영업일지관리>날짜별 목록] 화면과 동일

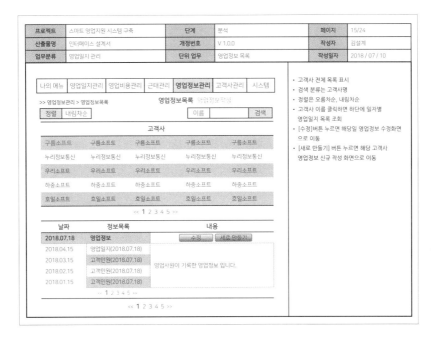

프로젝트	스마트 영업지원 시스템 구축	단계	분석	페이지	15/24
산출물명	인터페이스 설계서	개정번호	V 1.0.0	작성자	김설계
업무분류	영업일지 관리	단위 업무	영업정보 목록	작성일자	2018 / 07 / 10

나의 메뉴　영업일지관리　영업비용관리　근태관리　**영업정보관리**　고객사관리　시스템

>> 영업정보관리 > 영업정보목록　　영업정보목록　영업정보작성

정렬　내림차순　　　　　　　　　　이름　　　　　검색

고객사

구름소프트	구름소프트	구름소프트	구름소프트	구름소프트
누리정보통신	누리정보통신	누리정보통신	누리정보통신	누리정보통신
우리소프트	우리소프트	우리소프트	우리소프트	우리소프트
하충소프트	하충소프트	하충소프트	하충소프트	하충소프트
호일소프트	호일소프트	호일소프트	호일소프트	호일소프트

<< 1 2 3 4 5 >>

날짜	정보목록	내용
2018.07.18	영업정보	수정　새로 만들기
2018.04.15	영업일지(2018.07.18)	
2018.03.15	고객민원(2018.07.18)	영업사원이 기록한 영업정보 입니다.
2018.02.15	고객민원(2018.07.18)	
2018.01.15	고객민원(2018.07.18)	

<< 1 2 3 4 5 >>

<< 1 2 3 4 5 >>

- 고객사 전체 목록 표시
- 검색 분류는 고객사명
- 정렬은 오름차순, 내림차순
- 고객사 이름 클릭하면 하단에 일자별 영업일지 목록 조회
- [수정]버튼 누르면 해당일 영업정보 수정화면으로 이동
- [새로 만들기] 버튼 누르면 해당 고객사 영업정보 신규 작성 화면으로 이동

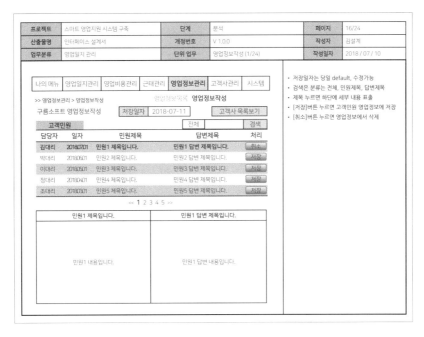

프로젝트	스마트 영업지원 시스템 구축	단계	분석	페이지	16/24
산출물명	인터페이스 설계서	개정번호	V 1.0.0	작성자	김설계
업무분류	영업일지 관리	단위 업무	영업정보작성 (1/24)	작성일자	2018 / 07 / 10

나의 메뉴　영업일지관리　영업비용관리　근태관리　**영업정보관리**　고객사관리　시스템

>> 영업정보관리 > 영업정보목록　　영업정보목록　영업정보작성

구름소프트 영업정보작성　저장일자　2018-07-11　　고객사 목록보기

고객민원　　　　　　　　　전체　　　검색

담당자	일자	민원제목	답변제목	처리
김대리	20180701	민원1 제목입니다.	민원1 답변 제목입니다.	취소
박대리	20180601	민원2 제목입니다.	민원2 답변 제목입니다.	저장
이대리	20180501	민원3 제목입니다.	민원3 답변 제목입니다.	저장
정대리	20180401	민원4 제목입니다.	민원4 답변 제목입니다.	저장
조대리	20180301	민원5 제목입니다.	민원5 답변 제목입니다.	저장

<< 1 2 3 4 5 >>

민원1 제목입니다.	민원1 답변 제목입니다.
민원1 내용입니다.	민원1 답변 내용입니다.

- 저장일자는 당일 default, 수정가능
- 검색은 분류는 전체, 민원제목, 답변제목
- 제목 누르면 하단에 세부 내용 표출
- [저장]버튼 누르면 고객민원 영업정보에 저장
- [취소]버튼 누르면 영업정보에서 삭제

프로젝트	스마트 영업지원 시스템 구축	단계	분석	페이지	17/24
산출물명	인터페이스 설계서	개정번호	V 1.0.0	작성자	김설계
업무분류	영업일지 관리	단위 업무	영업정보작성 (2/3)	작성일자	2018 / 07 / 10

| 나의 메뉴 | 영업일지관리 | 영업비용관리 | 근태관리 | **영업정보관리** | 고객사관리 | 시스템 |

영업정보목록 **영업정보작성**

\>> 영업정보관리 > 영업정보작성

영업일지   [검색]

담당자	일자	영업일지 50자 보기	처리
김대리	20180701	영업일지 1 50자 보기 입니다.	[취소]
박대리	20180601	영업일지 2 50자 보기 입니다.	[저장]
이대리	20180501	영업일지 3 50자 보기 입니다.	[저장]
정대리	20180401	영업일지 4 50자 보기 입니다.	[저장]
조대리	20180301	영업일지 5 50자 보기 입니다.	[저장]

<< 1 2 3 4 5 >>

담당자 : 김대리   일자 : 2018. 07. 01

영업일지 1 내용입니다.

- 제목 누르면 하단에 세부 내용 표출
- [저장]버튼 누르면 영업일지 영업정보에 저장
- [취소]버튼 누르면 영업정보에서 삭제

프로젝트	스마트 영업지원 시스템 구축	단계	분석	페이지	18/24
산출물명	인터페이스 설계서	개정번호	V 1.0.0	작성자	김설계
업무분류	영업일지 관리	단위 업무	영업정보작성 (3/3)	작성일자	2018 / 07 / 10

| 나의 메뉴 | 영업일지관리 | 영업비용관리 | 근태관리 | **영업정보관리** | 고객사관리 | 시스템 |

영업정보목록 **영업정보작성**

\>> 영업정보관리 > 영업정보작성

영업정보입력   [저장]

영업정보 직접 입력

- 영업정보 직접입력

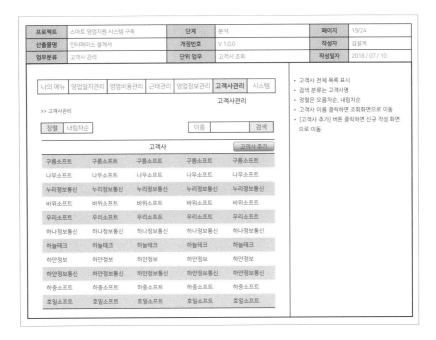

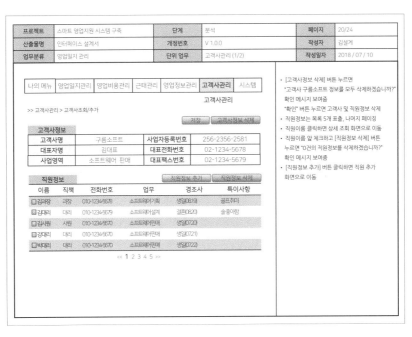

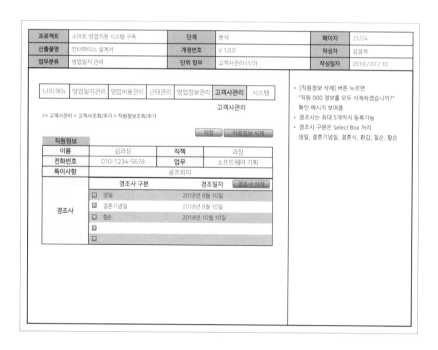

프로젝트	스마트 영업지원 시스템 구축	단계	분석	페이지	21/24
산출물명	인터페이스 설계서	개정번호	V 1.0.0	작성자	김설계
업무분류	영업일지 관리	단위 업무	고객사관리 (1/2)	작성일자	2018 / 07 / 10

| 나의 메뉴 | 영업일지관리 | 영업비용관리 | 근태관리 | 영업정보관리 | **고객사관리** | 시스템 |

고객사관리

>> 고객사관리 > 고객사조회/추가 > 직원정보조회/추가

저장 | 직원정보 삭제

직원정보

이름	김과장	직책	과장
전화번호	010-1234-5678	업무	소프트웨어 기획
특이사항	골프취미		

경조사	경조사 구분	경조일자	경조사 삭제
	☐ 생일	2018년 8월 10일	
	☑ 결혼기념일	2018년 9월 10일	
	☐ 칠순	2018년 10월 10일	
	☐		

- [직원정보 삭제] 버튼 누르면 "직원 000 정보를 모두 삭제하겠습니까?" 확인 메시지 보여줌
- 경조사는 최대 5개까지 등록가능
- 경조사 구분은 Select Box 처리 생일, 결혼기념일, 결혼식, 환갑, 칠순, 팔순

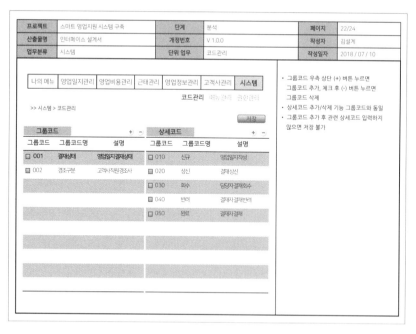

프로젝트	스마트 영업지원 시스템 구축	단계	분석	페이지	22/24
산출물명	인터페이스 설계서	개정번호	V 1.0.0	작성자	김설계
업무분류	시스템	단위 업무	코드관리	작성일자	2018 / 07 / 10

| 나의 메뉴 | 영업일지관리 | 영업비용관리 | 근태관리 | 영업정보관리 | 고객사관리 | **시스템** |

코드관리 메뉴관리 권한관리

>> 시스템 > 코드관리

저장

그룹코드 + −

	그룹코드	그룹코드명	설명
☐	001	결재상태	영업일지결재상태
☐	002	경조구분	고객사직원경조사

상세코드 + −

	그룹코드	그룹코드명	설명
☐	010	신규	영업일지작성
☐	020	상신	결재상신
☐	030	회수	담당자결재회수
☐	040	반려	결재자결재반려
☐	050	완료	결재자결재

- 그룹코드 우측 상단 (+) 버튼 누르면 그룹코드 추가, 체크 후 (−) 버튼 누르면 그룹코드 삭제
- 상세코드 추가/삭제 기능 그룹코드와 동일
- 그룹코드 추가 후 관련 상세코드 입력하지 않으면 저장 불가

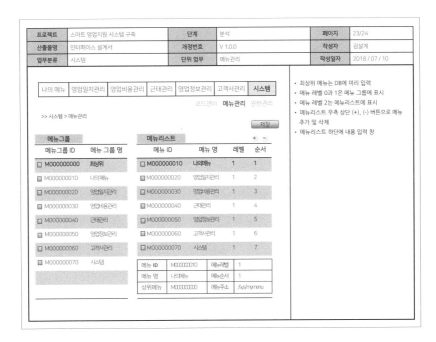

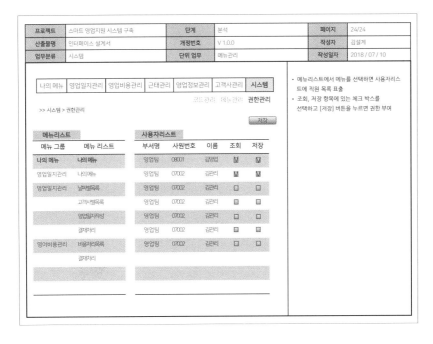

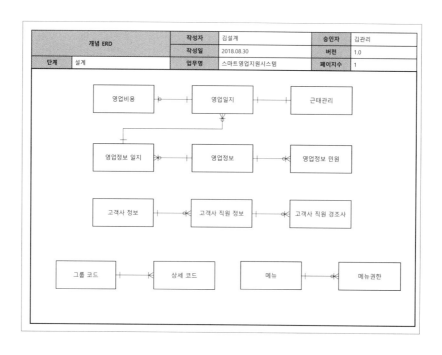

개념 ERD		작성자	김설계	승인자	김관리
		작성일	2018.08.30	버전	1.0
단계	설계	업무명	스마트영업지원시스템	페이지수	1

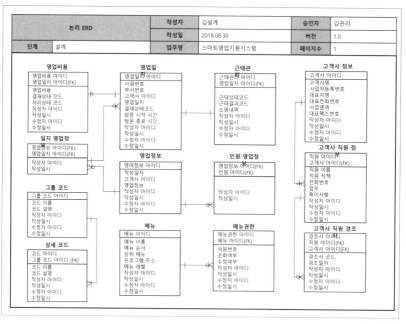

논리 ERD		작성자	김설계	승인자	김관리
		작성일	2018.08.30	버전	1.0
단계	설계	업무명	스마트영업지원시스템	페이지수	1

물리 ERD		작성자	김설계	승인자	김관리
		작성일	2018.08.30	버전	1.0
단계	설계	업무명	스마트영업지원시스템	페이지수	1

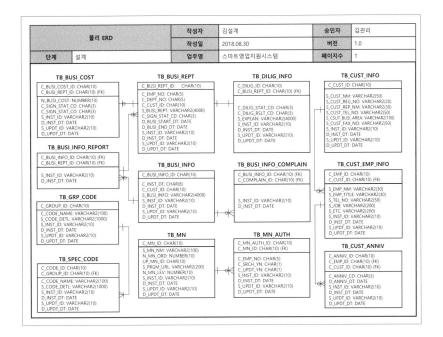

TB_BUSI_COST

C_BUSI_COST_ID: CHAR(10)
C_BUSI_REPT_ID: CHAR(10) (FK)

N_BUSI_COST: NUMBER(10)
C_SIGN_STAT_CD: CHAR(3)
C_SIGN_STAT_CD: CHAR(3)
S_INST_ID: VARCHAR2(10)
D_INST_DT: DATE
S_UPDT_ID: VARCHAR2(10)
D_UPDT_DT: DATE

TB_BUSI_INFO_REPORT

C_BUSI_INFO_ID: CHAR(10) (FK)
C_BUSI_REPT_ID: CHAR(10) (FK)

S_INST_ID: VARCHAR2(10)
D_INST_DT: DATE

TB_GRP_CODE

C_GROUP_ID: CHAR(10)

C_CODE_NAME: VARCHAR2(100)
S_CODE_DETL: VARCHAR2(1000)
S_INST_ID: VARCHAR2(10)
D_INST_DT: DATE
S_UPDT_ID: VARCHAR2(10)
D_UPDT_DT: DATE

TB_SPEC_CODE

C_CODE_ID: CHAR(10)
C_GROUP_ID: CHAR(10) (FK)

C_CODE_NAME: VARCHAR2(100)
S_CODE_DETL: VARCHAR2(1000)
S_INST_ID: VARCHAR2(10)
D_INST_DT: DATE
S_UPDT_ID: VARCHAR2(10)
D_UPDT_DT: DATE

TB_BUSI_REPT

C_BUSI_REPT_ID: CHAR(10)

C_EMP_NO: CHAR(5)
C_DEPT_NO: CHAR(5)
C_CUST_ID: CHAR(10)
S_BUSI_REPT: VARCHAR2(4000)
C_SIGN_STAT_CD: CHAR(3)
D_BUSI_START_DT: DATE
D_BUSI_END_DT: DATE
S_INST_ID: VARCHAR2(10)
D_INST_DT: DATE
S_UPDT_ID: VARCHAR2(10)
D_UPDT_DT: DATE

TB_BUSI_INFO

C_BUSI_INFO_ID: CHAR(10)

C_INST_DT: CHAR(8)
C_CUST_ID: CHAR(10)
S_BUSI_INFO: VARCHAR2(4000)
S_INST_ID: VARCHAR2(10)
D_INST_DT: DATE
S_UPDT_ID: VARCHAR2(10)
D_UPDT_DT: DATE

TB_MN

C_MN_ID: CHAR(10)

S_MN_NM: VARCHAR2(100)
N_MN_ORD: NUMBER(10)
UP_MN_ID: CHAR(10)
S_PRGM_URL: VARCHAR2(200)
N_MN_LEV: NUMBER(10)
S_INST_ID: VARCHAR2(10)
D_INST_DT: DATE
S_UPDT_ID: VARCHAR2(10)
D_UPDT_DT: DATE

TB_DILIG_INFO

C_DILIG_ID: CHAR(10)
C_BUSI_REPT_ID: CHAR(10) (FK)

C_DILIG_STAT_CD: CHAR(3)
C_DILIG_RSLT_CD: CHAR(3)
S_EXPLAN: VARCHAR2(4000)
S_INST_ID: VARCHAR2(10)
D_INST_DT: DATE
S_UPDT_ID: VARCHAR2(10)
D_UPDT_DT: DATE

TB_BUSI_INFO_COMPLAIN

C_BUSI_INFO_ID: CHAR(10) (FK)
C_COMPLAIN_ID: CHAR(10) (FK)

S_INST_ID: VARCHAR2(10)
D_INST_DT: DATE

TB_MN_AUTH

C_MN_AUTH_ID: CHAR(10)
C_MN_ID: CHAR(10) (FK)

C_EMP_NO: CHAR(5)
C_SRCH_YN: CHAR(1)
C_UPDT_YN: CHAR(1)
S_INST_ID: VARCHAR2(10)
D_INST_DT: DATE
S_UPDT_ID: VARCHAR2(10)
D_UPDT_DT: DATE

TB_CUST_INFO

C_CUST_ID: CHAR(10)

S_CUST_NM: VARCHAR2(50)
S_CUST_REG_NO: VARCHAR2(20)
S_CUST_REP_NM: VARCHAR2(30)
S_CUST_TEL_NO: VARCHAR2(50)
S_CSUT_BUSI_AREA: VARCHAR2(100)
S_CUST_FAX_NO: VARCHAR2(50)
S_INST_ID: VARCHAR2(10)
D_INST_DT: DATE
S_UPDT_ID: VARCHAR2(10)
D_UPDT_DT: DATE

TB_CUST_EMP_INFO

C_EMP_INFO_ID: CHAR(10)
C_CUST_ID: CHAR(10) (FK)

S_EMP_NM: VARCHAR2(30)
S_EMP_TITLE: VARCHAR2(30)
S_TEL_NO: VARCHAR2(50)
S_JOB: VARCHAR2(200)
S_ETC: VARCHAR2(200)
S_INST_ID: VARCHAR2(10)
D_INST_DT: DATE
S_UPDT_ID: VARCHAR2(10)
D_UPDT_DT: DATE

TB_CUST_ANNIV

C_ANNIV_ID: CHAR(10)
C_EMP_ID: CHAR(10) (FK)
C_CUST_ID: CHAR(10) (FK)

C_ANNIV_CD: CHAR(3)
D_ANNIV_DT: DATE
S_INST_ID: VARCHAR2(10)
D_INST_DT: DATE
S_UPDT_ID: VARCHAR2(10)
D_UPDT_DT: DATE

DB 명명규칙 정의서		작성자	김설계	승인자	김관리
		작성일	2018년 8월 30일	버전	1.0
단계	설계	업무	스마트영업지원시스템	페이지수	1

0. 공통사항
· 명명규칙 : 항목별 10 단어 이하의 영문 대문자 사용
· 항목별 연결은 _ 사용

1. Table
· 조합규칙 : TB + 업무구분약어 + 세부 업무 구분
· ex) TB_BUSI_REPORT : 영업 일지 테이블

2. Column
· 조합규칙 : 변수타입 + 항목명 구분1 + 항목명 구분2 + 항목명 구분3 + ..
· 변수타입 : Number(N), Char(C), Varchar2(S), Date(D)
· ex) C_EMP_NO : 사번

3. Primary Key
· 조합규칙 : PK + 테이블명
· ex) PK_TB_BUSI_REPORT : 영업 일지 테이블 Primary Key

4. Foreign Key
· 조합규칙 : FK + 테이블명 + 순번
· ex) FK_TB_BUSI_REPORT_1 : 영업 일지 테이블 Foreign Key

5. View
· 조합규칙 : VW + 업무구분약어 + 세부 업무 구분
· ex) VW_BUSI_REPORT : 영업 일지 테이블 뷰

6. Index
· 조합규칙 : IX + 테이블명 + 순번
· ex) IX_TB_BUSI_REPORT_1 : 영업 일지 테이블 Index

7. Stored Procedure
· 조합규칙 : SP + 동사 + 명사1 + 명사2 + ..
· ex) SP_MAKE_DILIGENCE : 근태 정보 생성

8. Function
· 조합규칙 : FN + 동사 + 명사1 + 명사2 + ..
· ex) FN_GET_CODE_NM : 코드정보 가져 오기

용어사전		작성자	김설계	승인자	김관리
		작성일	2018.08.30	버전	1.0
단계	설계	업무명	스마트영업지원시스템	페이지수	2

순번	컬럼명	컬럼ID	타입/길이	비고
1	영업일지 아이디	C_BUSI_REPT_ID	CHAR(10)	
2	사원번호	C_EMP_NO	CHAR(5)	
3	부서번호	C_DEPT_NO	CHAR(5)	
4	고객사 아이디	C_CUST_ID	CHAR(10)	
5	영업일지	S_BUSI_REPT	VARCHAR2(4000)	
6	결재상태코드	C_SIGN_STAT_CD	CHAR(3)	
7	방문 시작 시간	D_BUSI_START_DT	DATE	
8	방문 종료 시간	D_BUSI_END_DT	DATE	
9	방문 위치 X좌표	N_VISIT_LOC_X	NUMBER(10,2)	
10	방문 위치 Y좌표	N_VISIT_LOC_Y	NUMBER(10,2)	
11	작성자 아이디	S_INST_ID	VARCHAR2(10)	
12	작성일시	D_INST_DT	DATE	
13	수정자 아이디	S_UPDT_ID	VARCHAR2(10)	
14	수정일시	D_UPDT_DT	DATE	
15	영업비용 아이디	C_BUSI_COST_ID	CHAR(10)	
16	영업비용	N_BUSI_COST	NUMBER(10)	
17	결재상태코드	C_SIGN_STAT_CD	CHAR(3)	
18	처리상태코드	C_SIGN_STAT_CD	CHAR(3)	
19	근태관리 아이디	C_DILIG_ID	CHAR(10)	
20	근태상태코드	C_DILIG_STAT_CD	CHAR(3)	
21	근태결과코드	C_DILIG_RSLT_CD	CHAR(3)	
22	소명내역	S_EXPLAN	VARCHAR2(4000)	
23	고객사 아이디	C_CUST_ID	CHAR(10)	
24	영업정보	S_BUSI_INFO	VARCHAR2(4000)	
25	영업정보 아이디	C_BUSI_INFO_ID	CHAR(10)	
26	민원 아이디	C_COMPLAIN_ID	CHAR(10)	
27	고객사 아이디	C_CUST_ID	CHAR(10)	
28	고객사명	S_CUST_NM	VARCHAR2(50)	
29	사업자등록번호	S_CUST_REG_NO	VARCHAR2(20)	
30	대표자명	S_CUST_REP_NM	VARCHAR2(30)	
31	대표전화번호	S_CUST_TEL_NO	VARCHAR2(50)	
32	사업영역	S_CSUT_BUSI_AREA	VARCHAR2(100)	
33	대표팩스번호	S_CUST_FAX_NO	VARCHAR2(50)	
34	직원 아이디	C_EMP_ID	CHAR(10)	
35	직원 이름	S_EMP_NM	VARCHAR2(30)	
36	직원 직책	S_EMP_TITLE	VARCHAR2(30)	
37	전화번호	S_TEL_NO	VARCHAR2(50)	
38	업무	S_JOB	VARCHAR2(200)	
39	특이사항	S_ETC	VARCHAR2(200)	
40	경조사 아이디	C_ANNIV_ID	CHAR(10)	
41	경조사 코드	C_ANNIV_CD	CHAR(3)	
42	경조일자	D_ANNIV_DT	DATE	
43	그룹 코드	C_GROUP_CD	CHAR(3)	
44	상세 코드	C_CODE_CD	CHAR(3)	
45	코드 이름	C_CODE_NM	VARCHAR2(100)	
46	코드 설명	S_CODE_DETL	VARCHAR2(1000)	
47	메뉴 아이디	C_MN_ID	CHAR(10)	
48	메뉴 이름	S_NM_NM	VARCHAR2(100)	
49	메뉴 순서	N_MN_ORD	NUMBER(10)	
50	상위 메뉴	UP_MN_ID	CHAR(10)	
51	프로그램 주소	S_PRGM_URL	VARCHAR2(200)	
52	메뉴 레벨	N_MN_LEV	NUMBER(10)	
53	메뉴권한 아이디	C_MN_AUTH_ID	CHAR(10)	
54	조회여부	C_SRCH_YN	CHAR(1)	
55	수정여부	C_UPDT_YN	CHAR(1)	

테이블 정의서			작성자	김설계		승인자	김관리
			작성일	2018.08.30		버전	1.0
단계	설계		업무명	스마트영업지원시스템		페이지수	4
순번	테이블명	테이블ID	컬럼명	컬럼ID	타입/길이	PK여부	FK여부	NULL여부	비고

순번	테이블명	테이블ID	컬럼명	컬럼ID	타입/길이	PK여부	FK여부	NULL여부	비고
1	영업일지	TB_BUSI_REPT	영업일지 아이디	C_BUSI_REPT_ID	CHAR(10)	Yes	No	NOT NULL	
2	영업일지	TB_BUSI_REPT	사원번호	C_EMP_NO	CHAR(5)	Yes	No	NOT NULL	
3	영업일지	TB_BUSI_REPT	부서번호	C_DEPT_NO	CHAR(5)	Yes	No	NOT NULL	
4	영업일지	TB_BUSI_REPT	고객사 아이디	C_CUST_ID	CHAR(10)	No	No	NOT NULL	
5	영업일지	TB_BUSI_REPT	영업일지	S_BUSI_REPT	VARCHAR2(4000)	No	No	NULL	
6	영업일지	TB_BUSI_REPT	결재상태코드	C_SIGN_STAT_CD	CHAR(3)	No	No	NULL	
7	영업일지	TB_BUSI_REPT	방문 시작 시간	D_BUSI_START_DT	DATE	No	No	NULL	
8	영업일지	TB_BUSI_REPT	방문 종료 시간	D_BUSI_END_DT	DATE	No	No	NULL	
9	영업일지	TB_BUSI_REPT	방문 위치 X좌표	N_VISIT_LOC_X	NUMBER(10,2)	No	No	NULL	
10	영업일지	TB_BUSI_REPT	방문 위치 Y좌표	N_VISIT_LOC_Y	NUMBER(10,2)	No	No	NULL	
11	영업일지	TB_BUSI_REPT	작성자 아이디	S_INST_ID	VARCHAR2(10)	No	No	NULL	
12	영업일지	TB_BUSI_REPT	작성일시	D_INST_DT	DATE	No	No	NULL	
13	영업일지	TB_BUSI_REPT	수정자 아이디	S_UPDT_ID	VARCHAR2(10)	No	No	NULL	
14	영업일지	TB_BUSI_REPT	수정일시	D_UPDT_DT	DATE	No	No	NULL	
1	영업비용	TB_BUSI_COST	영업비용 아이디	C_BUSI_COST_ID	CHAR(10)	Yes	No	NOT NULL	
2	영업비용	TB_BUSI_COST	영업일지 아이디	C_BUSI_REPT_ID	CHAR(10)	Yes	Yes	NOT NULL	
3	영업비용	TB_BUSI_COST	영업비용	N_BUSI_COST	NUMBER(10)	No	No	NOT NULL	
4	영업비용	TB_BUSI_COST	결재상태코드	C_SIGN_STAT_CD	CHAR(3)	No	No	NULL	
5	영업비용	TB_BUSI_COST	처리상태코드	C_SIGN_STAT_CD	CHAR(3)	No	No	NULL	
6	영업비용	TB_BUSI_COST	작성자 아이디	S_INST_ID	VARCHAR2(10)	No	No	NULL	
7	영업비용	TB_BUSI_COST	작성일시	D_INST_DT	DATE	No	No	NULL	

순번	테이블명	테이블ID	컬럼명	컬럼ID	타입/길이	PK여부	FK여부	NULL여부	비고
8	영업비용	TB_BUSI_COST	수정자 아이디	S_UPDT_ID	VARCHAR2(10)	No	No	NULL	
9	영업비용	TB_BUSI_COST	수정일시	D_UPDT_DT	DATE	No	No	NULL	
1	근태정보	TB_DILIG_INFO	근태관리 아이디	C_DILIG_ID	CHAR(10)	Yes	No	NOT NULL	
2	근태관리	TB_DILIG_INFO	영업일지 아이디	C_BUSI_REPT_ID	CHAR(10)	Yes	Yes	NOT NULL	
3	근태관리	TB_DILIG_INFO	근태상태코드	C_DILIG_STAT_CD	CHAR(3)	No	No	NULL	
4	근태관리	TB_DILIG_INFO	근태결과코드	C_DILIG_RSLT_CD	CHAR(3)	No	No	NULL	
5	근태관리	TB_DILIG_INFO	소명내역	S_EXPLAN	VARCHAR2(4000)	No	No	NULL	
6	근태관리	TB_DILIG_INFO	작성자 아이디	S_INST_ID	VARCHAR2(10)	No	No	NULL	
7	근태관리	TB_DILIG_INFO	작성일시	D_INST_DT	DATE	No	No	NULL	
8	근태관리	TB_DILIG_INFO	수정자 아이디	S_UPDT_ID	VARCHAR2(10)	No	No	NULL	
9	근태관리	TB_DILIG_INFO	수정일시	D_UPDT_DT	DATE	No	No	NULL	
1	영업정보	TB_BUSI_INFO	영업정보 아이디	C_BUSI_INFO_ID	CHAR(10)	Yes	No	NOT NULL	
2	영업정보	TB_BUSI_INFO	작성일자	C_INST_DT	CHAR(8)	No	No	NOT NULL	
3	영업정보	TB_BUSI_INFO	고객사 아이디	C_CUST_ID	CHAR(10)	No	No	NOT NULL	
6	영업정보	TB_BUSI_INFO	영업정보	S_BUSI_INFO	VARCHAR2(4000)	No	No	NULL	
7	영업정보	TB_BUSI_INFO	작성자 아이디	S_INST_ID	VARCHAR2(10)	No	No	NULL	
8	영업정보	TB_BUSI_INFO	작성일시	D_INST_DT	DATE	No	No	NULL	
9	영업정보	TB_BUSI_INFO	수정자 아이디	S_UPDT_ID	VARCHAR2(10)	No	No	NULL	
10	영업정보	TB_BUSI_INFO	수정일시	D_UPDT_DT	DATE	No	No	NULL	
1	일지 영업정보	TB_BUSI_INFO_REPORT	영업정보 아이디	C_BUSI_INFO_ID	CHAR(10)	Yes	Yes	NOT NULL	
2	일지 영업정보	TB_BUSI_INFO_REPORT	영업일지 아이디	C_BUSI_REPT_ID	CHAR(10)	Yes	Yes	NOT NULL	
3	일지 영업정보	TB_BUSI_INFO_REPORT	작성자 아이디	S_INST_ID	VARCHAR2(10)	No	No	NULL	
4	일지 영업정보	TB_BUSI_INFO_REPORT	작성일시	D_INST_DT	DATE	No	No	NULL	
1	민원 영업정보	TB_BUSI_INFO_COMPLAIN	영업정보 아이디	C_BUSI_INFO_ID	CHAR(10)	Yes	Yes	NOT NULL	
2	민원 영업정보	TB_BUSI_INFO_COMPLAIN	민원 아이디	C_COMPLAIN_ID	CHAR(10)	Yes	Yes	NOT NULL	

순번	테이블명	테이블ID	컬럼명	컬럼ID	타입/길이	PK여부	FK여부	NULL여부	비고
3	민원 영업정보	TB_BUSI_INFO_COMPLAIN	작성자 아이디	S_INST_ID	VARCHAR2(10)	No	No	NULL	
4	민원 영업정보	TB_BUSI_INFO_COMPLAIN	작성일시	D_INST_DT	DATE	No	No	NULL	
1	고객사 정보	TB_CUST_INFO	고객사 아이디	C_CUST_ID	CHAR(10)	Yes	No	NOT NULL	
2	고객사 정보	TB_CUST_INFO	고객사명	S_CUST_NM	VARCHAR2(50)	No	No	NOT NULL	
3	고객사 정보	TB_CUST_INFO	사업자등록번호	S_CUST_REG_NO	VARCHAR2(20)	No	No	NOT NULL	
4	고객사 정보	TB_CUST_INFO	대표자명	S_CUST_REP_NM	VARCHAR2(30)	No	No	NOT NULL	
5	고객사 정보	TB_CUST_INFO	대표전화번호	S_CUST_TEL_NO	VARCHAR2(50)	No	No	NOT NULL	
6	고객사 정보	TB_CUST_INFO	사업영역	S_CSUT_BUSI_AREA	VARCHAR2(100)	No	No	NULL	
7	고객사 정보	TB_CUST_INFO	대표팩스번호	S_CUST_FAX_NO	VARCHAR2(50)	No	No	NOT NULL	
8	고객사 정보	TB_CUST_INFO	작성자 아이디	S_INST_ID	VARCHAR2(10)	No	No	NULL	
9	고객사 정보	TB_CUST_INFO	작성일시	D_INST_DT	DATE	No	No	NULL	
10	고객사 정보	TB_CUST_INFO	수정자 아이디	S_UPDT_ID	VARCHAR2(10)	No	No	NULL	
11	고객사 정보	TB_CUST_INFO	수정일시	D_UPDT_DT	DATE	No	No	NULL	
1	고객사 직원 정보	TB_CUST_EMP_INFO	직원 아이디	C_EMP_ID	CHAR(10)	Yes	No	NOT NULL	
2	고객사 직원 정보	TB_CUST_EMP_INFO	고객사 아이디	C_CUST_ID	CHAR(10)	Yes	Yes	NOT NULL	
3	고객사 직원 정보	TB_CUST_EMP_INFO	직원 이름	S_EMP_NM	VARCHAR2(30)	No	No	NOT NULL	
4	고객사 직원 정보	TB_CUST_EMP_INFO	직원 직책	S_EMP_TITLE	VARCHAR2(30)	No	No	NULL	
5	고객사 직원 정보	TB_CUST_EMP_INFO	전화번호	S_TEL_NO	VARCHAR2(50)	No	No	NULL	
6	고객사 직원 정보	TB_CUST_EMP_INFO	업무	S_JOB	VARCHAR2(200)	No	No	NULL	
7	고객사 직원 정보	TB_CUST_EMP_INFO	특이사항	S_ETC	VARCHAR2(200)	No	No	NULL	
8	고객사 직원 정보	TB_CUST_EMP_INFO	작성자 아이디	S_INST_ID	VARCHAR2(10)	No	No	NULL	
9	고객사 직원 정보	TB_CUST_EMP_INFO	작성일시	D_INST_DT	DATE	No	No	NULL	
10	고객사 직원 정보	TB_CUST_EMP_INFO	수정자 아이디	S_UPDT_ID	VARCHAR2(10)	No	No	NULL	
11	고객사 직원 정보	TB_CUST_EMP_INFO	수정일시	D_UPDT_DT	DATE	No	No	NULL	
1	고객사 직원 경조사	TB_CUST_ANNIV	경조사 아이디	C_ANNIV_ID	CHAR(10)	Yes	No	NOT NULL	

순번	테이블명	테이블ID	컬럼명	컬럼ID	타입/길이	PK여부	FK여부	NULL여부	비고
2	고객사 직원 경조사	TB_CUST_ANNIV	직원 아이디	C_EMP_ID	CHAR(10)	Yes	Yes	NOT NULL	
3	고객사 직원 경조사	TB_CUST_ANNIV	고객사 아이디	C_CUST_ID	CHAR(10)	Yes	Yes	NOT NULL	
4	고객사 직원 경조사	TB_CUST_ANNIV	경조사 코드	C_ANNIV_CD	CHAR(3)	No	No	NOT NULL	
5	고객사 직원 경조사	TB_CUST_ANNIV	경조일자	D_ANNIV_DT	DATE	No	No	NOT NULL	
6	고객사 직원 경조사	TB_CUST_ANNIV	작성자 아이디	S_INST_ID	VARCHAR2(10)	No	No	NULL	
7	고객사 직원 경조사	TB_CUST_ANNIV	작성일시	D_INST_DT	DATE	No	No	NULL	
8	고객사 직원 경조사	TB_CUST_ANNIV	수정자 아이디	S_UPDT_ID	VARCHAR2(10)	No	No	NULL	
9	고객사 직원 경조사	TB_CUST_ANNIV	수정일시	D_UPDT_DT	DATE	No	No	NULL	
1	그룹 코드	TB_GRP_CODE	그룹 코드	C_GROUP_CD	CHAR(3)	Yes	No	NULL	
2	그룹 코드	TB_GRP_CODE	코드 이름	C_CODE_NM	VARCHAR2(100)	No	No	NULL	
3	그룹 코드	TB_GRP_CODE	코드 설명	S_CODE_DETL	VARCHAR2(1000)	No	No	NULL	
4	그룹 코드	TB_GRP_CODE	작성자 아이디	S_INST_ID	VARCHAR2(10)	No	No	NULL	
5	그룹 코드	TB_GRP_CODE	작성일시	D_INST_DT	DATE	No	No	NULL	
6	그룹 코드	TB_GRP_CODE	수정자 아이디	S_UPDT_ID	VARCHAR2(10)	No	No	NULL	
7	그룹 코드	TB_GRP_CODE	수정일시	D_UPDT_DT	DATE	No	No	NULL	
1	상세 코드	TB_SPEC_CODE	그룹 코드	C_GROUP_CD	CHAR(3)	Yes	No	NULL	
2	상세 코드	TB_SPEC_CODE	상세 코드	C_SPEC_CD	CHAR(3)	Yes	No	NULL	
3	상세 코드	TB_SPEC_CODE	코드 이름	C_CODE_NM	VARCHAR2(100)	No	No	NULL	
4	상세 코드	TB_SPEC_CODE	코드 설명	S_CODE_DETL	VARCHAR2(1000)	No	No	NULL	
5	상세 코드	TB_SPEC_CODE	작성자 아이디	S_INST_ID	VARCHAR2(10)	No	No	NULL	
6	상세 코드	TB_SPEC_CODE	작성일시	D_INST_DT	DATE	No	No	NULL	
7	상세 코드	TB_SPEC_CODE	수정자 아이디	S_UPDT_ID	VARCHAR2(10)	No	No	NULL	
8	상세 코드	TB_SPEC_CODE	수정일시	D_UPDT_DT	DATE	No	No	NULL	
1	메뉴	TB_MN	메뉴 아이디	C_MN_ID	CHAR(10)	Yes	No	NOT NULL	
2	메뉴	TB_MN	메뉴 이름	S_MN_NM	VARCHAR2(200)	No	No	NOT NULL	

순번	테이블명	테이블ID	컬럼명	컬럼ID	타입/길이	PK여부	FK여부	NULL여부	비고
3	메뉴	TB_MN	메뉴 순서	N_MN_ORD	NUMBER(10)	No	No	NULL	
4	메뉴	TB_MN	상위 메뉴	UP_MN_ID	CHAR(10)	No	No	NULL	
5	메뉴	TB_MN	프로그램 주소	S_PRGM_URL	VARCHAR2(200)	No	No	NOT NULL	
6	메뉴	TB_MN	메뉴 레벨	N_MN_LEV	NUMBER(10)	No	No	NULL	
7	메뉴	TB_MN	작성자 아이디	S_INST_ID	VARCHAR2(10)	No	No	NULL	
8	메뉴	TB_MN	작성일시	D_INST_DT	DATE	No	No	NULL	
9	메뉴	TB_MN	수정자 아이디	S_UPDT_ID	VARCHAR2(10)	No	No	NULL	
10	메뉴	TB_MN	수정일시	D_UPDT_DT	DATE	No	No	NULL	
1	메뉴 권한	TB_MN_AUTH	메뉴권한 아이디	C_MN_AUTH_ID	CHAR(10)	Yes	No	NOT NULL	
2	메뉴 권한	TB_MN_AUTH	메뉴 아이디	C_MN_ID	CHAR(10)	Yes	Yes	NOT NULL	
3	메뉴 권한	TB_MN_AUTH	사원번호	C_EMP_NO	CHAR(5)	Yes	No	NOT NULL	
4	메뉴 권한	TB_MN_AUTH	조회여부	C_SRCH_YN	CHAR(1)	No	No	NULL	
5	메뉴 권한	TB_MN_AUTH	수정여부	C_UPDT_YN	CHAR(1)	No	No	NULL	
6	메뉴 권한	TB_MN_AUTH	작성자 아이디	S_INST_ID	VARCHAR2(10)	No	No	NULL	
7	메뉴 권한	TB_MN_AUTH	작성일시	D_INST_DT	DATE	No	No	NULL	
8	메뉴 권한	TB_MN_AUTH	수정자 아이디	S_UPDT_ID	VARCHAR2(10)	No	No	NULL	
9	메뉴 권한	TB_MN_AUTH	수정일시	D_UPDT_DT	DATE	No	No	NULL	

용어사전		작성자	김설계	승인자	김관리
		작성일	2018.08.30	버전	1.0
단계	설계	업무명	스마트영업지원시스템	페이지수	2

순번	컬럼명	컬럼ID	타입/길이	비고
1	영업일지 아이디	C_BUSI_REPT_ID	CHAR(10)	
2	사원번호	C_EMP_NO	CHAR(5)	
3	부서번호	C_DEPT_NO	CHAR(5)	
4	고객사 아이디	C_CUST_ID	CHAR(10)	
5	영업일지	S_BUSI_REPT	VARCHAR2(4000)	
6	결재상태코드	C_SIGN_STAT_CD	CHAR(3)	
7	방문 시작 시간	D_BUSI_START_DT	DATE	
8	방문 종료 시간	D_BUSI_END_DT	DATE	
9	방문 위치 X좌표	N_VISIT_LOC_X	NUMBER(10,2)	
10	방문 위치 Y좌표	N_VISIT_LOC_Y	NUMBER(10,2)	
11	작성자 아이디	S_INST_ID	VARCHAR2(10)	
12	작성일시	D_INST_DT	DATE	
13	수정자 아이디	S_UPDT_ID	VARCHAR2(10)	
14	수정일시	D_UPDT_DT	DATE	
15	영업비용 아이디	C_BUSI_COST_ID	CHAR(10)	
16	영업비용	N_BUSI_COST	NUMBER(10)	
17	결재상태코드	C_SIGN_STAT_CD	CHAR(3)	
18	처리상태코드	C_SIGN_STAT_CD	CHAR(3)	
19	근태관리 아이디	C_DILIG_ID	CHAR(10)	
20	근태상태코드	C_DILIG_STAT_CD	CHAR(3)	
21	근태결과코드	C_DILIG_RSLT_CD	CHAR(3)	
22	소명내역	S_EXPLAN	VARCHAR2(4000)	
23	고객사 아이디	C_CUST_ID	CHAR(10)	
24	영업정보	S_BUSI_INFO	VARCHAR2(4000)	
25	영업정보 아이디	C_BUSI_INFO_ID	CHAR(10)	
26	민원 아이디	C_COMPLAIN_ID	CHAR(10)	
27	고객사 아이디	C_CUST_ID	CHAR(10)	
28	고객사명	S_CUST_NM	VARCHAR2(50)	
29	사업자등록번호	S_CUST_REG_NO	VARCHAR2(20)	
30	대표자명	S_CUST_REP_NM	VARCHAR2(30)	
31	대표전화번호	S_CUST_TEL_NO	VARCHAR2(50)	
32	사업영역	S_CSUT_BUSI_AREA	VARCHAR2(100)	
33	대표팩스번호	S_CUST_FAX_NO	VARCHAR2(50)	
34	직원 아이디	C_EMP_ID	CHAR(10)	
35	직원 이름	S_EMP_NM	VARCHAR2(30)	
36	직원 직책	S_EMP_TITLE	VARCHAR2(30)	
37	전화번호	S_TEL_NO	VARCHAR2(50)	
38	업무	S_JOB	VARCHAR2(200)	
39	특이사항	S_ETC	VARCHAR2(200)	
40	경조사 아이디	C_ANNIV_ID	CHAR(10)	
41	경조사 코드	C_ANNIV_CD	CHAR(3)	
42	경조일자	D_ANNIV_DT	DATE	
43	그룹 코드	C_GROUP_CD	CHAR(3)	
44	상세 코드	C_CODE_CD	CHAR(3)	
45	코드 이름	C_CODE_NM	VARCHAR2(100)	
46	코드 설명	S_CODE_DETL	VARCHAR2(1000)	
47	메뉴 아이디	C_MN_ID	CHAR(10)	
48	메뉴 이름	S_NM_NM	VARCHAR2(100)	
49	메뉴 순서	N_MN_ORD	NUMBER(10)	
50	상위 메뉴	UP_MN_ID	CHAR(10)	
51	프로그램 주소	S_PRGM_URL	VARCHAR2(200)	
52	메뉴 레벨	N_MN_LEV	NUMBER(10)	
53	메뉴권한 아이디	C_MN_AUTH_ID	CHAR(10)	
54	조회여부	C_SRCH_YN	CHAR(1)	
55	수정여부	C_UPDT_YN	CHAR(1)	

주식회사 오픈시스템즈

주소 : 서울시 강남구 강남동 대표빌딩 8F T:1234-5678 F:2345-6789

담당자 : 김담당 / 02-1234-5678 / mymail@naver.com

문서번호　　제 DA18-A2105-1306호
시행일자　　2018년 12월 1일
수　　신　　스마트소프트웨어 주식회사
제　　목　　"스마트영업지원시스템 구축" 준공 검수 요청의 건

　　1. 귀 사의 무궁한 발전을 기원합니다.
　　2. 귀 사와 계약한 "스마트영업지원시스템 구축" 사업을 완료하였으므로 아래
와 같이 준공 검수 요청을 드립니다.

- 아　　래 -

　　가. 사 업 명 : 스마트영업지원시스템 구축
　　나. 업 체 명 : 주식회사 오픈시스템즈
　　다. 계 약 일 : 2018년 6월 1일
　　라. 완 료 일 : 2018년 12월 1일
　　마. 계약금액 : 금이억원정(200,000천원) 부가세포함

붙임 : 1. 완료보고서 1부
　　　 2. 프로젝트 산출물 1부. 끝.

주식회사 오픈시스템즈
대표이사 김 대 표

검사확인내역서

분류	사업내용	확인
기능요구사항	□ 스마트폰에서 영업일지를 작성하고 관리할 수 있는 기능 개발 ○ 영업사원 영업일지 작성, 목록조회, 상세조회, 검색 ○ 영업사원 및 관리자 영업일지 결재상신, 결재처리, 목록조회, 일괄결재	OK
	□ 스마트폰에서 결재된 영업일지 기반 영업비용 정산 기능 개발 ○ 영업사원 및 관리자 영업비용 결재상신, 결재처리, 목록조회, 일괄결재 ○ 시스템 비용 정산 결재승인 후 재무시스템으로 데이터 전송 ○ 영업사원 및 관리자 비용 정산 처리 현황 조회	OK
	□ 스마트폰 위치정보 기반 자동 근태관리 기능 개발 ○ 영업사원 고객사 방문 시작 및 종료 시 버튼 클릭으로 위치 정보 전송 ○ 관리자 영업동선 조회, 근태 이상자 관리 ○ 관리자 직원별/부서별 근태현황 조회 ○ 영업사원 근태조회, 근태오류 수정 요청 ○ 관리자 근태오류 수정요청 조회 및 처리	OK
	□ 영업에 필요한 고객사의 정보를 사전에 검토하고 기록하는 기능 ○ 영업사원 고객민원시스템 연동기능 조회, 검색 기능 ○ 영업사원 영업정보 조회, 검색 기능 ○ 영업사원 고객민원시스템, 영업정보 즐겨찾기 추가 기능 ○ 영업사원 조회된 영업정보 별도 저장 기능 ○ 영업사원 영업정보 신규 생성 기능	OK
	□ 고객사 및 고객의 상세 정보 관리 기능 개발 ○ 영업사원 고객사 추가, 검색, 조회 ○ 영업사원 고객사 소속 고객 추가, 검색, 조회 ○ 시스템 고객 경조사 정보 자동 알림	OK
보안요구사항	□ SSL(Secure Socket Layer) 기술을 적용해서 전송구간 데이터 암호화 ○ 서버용 상용 SSL 인증서 구매 및 웹서버 2대에 설치 ○ 인증서 구매 비용 프로젝트 예산에 포함, 수주사 구매 ○ 텍스트, 이미지, 음성, 동영상 등 모든 데이터 SSL 적용	OK
	□ 키보드 보안 솔루션을 적용하여 키로거 방지 ○ 영업사원 스마트폰에 설치 가능 상용 키보드 보안 솔루션 구매 ○ 보안 솔루션 비용 프로젝트 예산에 포함, 수주사 구매 ○ 보안 솔루션 300 User 라이센스 구매 ○ 모든 데이터 입력 화면 키보드 보안 기능 적용	OK

2018년 12월 14일

검수자 : 박현업 (인)

검수자 : 박전산 (인)

검수조서

구분	내용
계약건명	스마트영업지원시스템 구축
계약상대자	주식회사 오픈시스템즈
계약기간	2018년 6월 1일 ~ 12월 1일
계약금액	금이억원정(200,000천원) 부가세포함
완료일자	2018년 12월 1일
검수일자	2018년 12월 14일
검수금액	금이억원정(200,000천원) 부가세포함
예산과목	영업본부 - 영업지원
검수내용	세부내역 별첨

상기 검수 내용은 계약조건 등 제반 요건에 적합함

2018년 12월 14일

검수자 : 박현업 (인)

검수자 : 박전산 (인)

검사자 : 박팀장 (인)

- 1 -